AWAKENING
LOVING-KINDNESS

Pema Chödrön

AWAKENING
LOVING-KINDNESS

SHAMBHALA

Boston & London

1996

Shambhala Publications, Inc.
Horticultural Hall
300 Massachusetts Avenue
Boston, Massachusetts 02115
www.shambhala.com

25   24   23   22   21   20   19   18   17

Printed in Canada

⊗ This edition is printed on acid-free paper that meets
the American National Standards Institute
Z39.48 Standard.

♻ Shambhala Publications makes every effort to print
on recycled paper. For more information please visit
www.shambhala.com.

Distributed in the United States
by Penguin Random House LLC
and in Canada by Random House of Canada Ltd

See page 194 for Library of Congress
Cataloging-in-Publication data.

Cover photo: Christine Guest

To my teacher,
Vidyadhara
the Venerable Chögyam Trungpa,
Rinpoche,
and to my children,
Arlyn and Edward

CONTENTS

PREFACE

T HE TALKS in this book were given during a one-month practice period *(dathun)* in the spring of 1989. During that month the participants, both lay and monastic, used the meditation technique presented by Chögyam Trungpa that is described in this book. The formal sitting meditation was balanced by walking meditation and eating meditation *(oryoki)* and by maintaining the environment of the monastery and helping to prepare the meals.

Early each morning these talks were presented. They were intended to inspire and encourage the participants to remain wholeheartedly awake to everything that occurred and to use the abundant material of daily life as their primary teacher and guide.

The natural beauty of Gampo Abbey, a Buddhist monastery for Western men and women founded in 1983 by Chögyam Trungpa, was an important element in the talks. The abbey is located on Cape Breton Island, Nova Scotia, at the end of a long dirt road, on cliffs high above the Gulf of Saint Lawrence, where the wildness and playfulness of the weather, the animals, and the landscape permeate the atmosphere. As one sits in the meditation hall, the vastness of the sky and water permeates the mind and heart. The silence of the place, intensified by the sounds of sea and wind, birds and animals, permeates the senses.

During the dathun (as always at the abbey), the participants kept the five monastic vows: not to lie, not to steal, not to engage in sexual activity, not to take life, and not to use alcohol or drugs. The resulting collaboration of nature, solitude, meditation, and vows made an alternatingly painful and delightful "no exit" situation. With nowhere to hide, one could more easily hear the teachings given in these simple talks in a wholehearted, open-minded way.

The message for the dathun as well as for the reader is to be with oneself without embarrassment or harshness. This is instruction on how to love oneself and one's world. It is therefore simple, accessible instruction on how to alleviate human misery at a personal and global level.

I wish to thank Ane Trime Lhamo; Jonathan Green of Shambhala Publications, who encouraged me to publish a book; Migme Chödrön of Gampo Abbey, who transcribed and edited the talks; and Emily Hilburn Sell of Shambhala Publications, who shaped them into their present form. Whatever is said here is but my very limited understanding, thus far, of what my teacher, Chögyam Trungpa, Rinpoche, compassionately and with great patience showed to me.

May it be of benefit.

EDITOR'S NOTE

This is an abridged edition of *The Wisdom of No Escape* (Shambhala Publications, 1991). It contains all of the material published in the original edition except the following four chapters: "Not Preferring Samsara or Nirvana," "The Dharma That Is Taught and the Dharma That Is Experienced," "Sticking to One Boat," and "Inconvenience."

AWAKENING
LOVING-KINDNESS

I

LOVING-KINDNESS

THERE'S A common misunderstanding among all the human beings who have ever been born on the earth that the best way to live is to try to avoid pain and just try to get comfortable. You can see this even in insects and animals and birds. All of us are the same.

A much more interesting, kind, adventurous, and joyful approach to life is to begin to develop our curiosity, not caring whether the object of our inquisitiveness is bitter or sweet. To lead a life that goes beyond pettiness and prejudice and always wanting to make sure that everything turns out on our own terms, to lead a more passionate, full, and delightful life than that, we must realize that we can endure a lot of pain and pleasure for the sake of finding out who we are and what this world is, how we tick and how our world ticks, how the whole thing just *is*. If we're committed to comfort at any cost, as soon as we come up against the least edge of pain, we're going to run; we'll never know what's beyond that particular barrier or wall or fearful thing.

When people start to meditate or to work with any kind of spiritual discipline, they often think that somehow they're going to improve, which is a sort of subtle aggression against who they really are. It's a bit like saying, "If I jog, I'll be a much better person." "If I could only get a nicer house, I'd be a better person." "If I could meditate and calm down, I'd be a better person." Or the scenario may be that they find fault with others; they might say, "If it weren't for my husband, I'd have a perfect marriage." "If it weren't for the fact that my boss and I can't get on, my job would be just great." And "If it weren't for my mind, my meditation would be excellent."

But loving-kindness—*maitri*—toward ourselves doesn't mean getting rid of anything. Maitri means that we can still be crazy after all these years. We can still be angry after all these years. We can still be timid or jealous or full of feelings of unworthiness. The point is not to try to change ourselves. Meditation practice isn't about trying to throw ourselves away and become something better. It's about befriending who we are already. The ground of practice is you or me or whoever we are right now, just as we are. That's the ground, that's what we study, that's what we come to know with tremendous curiosity and interest.

Sometimes among Buddhists the word

ego is used in a derogatory sense, with a different connotation than the Freudian term. As Buddhists, we might say, "My ego causes me so many problems." Then we might think, "Well, then, we're supposed to get rid of it, right? Then there'd be no problem." On the contrary, the idea isn't to get rid of ego but actually to begin to take an interest in ourselves, to investigate and be inquisitive about ourselves.

The path of meditation and the path of our lives altogether has to do with curiosity, inquisitiveness. The ground is ourselves; we're here to study ourselves and to get to know ourselves now, not later. People often say to me, "I wanted to come and have an interview with you, I wanted to write you a letter, I wanted to call you on the phone, but I wanted to wait until I was more together." And I think, "Well, if you're anything like me, you could wait forever!" So come as you are. The magic is being willing to open to that, being willing to be fully awake to that. One of the main discoveries of meditation is seeing how we continually run away from the present moment, how we avoid being here just as we are. That's not considered to be a problem; the point is to see it.

Inquisitiveness or curiosity involves being gentle, precise, and open—actually being able to let go and open. Gentleness is a sense of goodheartedness toward ourselves. Precision is being able to see very clearly, not being afraid to see what's really there, just as a scientist is not afraid to look into the microscope. Openness is being able to let go and to open.

The effect of this month of meditation that we are beginning will be as if, at the end of each day, someone were to play a video of you back to yourself and you could see it all. You would wince quite often and say "Ugh!" You probably would see that you do all those things for which you criticize all those people you don't like in your life, all those people that you judge. Basically, making friends with yourself is making friends with all those people too, because when you come to have this kind of honesty, gentleness, and goodhearted-ness, combined with clarity about yourself, there's no obstacle to feeling loving-kind-ness for others as well.

So the ground of maitri is ourselves. We're here to get to know and study our-selves. The path, the way to do that, our main vehicle, is going to be meditation, and some sense of general wakefulness. Our inquisitiveness will not be limited just to sitting here; as we walk through the halls, use the lavatories, walk outdoors, prepare food in the kitchen, or talk to our friends—whatever we do—we will try to maintain that sense of aliveness, openness, and curiosity about what's happening. Perhaps we will experience what is traditionally described as the fruition of maitri—playfulness.

So hopefully we'll have a good month here, getting to know ourselves and becoming more playful, rather than more grim.

we already have. Our wisdom is all mixed up with what we call our neurosis. Our brilliance, our juiciness, our spiciness, is all mixed up with our craziness and our confusion, and therefore it doesn't do any good to try to get rid of our so-called negative aspects, because in that process we also get rid of our basic wonderfulness. We can lead our life so as to become more awake to who we are and what we're doing rather than trying to improve or change or get rid of who we are or what we're doing. The key is to wake up, to become more alert, more inquisitive and curious about ourselves.

While we are sitting in meditation, we are simply exploring humanity and all of creation in the form of ourselves. We can become the world's greatest experts on anger, jealousy, and self-deprecation, as well as on joyfulness, clarity, and insight. Everything that human beings feel, we feel.

We can become extremely wise and sensitive to all of humanity and the whole universe simply by knowing ourselves, just as we are.

We're talking about loving-kindness again, in a slightly different way. The ground of loving-kindness is this sense of satisfaction with who we are and what we have. The path is a sense of wonder, becoming a two- or three-year-old child again, wanting to know all the unknowable things, beginning to question everything. We know we're never really going to find the answers, because these kinds of questions come from having a hunger and a passion for life—they have nothing to do with resolving anything or tying it all up into a neat little package. This kind of questioning is the journey itself. The fruition lies in beginning to realize our kinship with all humanity. We realize that we have a share in whatever everyone else has and is. Our journey of making friends with ourselves is not a selfish thing. We're not trying to get all the goodies for ourselves. It's a process of developing loving-kindness and a true understanding for other people as well.

3

FINDING OUR OWN
TRUE NATURE

IN ONE of the Buddha's discourses, he talks about the four kinds of horses: the excellent horse, the good horse, the poor horse, and the really bad horse. The excellent horse, according to the sutra,* moves before the whip even touches its back; just the shadow of the whip or the slightest sound from the driver is enough to make the horse move. The good horse runs at the lightest touch of the whip on its back. The poor horse doesn't go until it feels pain, and the very bad horse doesn't budge

*A discourse or teaching by the Buddha.

thing is just perfect and feel complacent and superior to the others, watch out!

Dainin Katagiri Roshi once told a story about his own experience of being the worst horse. When he first came to the United States from Japan, he was a young monk in his late twenties. He had been a monk in Japan—where everything was so precise, so clean, and so neat—for a long time. In the U.S., his students were hippies with long, unwashed hair and ragged clothes and no shoes. He didn't like them. He couldn't help it—he just couldn't stand those hippies. Their style offended everything in him. He said, "So all day I would give talks about compassion, and at night I would go home and weep and cry because I realized I had no compassion at all. Because I didn't like my students, therefore I had to work much harder to develop my heart." As Suzuki Roshi says in his talk, that's exactly the point: because we find ourselves to be the worst horse, we are inspired to try harder.

At Gampo Abbey we had a Tibetan monk, Lama Sherap Tendar, teaching us to play the Tibetan musical instruments. We had forty-nine days in which to learn the music; we were also going to learn many other things, we thought, during that time. But as it turned out, for forty-nine days, twice a day, all we did was learn to play the cymbals and the drum and how they are played together. Every day we would practice and practice. We would practice on our own, and then we would play for Lama Sherap, who would sit there with this pained little look on his face. Then he would take our hands and show us how to play. Then we would do it by ourselves, and he would sigh. This went on for forty-nine days. He never said that we were doing well, but he was very sweet and very gentle. Finally, when it was all over and are, pride in the goodness or the fairness or the worstness of yourself—however you find yourself—some sort of sense of taking pride and using it to spur you on.

The Karma Kagyü lineage of Tibetan Buddhism, in which the students of Chögyam Trungpa are trained, is sometimes called the "mishap lineage," because of the ways in which the wise and venerated teachers of this lineage "blew it" time after time. First there was Tilopa, who was a madman, completely wild. His main student was Naropa. Naropa was so conceptual and intellectual that it took him twelve years of being run over by a truck, of being put through all sorts of trials by his teacher, for him to begin to wake up. He was so conceptual that if somebody would tell him something, he would say, "Oh yes, but surely by *that* you must mean *this.*" He had that kind of mind. His main student was Marpa, who was famous for his intensely bad temper. He used to fly into rages, beat people, and yell at them. He was also a drunk. He was notorious for being incredibly stubborn. His student was Milarepa. Milarepa was a murderer! Rinpoche used to say that Marpa became a student of the dharma because he thought he could make a lot of money by bringing texts back from India and translating them into Tibetan. His student Milarepa became a student because he was afraid he was going to go to hell for having murdered people—that scared him.

Milarepa's student was Gampopa (after whom Gampo Abbey is named). Because everything was easy for him, Gampopa was arrogant. For instance, the night before he met Gampopa for the first time, Milarepa said to some of his disciples, "Oh, someone who is destined to be my main student is going to come tomorrow. Whoever brings him to me will be greatly benefited."

So when Gampopa arrived in the town, an old lady who saw him ran out and said, "Oh, Milarepa told us you were coming and that you were destined to be one of his main students, and I want my daughter to bring you to see him." So Gampopa, thinking, "I must be really hot stuff," went very proudly to meet Milarepa, sure that he would be greeted with great honor. However, Milarepa had had someone put him in a cave and wouldn't see Gampopa for three weeks.

As for Gampopa's main student, the first Karmapa, the only thing we know about him is that he was extremely ugly. He was said to look like a monkey. Also, there's one story about him and three other main disciples of Gampopa who were thrown out of the monastery for getting drunk and singing and dancing and breaking the monastic rules.

We could all take heart. These are the

wise ones who sit in front of us, to whom we prostrate when we do prostrations. We can prostrate to them as an example of our own wisdom mind of enlightened beings, but perhaps it's also good to prostrate to them as confused, mixed-up people with a lot of neurosis, just like ourselves. They are good examples of people who never gave up on themselves and were not afraid to be themselves, who therefore found their own genuine quality and their own true nature.

The point is that our true nature is not some ideal that we have to live up to. It's who we are right now, and that's what we can make friends with and celebrate.

4

PRECISION, GENTLENESS, AND LETTING GO

IN MEDITATION and in our daily lives there are three qualities that we can nurture, cultivate, and bring out. We already possess these, but they can be ripened: precision, gentleness, and the ability to let go.

When the Buddha taught, he didn't say that we were bad people or that there was some sin that we had committed—original or otherwise—that made us more ignorant than clear, more harsh than gentle, more closed than open. He taught that there is a kind of innocent misunderstanding that we all share, something that can be turned around, corrected, and seen through, as if we were in a dark room and someone showed us where the light switch was. It isn't a sin that we are in the dark room. It's just an innocent situation, but how fortunate that someone shows us where the light switch is. It brightens up our life considerably. We can start to read books, to see one another's faces, to discover the colors of the walls, to enjoy the little animals that creep in and out of the room.

In the same way, if we see our so-called limitations with clarity, precision, gentleness, goodheartedness, and kindness and, having seen them fully, then let go, open further, we begin to find that our world is more vast and more refreshing and fascinating than we had realized before. In other words, the key to feeling more whole and less shut off and shut down is to be able to see clearly who we are and what we're doing.

The innocent mistake that keeps us caught in our own particular style of ignorance, unkindness, and shut-downness is that we are never encouraged to see clearly what is, with gentleness. Instead, there's a kind of basic misunderstanding that we should try to be better than we already are, that we should try to improve ourselves, that we should try to get away from painful things, and that if we could just learn how to get away from the painful things, then we would be happy. That is the innocent, naive misunderstanding that we all share, which keeps us unhappy.

Meditation is about seeing clearly the body that we have, the mind that we have, the domestic situation that we have, the job that we have, and the people who are in our lives. It's about seeing how we react to all these things. It's seeing our emotions and thoughts just as they are right now, in this very moment, in this very room, on this very seat. It's about not trying to make them go away, not trying to become better than we are, but just seeing clearly with precision and gentleness. Throughout this month of meditation practice, we will work with cultivating gentleness, innate precision, and the ability to let go of small-mindedness, learning how to open to our thoughts and emotions, to all the people we meet in our world, how to open our minds and hearts.

This is not an improvement plan; it is not a situation in which you try to be better than you are now. If you have a bad temper and you feel that you harm yourself and others, you might think that sitting for a week or a month will make your bad temper go away—you will be that sweet person that you always wanted to be. Never again will a harsh word leave your lily-white lips. The problem is that the desire to change is fundamentally a form of aggression toward yourself. The other problem is that our hang-ups, unfortunately or fortunately, contain our wealth. Our neurosis and our wisdom are made out of the same material. If you throw out your neurosis, you also throw out your wisdom. Someone who is very angry also has a lot of energy; that energy is what's so juicy about him or her. That's the reason people love that person. The idea isn't to try to get rid of your anger, but to make friends with it, to see it clearly with precision and honesty, and also to see it with gentleness. That means not judging yourself as a bad person, but also not bolstering yourself up by saying, "It's good that I'm this way, it's right that I'm this way. Other people are terrible, and I'm right to be so angry at them all the time." The gentleness involves not repressing the anger but also not acting it out. It is something much softer and more openhearted than any of that. It involves learning how, once you have fully acknowledged the feeling of anger and the knowledge of who you are and what you do, to let it go. You can let go of the usual pitiful little story line that accompanies anger and begin to see clearly how you keep the whole thing going. So whether it's anger or craving or jealousy or fear or depression—whatever it might be—the notion is not to try to get rid of it, but to make friends with it. That means getting to know it completely, with some kind of softness, and learning how, once you've experienced it fully, to let go.

The meditation technique itself cultivates precision, gentleness, and the ability to let go—qualities that are innate within us. They are not something that we have to gain, but something that we could bring out, cultivate, rediscover in ourselves. Now

I'd like to discuss the meditation technique and point out how it helps bring out these qualities.

PRECISION

The technique is, first, to take good posture and, second, to become mindful of your out-breath. This is just your ordinary out-breath, not manipulated or controlled in any way. Be with the breath as it goes out, feel the breath go out, touch the breath as it goes out. Now, this seems simple, but to actually be with that breath and to be there for every breath requires a lot of precision. When you sit down and begin to meditate, the fact that you always come back to that breath brings out the precision, the clarity, and the accuracy of your mind. Just the fact that you always come back to this breath and that you try, in a gentle way, to be as fully with the breath as you can sharpens your mind.

The third part of the technique is that, when you realize that you've been thinking, you say to yourself, "Thinking." Now, that also requires a lot of precision. Even if you wake up as if from a dream and realize that you've been thinking, and you immediately go back to the breath and accidentally forget about the labeling, even then you should just pause a little bit and say to yourself, "Thinking." Use the label, because the label is so precise. Just acknowledge that you've been thinking, just that, no more, no less, just "thinking." Being with the out-breath cultivates the precision of your mind, and when you label, that too brings out the precision of your mind. Your mind becomes more clear and stabilized. As you sit, you might want to be aware of this.

GENTLENESS

If we emphasized only precision, our meditation might become quite harsh and militant. It might get too goal-oriented. So we also emphasize gentleness. One thing that is very helpful is to cultivate an overall sense of relaxation while you are doing the meditation. I think you'll notice that as you become more mindful and more aware and awake, you begin to notice that your stomach tends to get very tense and your shoulders tend to get very tight. It helps a lot if you notice this and then purposely relax your stomach, relax your shoulders and your neck. If you find it difficult to relax, just gradually, patiently, gently work with it.

When the breath goes out, not only does it ripen the precision of our minds, but it also brings out this inherent gentle quality, this quality of heart or warmth, of kindness, because the attention to the breath is very soft. If you were doing a technique that said, "Concentrate on the out-breath, have one hundred percent attention on the out-breath" (and there are techniques like that which are very beneficial), that would be cultivating precision, but not gentleness. But since this technique is ripening not only precision, but also gentleness, the instruction is that there is only twenty-five percent awareness on the out-breath, which is really very little. The truth of the matter is that if you are concentrating on the out-breath and *only* on the out-breath, you're not being aware of the person next to you, of the lights going on and off, of the sound of the ocean. However, in this technique, because your eyes are open and because the gaze is not a tight gaze and because the whole emphasis of the practice is one of openness, even though you're mindful of the out-breath, you're not shutting out all the other things that are going on. So it's only twenty-five percent awareness on the out-breath. The other awareness is less specific; it's simply that you are alive in this room with all the different things that are occurring here. So we give the instruction, "Be mindful of your out-breath, be with your out-breath," and that's what you do. But the instruction that the awareness is only twenty-five percent really brings home the idea that it's not a concentration practice—there's a very light touch on the breath as it goes out. Touch the breath and let it go. The touch is the precision part and also the softness part. Touch it very softly and let it go.

If the object of meditation were something concrete, something solid and graspable—an image or a statue or a dot on the floor or a candle—it would be much more of a concentration exercise. But the breath is very elusive; even if you wanted to give it one hundred percent attention, it would be difficult because it is so ephemeral, so light, so airy and spacious. As the object of meditation, it brings a sense of softness and gentleness. It's like being mindful of a gentle breeze, but in this case it's our ordinary, uncontrived out-breath. This technique with the breath is said to be without a goal. You are not doing it to achieve anything except to be fully present. Being fully present isn't something that happens once and then you have achieved it; it's being awake to the ebb and flow and movement and creation of life, being alive to the process of life itself. That also has its softness. If there were a goal that you were supposed to achieve, such as "no thoughts," that wouldn't be very soft. You'd have to struggle a lot to get rid of all those thoughts, and you probably couldn't do it anyway. The fact that there is no goal also adds to the softness.

The moment when you label your thoughts "thinking" is probably the key place in the technique where you cultivate gentleness, sympathy, and loving-kindness. Rinpoche used to say, "Notice your tone of voice when you say 'thinking.' " It might be really harsh, but actually it's just a euphemism for "Drat! You were thinking again, gosh darn it, you dummy." You might really be saying, "You fool, you absolutely miserable meditator, you're hopeless." But it's not that at all. All that's happened is that you've noticed. Good for you, you actually noticed! You've noticed that mind thinks continuously, and it's wonderful that you've seen that. Having seen it, let the thoughts go. Say, "Thinking." If you notice that you're being harsh, say it a second time just to cultivate the feeling that you could say it to yourself with gentleness and kindness, in other words, that you are cultivating a nonjudgmental attitude. You are not criticizing yourself, you are just seeing what *is* with precision and gentleness, seeing thinking as thinking. That is how this technique cultivates not only precision but also softness, gentleness, a sense of warmth toward oneself. The honesty of precision and the goodheartedness of gentleness are qualities of making friends with yourself. So during this period, along with being as precise as you can, really emphasize the softness. If you find your body tensing, relax it. If you find your mind tensing, relax it. Feel the expansiveness of the breath going out into the space. When thoughts come up, touch them very lightly, like a feather touching a bubble. Let the whole thing be soft and gentle, but at the same time precise.

Letting Go

The third aspect of the technique is the quality of opening or letting go. This seemingly simple technique helps us rediscover this ability that we already have to open beyond small-mindedness and to let go of any kind of fixation or limited view. Precision and gentleness are somewhat tangible. You can work on being more accurate with the out-breath, more accurate with the label. You can relax your stomach and your shoulders and your body, and you can be softer with the out-breath and more sympathetic with the labeling. But letting go is not so easy. Rather, it's something that happens as a result of working with precision and gentleness. In other words, as you work with being really faithful to the technique and being as precise as you can and simultaneously as kind as you can, the ability to let go seems to happen to you. The discovery of your ability to let go spontaneously arises; you don't force it. You shouldn't be forcing accuracy or gentleness either, but while you *could* make a project out of accuracy, you *could* make a project out of gentleness, it's hard to make a project out of letting go. Nevertheless, I'll describe how the technique leads you toward this rediscovery of your ability to let go and to open.

You may have wondered why we are mindful of our out-breath and only our out-breath. Why don't we pay attention to the out-breath *and* the in-breath? There are other excellent techniques that instruct the meditator to be mindful of the breath going out and mindful of the breath coming in. That definitely sharpens the mind and brings a sense of one-pointed, continuous mindfulness, with no break in it. But in this meditation technique, we are with the out-breath; there's no particular instruction about what to do until the next out-breath. Inherent in this technique is the ability to let go at the end of the out-breath, to open at the end of the out-breath, because for a moment there's actually no instruction about what to do. There's a possibility of what Rinpoche used to call "gap" at the end of the out-breath: you're mindful of your breath as it goes out, and then there's a pause as the breath comes in. It's as if you . . . pause. It doesn't help at all to say, "Don't be mindful of the in-breath"—that's like saying, "Don't think of a pink elephant." When you're told not to be mindful of something, it becomes an obsession. Nevertheless, the mindfulness is on the out-breath, and there's some sense of just waiting for the next out-breath, a sense of no project. One could just let go at the end of the out-breath. Breath goes out and dissolves, and there could be some sense of letting go completely. Nothing to hold on to until the next out-breath.

Even though it's difficult to do, as you begin to work with mindfulness of the out-breath, then the pause, just waiting, and then mindfulness of the next out-breath, the sense of being able to let go gradually begins to dawn on you. So don't have any high expectations—just do the technique. As the months and years go by, the way you regard the world will begin to change. You will learn what it is to let go and what it is to open beyond limited beliefs and ideas about things.

The experience of labeling your thoughts "thinking" also, over time, becomes much more vivid. You may be completely caught up in a fantasy, in remembering the past or planning for the future, completely caught up, as if you had gotten on an airplane and flown away someplace.

You're elsewhere and you are with other people and you've redecorated a room or you've relived a pleasant or unpleasant experience or you've gotten all caught up in worrying about something that might happen or you're getting a lot of pleasure from thinking about something that may happen, but you're completely involved as if in a dream. Then suddenly you realize, and you just come back. It happens automatically. You say to yourself, "Thinking," and as you're saying that, basically what you are doing is letting go of those thoughts. You don't repress the thoughts. You acknowledge them as "thinking" very clearly and kindly, but then you let them go. Once you begin to get the hang of this, it's incredibly powerful that you could be completely obsessed with hope and fear and all kinds of other thoughts and you could realize what you've been doing—without criticizing it—and you could let it go. This is probably one of the most amazing tools that you could be given, the ability to just let things go, not to be caught in the grip of your own angry thoughts or passionate thoughts or worried thoughts or depressed thoughts.

5

THE WISDOM OF NO ESCAPE

YESTERDAY I talked about cultivating precision, gentleness, and openness, and described how the meditation technique helps us remember the qualities that we already possess. Now, sometimes the teachings emphasize the wisdom, brilliance, or sanity that we possess, and sometimes they emphasize the obstacles, how it is that we feel stuck in a small, dark place. These are actually two sides of one coin: when they are put together, inspiration (or well-being) and burden (or suffering) describe the human condition. That's what we see when we meditate.

We see how beautiful and wonderful and amazing things are, and we see how caught up we are. It isn't that one is the bad part and one is the good part, but that it's a kind of interesting, smelly, rich, fertile mess of stuff. When it's all mixed up together, it's us: humanness. This is what we are here to see for ourselves. Both the brilliance and the suffering are here all the time; they interpenetrate each other. For a fully enlightened being, the difference between what is neurosis and what is wisdom is very hard to perceive, because somehow the energy underlying both of them is the same. The basic creative energy of life— life force—bubbles up and courses through all of existence. It can be experienced as open, free, unburdened, full of possibility, energizing. Or this very same energy can be experienced as petty, narrow, stuck, caught. Even though there are so many teachings, so many meditations, so many instructions, the basic point of it all is just to learn to be extremely honest and also wholehearted about what exists in your mind—thoughts, emotions, bodily sensations, the whole thing that adds up to what we call "me" or "I." Nobody else can really begin to sort out for you what to accept and what to reject in terms of what wakes you up and what makes you fall asleep. No one else can really sort out for you what to accept—what opens up your world—and what to reject—what seems to keep you going round and round in some kind of repetitive misery. This meditation is called nontheistic, which doesn't have anything to do with believing in God or not believing in God, but means that nobody but yourself can tell you what to accept and what to reject.

The practice of meditation helps us get to know this basic energy really well, with tremendous honesty and warmhearted-

ness, and we begin to figure out for ourselves what is poison and what is medicine,
which means something different for each
of us. For example, some people can drink
a lot of coffee and it really wakes them up
and they feel great; others can drink just a
thimbleful and become a nervous wreck.
Everything we eat affects each of us differ-
ently; so it is with how we relate with our
own energies. We are the only ones who
know what wakes us up and what puts us
to sleep. So we sit here on these red cush-
ions in this brightly lit room with this
fancy, colorful shrine and this huge picture
of the Karmapa. Outside, the snow is falling and the wind howling. Hour after hour
we sit here and just come back to the present moment as much as we can, acknowledge what's going on in our minds, come
back to the present moment as much as we
can, acknowledge what's going on in our
minds, follow the out-breath, label our

thoughts "thinking," come back to the present moment, acknowledge what's going on in our minds. The instruction is to be as honest and warmhearted in the process as you can, to learn gradually what it means to let go of holding on and holding back.

The message is that each of us has all that it takes to become fully enlightened. We have basic energy coursing through us. Sometimes it manifests as brilliance and sometimes it manifests as confusion. Because we are decent, basically good people, we ourselves can sort out what to accept and what to reject. We can discern what will make us complete, sane, grown-up people, and what—if we are too involved in it—will keep us children forever. This is the process of making friends with ourselves and with our world. It involves not just the parts we like, but the whole picture, because it all has a lot to teach us.

6

JOY

ALMOST A year ago, a dear friend of ours, Sister Ayya Khema, a German woman who is a Theravadin nun living in Sri Lanka, came to visit us and to lead a *vipashyana* (insight meditation) retreat. The retreat for me personally was something of a revelation, because she emphasized joy. I hadn't realized how much emphasis I had put on suffering in my own practice. I had focused on coming to terms with the unpleasant, unacceptable, embarrassing, and painful things that I do. In the process, I had very subtly forgotten about joy.

In our seven-day silent retreat, Ayya

Khema taught us that each of us has in our heart a joy that's accessible to us; by connecting to it and letting it flower, we allow ourselves to celebrate our practice and our lives. Joy is like a soft spring rain that allows us to lighten up, to enjoy ourselves, and therefore it's a whole new way of looking at suffering.

In a little book called *A Guide to Walking Meditation,* in the chapter "The World Contains All the Wonders of the Pure Land," Thich Nhat Hanh says, "I don't think that all the Buddhas and Bodhisattvas of the three times will criticize me for giving you a little secret, that there is no need to go somewhere else to find the wonders of the Pure Land." That sense of wonder and delight is present in every moment, every breath, every step, every movement of our own ordinary everyday lives, if we can connect with it. The greatest obstacle to connecting with our joy is resentment.

Joy has to do with seeing how big, how completely unobstructed, and how precious things are. Resenting what happens to you and complaining about your life are like refusing to smell the wild roses when you go for a morning walk, or like being so blind that you don't see a huge black raven when it lands in the tree that you're sitting under. We can get so caught up in our own personal pain or worries that we don't notice that the wind has come up or that somebody has put flowers on the diningroom table or that when we walked out in the morning, the flags weren't up, and that when we came back, they were flying. Resentment, bitterness, and holding a grudge prevent us from seeing and hearing and tasting and delighting.

There is a story of a woman running away from tigers. She runs and runs, and the tigers are getting closer and closer. When she comes to the edge of a cliff, she sees some vines there, so she climbs down and holds on to the vines. Looking down, she sees that there are tigers below her as well. She then notices that a mouse is gnawing away at the vine to which she is clinging. She also sees a beautiful little bunch of strawberries close to her, growing out of a clump of grass. She looks up and she looks down. She looks at the mouse. Then she just takes a strawberry, puts it in her mouth, and enjoys it thoroughly.

Tigers above, tigers below. This is actually the predicament that we are always in, in terms of our birth and death. Each moment is just what it is. It might be the only moment of our life, it might be the only strawberry we'll ever eat. We could get depressed about it, or we could finally appreciate it and delight in the preciousness of every single moment of our life.

Trungpa Rinpoche always used to say,

"You can do it." That was probably one of his main teachings, "You can do it." Thich Nhat Hanh, in his *Guide to Walking Meditation,* begins by talking about how everybody carries around this burden, and if you want to put it off, if you want to lay it down, you *can* do it. You *can* connect with the joy in your heart.

On a day of silence like today, when things are very still, you may find that you are feeling grim and doing everything with a grim expression: grimly opening the door, grimly drinking your tea, concentrating so hard on being quiet and still and moving slowly that you're miserable. On the other hand, you could just relax and realize that, behind all the worry, complaint, and disapproval that goes on in your mind, the sun is always coming up in the morning, moving across the sky, and going down in the evening. The birds are always out there collecting their food and making their nests and flying across the sky. The grass is always being blown by the wind or standing still. Food and flowers and trees are growing out of the earth. There's enormous richness. You could develop your passion for life and your curiosity and your interest. You could connect with your joyfulness. You could start right now.

The Navajo teach their children that every morning when the sun comes up, it's a brand-new sun. It's born each morning, it lives for the duration of one day, and in the evening it passes on, never to return again. As soon as the children are old enough to understand, the adults take them out at dawn and they say, "The sun has only one day. You must live this day in a good way, so that the sun won't have wasted precious time." Acknowledging the preciousness of each day is a good way to live, a good way to reconnect with our basic joy.

7

TAKING A BIGGER
PERSPECTIVE

THIS MORNING when I came to meditation I was hungry and tired; I was also happy. When we took the morning walk, I felt even happier, and I realized it had to do with something that happens to us when we practice: we find that we have a bigger perspective on our lives. This feels almost like a blessing or a gift.

In many traditions, including Tibetan Buddhism, the circle is a powerful symbol for the sacredness of all things. Throughout these traditions, there are rituals in which the image of the circle is used like this: by drawing a circle around yourself and standing in the middle of it, you realize that you are always at the center of the universe. The circle that surrounds you shows you that you're always in the sacred space.

In Buddhism we talk about mindfulness and awareness. We're taught mindfulness through oryoki, and through bowing, and through being with the breath, labeling our thoughts "thinking." There's a lot of precision, but also a lot of gentleness. Along with being very precise about our world, there's also always space around us that is called gentleness: we allow ourselves to experience how large and fluid and full of color and energy our world is. This space is our circle.

When we talk about mindfulness and awareness, we're not talking about something stern, a discipline that we impose on ourselves so that we can clean up our act and be better and stand up straighter and smell nicer. It's more that we practice some sense of loving-kindness toward microphones and oryoki bowls and our hands and each other and this room and all the doors we go in and out of. Mindfulness is loving all the details of our lives, and awareness is the natural thing that happens: life begins to open up, and you realize that you're always standing at the center of the world.

Some of you may have read a book called *Black Elk Speaks,* in which an old Plains Indian man tells how he had a great vision when he was nine years old. He became so sick that everyone thought he was dead. He was in a coma for a week or more, during which he was shown how the sacred way in which his people lived was going to be lost. He was also shown ways to help save it from being completely lost. In this coma he was taken to the top of

Harney Peak, in the Black Hills of Dakota, which the Native Americans of the United States regard as the center of the world. But after he had been taken to Harney Peak and been given this great vision, Black Elk said that he realized that everywhere was the center of the world. Basically, everywhere you are is the center of the world. You're always standing in the middle of sacred space, standing in the middle of the circle.

People often say, "Meditation is all very well, but what does it have to do with my life?" What it has to do with your life is that perhaps through this simple practice of paying attention—giving loving-kindness to your speech and your actions and the movements of your mind—you begin to realize that you're always standing in the middle of a sacred circle, and that's your whole life. This room is not the sacred circle. Gampo Abbey is not the sacred circle.

Wherever you go for the rest of your life, you're always in the middle of the universe and the circle is always around you. Everyone who walks up to you has entered that sacred space, and it's not an accident. Whatever comes into the space is there to teach you.

Through my experience of Buddhism and my deep love and respect for my teachers, the teachings, and the practices, I've come to see that it's good to stick to one vehicle and go deeper and deeper and deeper. But by doing this, I've begun to see the sacredness of everybody's wisdom and the fact that people discover the same truths through many avenues. Meditation begins to open up your life, so that you're not caught in self-concern, just wanting life to go your way. In that case you no longer realize that you're standing at the center of the world, that you're in the middle of a sacred circle, because you're so concerned with your worries, pains, limitations, desires, and fears that you are blind to the beauty of existence. All you feel by being caught up like this is misery, as well as enormous resentment about life in general. How strange! Life is such a miracle, and a lot of the time we feel only resentment about how it's all working out for us.

There was once a woman who was arrogant and proud. She decided she wanted to attain enlightenment, so she asked all the authorities how to do that. One said, "Well, if you climb to the top of this very high mountain, you'll find a cave there. Sitting inside that cave is a very wise old woman, and she will tell you." So the woman thought, "Good, I'll do that. Nothing but the best." Having endured great hardships, she finally found this cave, and sure enough, sitting there was this very gentle, spiritual-looking old woman in

white clothes who smiled at her beatifi-
cally. Overcome with awe and respect, she
prostrated at the feet of this woman and
said, "I want to attain enlightenment.
Show me how." The wise woman looked
at her with her beatific smile and asked,
"Are you sure you want to attain enlightenment?" And the woman said, "Of
course I'm sure." Whereupon the smiling
woman turned into a demon, stood up
brandishing a great big stick, and started
chasing her, saying, "Now! Now! Now!"
For the rest of her life, that lady could
never get away from the demon who was
always saying, "Now!"

So often Rinpoche would talk about
nowness. The chapters "Nowness" and
"Discovering Magic" in his book *Shambhala: The Sacred Path of the Warrior* are all
about what I'm saying here. If you want to
attain enlightenment, you have to do it
now. If you're arrogant and stubborn, it

may take someone running after you with a stick. But the more you open your heart, the more you make friends with your body, speech, mind, and the world that's inside of your circle—your domestic situation, the people you live with, the house you find yourself eating breakfast in every day—the more you appreciate the fact that when you turn on the tap, water comes out. If you have ever lived without water, you really appreciate that. There are all kinds of miracles. Everything is like that, absolutely wonderful.

Now. That's the key. Now, now, now. Mindfulness trains you to be awake and alive, fully curious, about what? Well, about *now,* right? You sit in meditation and the out-breath is now and waking up from your fantasies is now and even the fantasies are now, although they seem to take you into the past and into the future. The more you can be completely *now,* the more you realize that you're in the center of the world, standing in the middle of a sacred circle. It's no small affair, whether you're brushing your teeth or cooking your food or wiping your bottom. Whatever you're doing, you're doing it now.

Our life's work is to use what we have been given to wake up. If there were two people who were exactly the same—same body, same speech, same mind, same mother, same father, same house, same food, everything the same—one of them could use what he has to wake up and the other could use it to become more resentful, bitter, and sour. It doesn't matter what you're given, whether it's physical deformity or enormous wealth or poverty, beauty or ugliness, mental stability or mental instability, life in the middle of a madhouse or life in the middle of a peaceful, silent desert. Whatever you're given can wake you up or put you to sleep.

That's the challenge of now: What are you going to do with what you have already—your body, your speech, your mind?

Here's something that's very helpful to know about now. The biggest obstacle to taking a bigger perspective on life is that our emotions capture and blind us. The more sensitive we become to this, the more we realize that when we start getting angry or denigrating ourselves or craving things in a way that makes us feel miserable, we begin to shut down, shut out, as if we were sitting on the edge of the Grand Canyon but we had put a big black bag over our heads.

You can experiment with this. You can go out there to the cliffs overlooking the Gulf of Saint Lawrence, and the first hit is always, "Wow! It's so big," and your mind opens. But if you stand there long enough, you'll start to worry about something. Then you realize (if you want to do this as an exercise) that it feels as if everything is closing down and getting very small. The trick about nowness is that you can let go and open up again to that space. You can do that at any moment, always. But it does take making friends with yourself. It does take coming to know your anger, coming to know your self-deprecation, coming to know your craving and wanting, coming to know your boredom, and making friends with those things.

There's another story that you may have read that has to do with what we call heaven and hell, life and death, good and bad. It's a story about how those things don't really exist except as a creation of our own minds. It goes like this: A big burly samurai comes to the wise man and says, "Tell me the nature of heaven and hell." And the roshi looks him in the face and says: "Why should I tell a scruffy, disgusting, miserable slob like you?" The samurai starts to get purple in the face, his hair starts to stand up, but the roshi won't stop, he keeps saying, "A miserable worm like you, do you think I should tell you anything?" Consumed by rage, the samurai draws his sword, and he's just about to cut off the head of the roshi. Then the roshi says, "That's hell." The samurai, who is in fact a sensitive person, instantly gets it, that he just created his own hell; he was deep in hell. It was black and hot, filled with hatred, self-protection, anger, and resentment, so much so that he was going to kill this man. Tears fill his eyes and he starts to cry and he puts his palms together and the roshi says, "That's heaven."

There isn't any hell or heaven except for how we relate to our world. Hell is just resistance to life. When you want to say no to the situation you're in, it's fine to say no, but when you build up a big case to the point where you're so convinced that you would draw your sword and cut off someone's head, that kind of resistance to life is hell.

In the way we practice, we don't say, "Hell is bad and heaven is good" or "Get rid of hell and just seek heaven," but we encourage ourselves to develop an open heart and an open mind to heaven, to hell, to everything. Why? Because only then can we realize that no matter what comes along, we're always standing at the center of the world in the middle of sacred space, and everything that comes into that circle and exists with us there has come to teach us what we need to know.

Life's work is to wake up, to let the things that enter into the circle wake you up rather than put you to sleep. The only way to do this is to open, be curious, and develop some sense of sympathy for everything that comes along, to get to know its nature and let it teach you what it will. It's going to stick around until you learn your lesson, at any rate. You can leave your marriage, you can quit your job, you can only go where people are going to praise you, you can manipulate your world until you're blue in the face to try to make it always smooth, but the same old demons will always come up until finally you have learned your lesson, the lesson they came to teach you. Then those same demons will appear as friendly, warmhearted companions on the path.

So that's why, this morning, even though I was very hungry and tired, I was also very happy. And I would like to express my gratitude to Trungpa Rinpoche for that.

8

NO SUCH THING AS A TRUE STORY

I N TAOISM there's a famous saying that goes, "The Tao that can be spoken is not the ultimate Tao." Another way you could say that, although I've never seen it translated this way, is, "As soon as you begin to believe in something, then you can no longer see anything else." The truth you believe in and cling to makes you un-available to hear anything new.

By the way that we think and by the way that we believe in things, in that way is our world created. In the Middle Ages, everyone accepted the idea, based on fear, that there was only one way to believe; if you didn't believe that way, you were the enemy. It was death to all forms of creative, fresh thinking. Many things that people had been able to see, people just couldn't see anymore because they didn't believe in them. Once they began to think and believe in a certain way, there were all kinds of things that they literally couldn't hear, see, smell, or touch, because those things were outside their belief system.

Holding on to beliefs limits our experience of life. That doesn't mean that beliefs or ideas or thinking is a problem; the stubborn attitude of having to have things be a particular way, grasping on to our beliefs and thoughts, all these cause the problems. To put it simply, using your belief system this way creates a situation in which you choose to be blind instead of being able to see, to be deaf instead of being able to hear, to be dead rather than alive, asleep rather than awake.

Nowadays, some people are stepping out and exploring, but other people are becoming more entrenched in their beliefs. A polarization is occurring, and as a result, for example, we have some Christians getting hysterical about the film *The Last Temptation of Christ* because someone dares to say that Christ is not what a lot of people want to think he is. When a belief system is threatened, people may even become so fanatical that they kill and destroy.

An example is the response of Muslims to Salman Rushdie's novel *Satanic Verses*, in which he suggests that Muhammad was not what they believe he was—and for that they would condemn Rushdie to death. Actually you see this situation everywhere. Protestants are killing Catholics and Catholics are killing Protestants. Hindus are killing Buddhists and Buddhists are killing Hindus. Jews are killing Christians and Christians are killing Jews. Muslims are killing Christians and Christians are killing Muslims. There are wars all over the world because people are insulted that someone else doesn't agree with their belief system.

Everybody is guilty of it. It's what is called fundamental theism. You want something to hold on to, you want to say, "Finally I have found it. This is it, and now I feel confirmed and secure and righteous." Buddhism is not free of it either. This is a human thing. But in Buddhism there is a teaching that would seemingly undercut all this, if people would only listen to it. It says, "If you meet the Buddha on the road, kill the Buddha." This means that if you can find Buddha and say, "It's this way; Buddha is like this," then you had better kill that "Buddha" that you found, that you can say is like this. Contemplative and mystical Christians, Hindus, Jews, people of all faiths and nonfaiths can also have this perspective: if you meet the Christ that can be named, kill that Christ. If you meet the Muhammad or the Jehovah or whoever that can be named and held on to and believed in, smash it.

Now we get to the interesting part. How do you do that? Although this approach sounds pretty aggressive, when we talk this way, we're actually talking about the ultimate in nonaggression. People find it quite easy to have beliefs and to hold on to them and to let their whole world be a product of their belief system. They also find it quite easy to attack those who disagree. The harder, more courageous thing, which the hero and the heroine, the warrior, and the mystic do, is continually to look one's beliefs straight in the face, honestly and clearly, and then step beyond them. That requires a lot of heart and kindness. It requires being able to touch and know completely, to the core, your own experience, without harshness, without making any judgment.

"When you meet the Buddha, kill the Buddha" means that when you see that you're grasping or clinging to anything, whether conventionally it's called good or bad, make friends with that. Look into it. Get to know it completely and utterly. In that way it will let go of itself.

It's said in the teachings that if you hold on to your belief there will be conflict. There's a wonderful story about this. There was a god who knew how men and women love to believe things to be true and make clubs and religions and political systems with the people who agree with them. They just love to make something out of nothing and then write its name on a big banner and march down the street waving it and yelling and screaming, only to have people who believe the opposite come toward them with *their* banner, yelling and screaming. This god decided to try to prove a point about the human condition so that people might, in seeing the absurdity of it, have a good laugh. (A good laugh is the best way to kill the Buddha.) He constructed a big hat divided right down the middle, the left side of which was brilliant blue and the right side flaming red. Then he went to a place where many people were working in the fields on the left side of a road and many other people were working in the fields on the right side of the road. There the god manifested in all his glory; no one could miss him. Big and radiant, wearing his hat, he walked straight down the road. All the people on the right side of the road dropped their hoes and looked up at this god; all the people on the left side of the road did the same. Everybody was amazed. Then he disappeared. Everyone shouted, "We saw God! We saw God!" They were all full of joy, until someone on the left said, "There he was in all his radiance and in his red hat!" And people on the right said, "No, he had on a blue hat." This disagreement escalated until the people built walls and began to throw stones at each other. Then the god appeared again. This time he walked in the other direction and then disappeared. Now all the people looked at each other and the ones on the right said, "Ah, you were right, he did have on a red hat. We're so sorry, we just saw incorrectly. You were right and we were wrong." The ones on the other side said, "No, no. You were right. We were wrong." At this point they didn't know whether to fight or to make friends. Most of them were completely puzzled by the situation. Then the god appeared again. This time he stood in the middle and he turned to the left and then he turned around to the right, and everyone started to laugh.

For us, as people sitting here meditating, as people wanting to live a good, full, unrestricted, adventurous, real kind of life, there is concrete instruction that we can follow, which is the one that we have been following all along in meditation: see what is. Acknowledge it without judging it as right or wrong. Let it go and come back to the present moment. Whatever comes up, see what is without calling it right or wrong. Acknowledge it. See it clearly without judgment and let it go. Come back to the present moment. From now until the moment of your death, you could do this. As a way of becoming more compassionate toward yourself and toward others, as a way of becoming less dogmatic, prejudiced, determined to have your own way, absolutely sure that you're right and the other person is wrong, as a way to develop teresting thing is that at first he didn't talk about the unconditional; he didn't talk about basic goodness, clarity, space, bliss, wonder, or openness. In the first teaching of the Buddha—the teachings on the four noble truths—he talked about suffering.

I've always experienced these teachings as a tremendous affirmation that there is no need to resist being fully alive in this world, that we are in fact part of the web. All of life is interconnected. If something lives, it has life force, the quality of which is energy, a sense of spiritedness. Without that, we can't lift our arms or open our mouths or open and shut our eyes. If you have ever been with someone who is dying, you know that at one moment, even though it might be quite weak, there's life force there, and then the next moment there is none. It's said that when we die, the four elements—earth, air, fire, water—dissolve one by one, each into the other, and finally just dissolve into space. But while we're living, we share the energy that makes everything, from a blade of grass to an elephant, grow and live and then inevitably wear out and die. This energy, this life force, creates the whole world. It's very curious that because we as human beings have consciousness, we are also subject to a little twist where we resist life's energies.

I was talking to a man the other day who has severe depression. When he gets depressed, he sits in a chair; he can't move. All he does is worry. He said that all winter long he sat in the chair, thinking that he ought to go bring the lawn mower out of the snow, but he just couldn't do it. Now that's not what I mean by sitting still. Sitting still, or holding one's seat, means not being pulled away from being fully right there, fully acknowledging and experiencing your life energy. So what happens? I can tell you my experience of it. I was sitting, doing the technique, when this bad feeling came along. Next thing I knew, I was thinking all kinds of things, worrying about something that's going to happen in September, worrying about who is going to take care of the minutest little details of something that's going to happen in October. Then I remembered: sitting still in the middle of a fire or a tornado or an earthquake or a tidal wave, sitting still. This provides the opportunity to experience once again the living quality of our life's energy—earth, air, fire, and water.

Why do we resist our energy? Why do we resist the life force that flows through us? The first noble truth says that if you are alive, if you have a heart, if you can love, if you can be compassionate, if you can realize the life energy that makes everything change and move and grow and die, then you won't have any resentment or resistance. The first noble truth says simply that it's part of being human to feel discomfort. We don't even have to call it suffering anymore, we don't even have to call it discomfort. It's simply coming to know the fieriness of fire, the wildness of wind, the turbulence of water, the up-heaval of earth, as well as the warmth of fire, the coolness and smoothness of water, the gentleness of the breezes, and the goodness, solidity, and dependability of the earth. Nothing in its essence is one way or the other. The four elements take on different qualities; they're like magicians. Sometimes they manifest in one form and sometimes in another. If we feel that that's a problem, we resist it. The first noble truth recognizes that we also change like the weather, we ebb and flow like the tides, we wax and wane like the moon. *We* do that, and there's no reason to resist it.

through us, just as it flows through the grass and the trees and the ravens and the bears and the moose and the ocean and the rocks, we discover that we are not solid at all. If we sit still, like the mountain Gampo Lhatse in a hurricane, if we don't protect ourselves from the trueness and the vividness and the immediacy and the lack of confirmation of simply being part of life, then we are not this separate being who has to have things turn out our way.

The third noble truth says that the cessation of suffering is letting go of holding on to ourselves. By "cessation" we mean the cessation of hell as opposed to just weather, the cessation of this resistance, this resentment, this feeling of being completely trapped and caught, trying to maintain huge ME at any cost. The teachings about recognizing egolessness sound quite abstract, but the path quality of that, the magic instruction that we have all received, the golden key is that part of the meditation technique where you recognize what's happening with you and you say to yourself, "Thinking." Then you let go of all the talking and the fabrication and the discussion, and you're left just sitting with the weather—the quality and the energy of the weather itself. Maybe you still have that quaky feeling or that churning feeling or that exploding feeling or that calm feeling or that dull feeling, as if you'd just been buried in the earth. You're left with that. That's the key: come to know *that*. The only way you can know that is by realizing that you've been talking about it, turning it into worry about next week and next October and the rest of your life. It's as if, curiously enough, instead of sitting still in the middle of the fire, we have developed this self-created device for fanning it, keeping it going. Fan that fire, fan that fire. "Well, what about if I don't do this, then

AWAKENING LOVING-KINDNESS

that will happen, and if that happens then this will happen, maybe I better get rid of such-and-such and get this and do that. I better tell so-and-so about this, and if I don't tell them that, surely the whole thing is going to fall apart, and then what will happen? Oh, I think I want to die and I want to get out of here. This is horrible and—" Suddenly you want to jump out of your seat and go screaming out of the room. You've been fanning the fire. But at some point you think, "Wait a minute. Thinking." Then you let go and come back to that original fluttering feeling that might be very edgy but is basically the wind, the fire, the earth, the water. I'm not talking about turning a hurricane into a calm day. I'm talking about realizing hurricane-ness, or, if it's a calm day, calmness. I'm not talking about turning a forest fire into a cozy fire in the fireplace or something that's under your cooking pot that heats your stew. I'm saying that when there's a forest fire, don't resist that kind of power—that's you. When it's warm and cozy, don't resist that or nest in it. I'm not saying turn an earthquake into a garden of flowers. When there's an earthquake, let the ground tremble and rip apart, and when it's a rich garden with flowers, let that be also. I'm talking about not resisting, not grasping, not getting caught in hope and in fear, in good and in bad, but actually living completely.

The essence of the fourth noble truth is the eightfold path. Everything we do—our discipline, effort, meditation, livelihood, and every single thing that we do from the moment we're born until the moment we die—we can use to help us to realize our unity and our completeness with all things. We can use our lives, in other words, to wake up to the fact that we're not separate: the energy that causes us to live and be it doesn't show me where I'm out of balance. But perhaps you are much more militant and precise and on the dot. Maybe you tend toward being tight. It might be easy for you to do tight practice, but that might be too harsh and too authoritarian, so you might need to find out what it means to practice in a relaxed, loose way. Everybody is different. Everybody's middle way is a different middle way; everyone practices in order to find out for him- or herself personally how to be balanced, how to be not too tight and not too loose. No one else can tell you. You just have to find out for yourself.

In a poem in *First Thought, Best Thought,* Trungpa Rinpoche says something like, "Buddhism doesn't tell you what is false and what is true, but it encourages you to find out for yourself." Learning to be not too tight and not too loose is an individual journey through which you discover how to find your own balance: how to relax when you find yourself being too rigid; how to become more elegant and precise when you find yourself being too casual.

It seems that it is a common experience to take extreme views; we don't usually find the middle view. For example, we come to a dathun and we're all just starting to practice. The first couple of days we think, "I am going to do this perfectly," and we practice with intense effort to sit right, walk right, breathe right, keep the silence, do everything. We really push; we have a project. Then, at a certain point, we say, "Oh, for goodness' sake! What in the world am I doing?" We may just drop the whole thing and go to the other extreme—"I couldn't care less." The humor and the beauty of practice is that going from one extreme to another is not considered to be an obstacle; sometimes we're like a drill sergeant, sometimes we're like mashed potatoes. Basically, once we have some sort of joyful curiosity about the whole thing, it's simply all information, gathering the information we need to find our own balance.

You're sitting there and all of a sudden you see yourself as a South American dictator and you think, "This is ridiculous." You remember all the instructions about lightening up, softening up, and being more gentle. Then some humor or insight, some sort of gentleness comes in. Another time you are sitting there looking at your fingernails, scratching your ears, fooling with your toes, discovering the inside of your nose and the backs of your ears, and you can see Gary Larson doing a nice little cartoon drawing of yourself. You think, "Well, you know, I could just be a little more precise here." Humor is a much more effective approach than taking your practice in a grimly serious way.

In 1979, at the Vajradhatu Seminary,* Trungpa Rinpoche gave some extremely precise and brilliant teachings that were encouraging to everybody. For years we had received the straight teachings on *shamatha* (mindfulness) practice; these new teachings—the nine different ways of resting the mind—made that practice clearer and more precise because they gave us more sense of how to proceed. The basic idea in these teachings is to find your own balance between being not too tight and not too loose. I'll go through them now; they are very helpful.

First of all, don't regard these nine ways

---

*A three-month-long program for qualified students interested in pursuing systematic training in the three yanas, or "vehicles", (hinayana, mahayana, and vajrayana) of Tibetan Buddhism.

each time you start, you have some sense of remembering what you're doing: you simplify your main awareness onto the breath. You are quite one-pointed that way. You can do this anytime during your sitting period. You may get all caught up during the session, and then you can just stop, rest, and start again, a fresh start. Always start with that sense of the main emphasis being on the breath.

In the second instruction, "continually resting," you are encouraged to prolong that sense of being fully with the breath. Sometimes it could be sort of a one-shot deal, and then the rest could be softer. But sometimes it happens naturally that you can elongate that sense of feeling the breath as it goes out, that sense of being fully with the breath. The instruction for continuously resting is to train yourself not to be distracted by every little thing, but to stay with the breath. So the first instruction is something you can do, and the second one is something that tends to be an attitude and an experience that evolves: you are not drawn off by every sound, not distracted by every sight, not completely captured by every movement of your mind. You are able to prolong that sense of sitting in the present moment, being fully here, just breathing.

The third one is "naively resting," sometimes called "literally resting." This instruction has to do with taking a naive attitude, a childlike attitude toward your practice, keeping it very simple. It's about not getting conceptual and intellectual about the shamatha-vipashyana instruction. It says: when your mind wanders off, without making any big deal whatsoever, simply come back. Usually we don't just simply come back. Either we don't even notice that we're thinking and then we come back, or we're very militant and judgmental. So naively resting says, "Just simply come back." When Trungpa Rinpoche talks about this, he uses the example of feeding a baby. You're trying to get the spoon into the baby's mouth, and the baby's attention is wandering all over the place. You just say, "See the birdy," and the baby's attention comes back, and you stick the spoon in the baby's mouth. It's very simple. The baby doesn't say, "Oh, bad baby! I was thinking." The baby just says "Food!" and comes back. I can give you another example. You're brushing your teeth and your attention wanders off. All of a sudden you realize that you're standing there with toothpaste frothing in your mouth, yet you've just taken a quick trip to Los Angeles. You simply come back to brushing your teeth; there's no sense of big deal. That's naively resting.

The fourth of the nine ways, is "thoroughly resting." The instruction here is to let yourself settle down, let your mind calm down. If you then find that things are somewhat simple and straightforward and there are no 3-D movies going on, then try to catch each flicker of thought, the tiniest flickers of thought. The example given is that sometimes your thought is like a little flea touching you on the nose and jumping off, whereas other times it's like an elephant sitting on you. The instruction is that you could try to catch just the tiny flickers of thought. In your practice, you'll know when you are feeling settled like that and when you could try practicing that way. You'll also sometimes find that it just comes to you and that's how it is.

The fifth one is called "taming the mind." This has to do with the importance of a basic attitude of friendliness. Sometimes when our thoughts are like little fleas that jump off our noses, we just see the little flickers of thought, like ripples, which might have a very liberating quality. For the first time you might feel, "My goodness! There's so much space, and it's always been here." Another time it might feel like that elephant is sitting on you, or like you have your own private pornographic movie going on, or your own private war, in technicolor and stereo. It's important to realize that meditation doesn't prefer the flea to the elephant, or vice versa. It is simply a process of seeing what is, noticing that, accepting that, and then going on with life, which, in terms of the technique, is coming back to the simplicity of nowness, the simplicity of the out-breath. Whether you are completely caught up in discursive thought for the entire sitting period, or whether you feel that enormous sense of space, you can regard either one with gentleness and a sense of being awake and alive to who you are. Either way, you can respect that. So taming teaches that meditation is developing a nonaggressive attitude to whatever occurs in your mind. It teaches that meditation is not considering yourself an obstacle to yourself; in fact, it's quite the opposite.

Number six, "pacifying," is further instruction on how to deal with negativity. Taming basically gave the view, which is so crucial, that meditation is cultivating non-aggression and a good relationship with ourselves. Pacifying acknowledges that when we've really committed ourselves to practice, when we have some passion for practice and we put our whole self into it, a very curious thing always happens: we get fed up, we lose heart, and we get discouraged. We might say, "I don't want to do this," and just long to put on our backpack and hike down to the end of the point, or get into a boat and sail out to sea, or have longer breaks and more to eat, and "Let's get a good night's sleep for once!" Pacifying is a teaching with a lot of good humor in it. It recognizes what it's like for all of us (and apparently, since these teachings are over two thousand years old, it's always been like this). It says, "First of all, recognize that a let-down feeling accompanies good practice, that this is the experience of someone who is very committed and has started on a journey, and pacify yourself. When that happens, see that there's some humor in it, and just talk to yourself, encourage yourself." You can say things like, "Oh! Here it comes again. I thought I had gotten rid of this one, but here it is. Oh, my goodness! I had never experienced this, but this is just what she was talking about." You can actually talk to yourself about how precious our human life is and how uncertain the length of it is, and realize that it's a rare and precious opportunity to be able to make friends with yourself so completely and thoroughly. You can sit down in silence with yourself and simply see who you are and, in a gentle and precise way, continually be with yourself, learning how to acknowledge fully who you are and to let go of the tendency to fixate and dwell. So pacifying is realizing the human condition with a lot of heart and a lot of sympathy, and appreciating the rareness and preciousness of being able to practice and make friends with yourself. You can also realize that, at a time like this, when there's so much chaos and crisis and suffering in the world, we are actually needed. Individuals who are willing to wake up and make friends with themselves are going to be very beneficial, because they can work with others, they can hear what people are saying to them, and they can come from the heart and be of use. So you can encourage yourself in that way, which is called pacifying.

"Thoroughly pacifying," number seven,

gives specific instructions about the obstacles and antidotes. It talks about passion, aggression, and ignorance, which we consider to be obstacles to practice. It says that if you are experiencing extreme aggression in your practice, first you can take that sense of fresh start, and then you can emphasize the airy, windy, fresh quality of your breath. You have learned the meditation technique, you have posture and labeling and all kinds of tools, but if aggression has its claws in you and you can't let go of those resentful, bitter, angry thoughts and plans, then you should emphasize the windy, airy, fresh quality of the breath as it goes out, which helps you connect with freshness and spaciousness.

If it's passion or lust that has taken hold of you—you can't stop thinking about that person or that thing that you want so much—then the instruction, interestingly enough, is to flash back to your sense of

body, emphasize your posture. The antidote to being completely caught by lust
and passion, wanting so much that it hurts,
is your posture. Just resettle and have this
sense of mindfulness of body. Just emphasize feeling your hands on your thighs and
feeling your bottom on the cushion. You
could even mentally go through your
whole body from the top of your head all
the way down. Come into your body completely to ground yourself.

The antidote for ignorance or drowsiness is connecting with spaciousness, the
opposite of the antidote for passion, which
is connecting with sense of body. If ignorance or drowsiness is a problem, then you
can sense your breath dissolving into
space; you can sense your body sitting in
this room with all this space around you,
all the space outside the abbey and all the
space of the whole of Cape Breton Island:
lots of space. You connect with a sense of

big space to wake yourself up, brighten things up. Rather than having your eyes somewhat lowered, you can raise your gaze, but without starting to look around.

Number eight, "one-pointedness," has two parts, with the main emphasis on this notion of fresh start. If your mind is all caught up and driving you crazy, you can just stop practicing altogether. Just stop practicing. Give up the whole struggle. Give yourself a break. For a while, don't practice. Keep your posture, so you don't become too loose, but on the other hand let your mind relax and just think about things or look out. Relax, and then start fresh. The second part of this particular teaching is realizing that you're not a victim of anything, and neither are you a patient that some doctor has to cure. You're actually a sane, healthy, decent, basically good person, and you can find your own balance. This sense of fresh start can be applied not only to formal meditation, but throughout your whole life. This teaching, one-pointedness, means that you can be thoroughly present. If you find yourself feeling distracted, you can simply come back and wake up and give yourself a fresh start. There are ways of doing what you want to do and ways of being who you want to be. You don't have to feel like a victim of your own mind.

The last of the nine ways is called "resting evenly." It is also sometimes called absorption. However, Rinpoche made it very clear that this is not some kind of absorption state that blocks everything else out. Resting evenly just stresses the basic attitude that meditation is about developing a thoroughly good friendship with oneself, a completely honest, openhearted relationship with oneself. Traditionally there's a little verse that goes with this teaching, which says, "As swans swim on the lake and vultures roam in the charnel ground, you can let your mind rest in its natural state."

I I

RENUNCIATION

WHEN PEOPLE take refuge in the formal ceremony of becoming a Buddhist, they receive a name that indicates their main path, how they should work, their main vehicle. I've noticed that when people get the name "Renunciation," they hate it. It makes them feel terrible; they feel as if someone gave them the name "Torture Chamber," or perhaps "Torture Chamber of Enlightenment." People usually don't like the name "Discipline" either. But so much depends on how you look at these things. Renunciation does not have to be regarded as negative. I was taught that it has to do with letting go of holding back. What one is renouncing is closing down and shutting off from life. You could say that renunciation is the same thing as opening to the teachings of the present moment.

It's probably good to think of the ground of renunciation as being our good old selves, our basic decency and sense of humor. In Buddhist teachings and in the Shambhala teachings, as well as in the teachings of many other contemplative or mystical traditions, the basic view is that people are fundamentally good and healthy. It's as if everyone who has ever been born has the same birthright, which is enormous potential of warm heart and clear mind. The ground of renunciation is realizing that we already have exactly what we need, that what we have already is good. Every moment of time has enormous energy in it, and we could connect with that.

I was recently in a doctor's office that had a poster on the wall of an old Native American woman walking along a road, holding the hand of a little child. The caption read: "The seasons come and go, summer follows spring and fall follows summer and winter follows fall, and human beings are born and mature, have their middle age, begin to grow older and die, and everything has its cycles. Day follows night, night follows day. It is good to be part of all of this." When you begin to have that kind of trust in basic creativity and directness and fullness, in the alive quality of yourself and your world, then you can begin to understand renunciation.

Trungpa Rinpoche once said, "Renunciation is realizing that nostalgia for samsara* is full of shit." Renunciation is realiz-

*The vicious cycle of existence—the round of birth and death and rebirth—which arises out of

ing that our nostalgia for wanting to stay in a protected, limited, petty world is insane. Once you begin to get the feeling of how big the world is and how vast our potential for experiencing life is, then you really begin to understand renunciation. When we sit in meditation, we feel our breath as it goes out, and we have some sense of willingness just to be open to the present moment. Then our minds wander off into all kinds of stories and fabrications and manufactured realities, and we say to ourselves, "It's thinking." We say that with a lot of gentleness and a lot of precision. Every time we are willing to let the story line go, and every time we are willing to let go at the end of the out-breath, that's

ignorance and is characterized by suffering; in ordinary reality, the vicious cycle of frustration and suffering generated as the result of karma (one's actions).

fundamentally renunciation: learning how to let go of holding on and holding back.

The river flows rapidly down the mountain, and then all of a sudden it gets blocked with big boulders and a lot of trees. The water can't go any farther, even though it has tremendous force and forward energy. It just gets blocked there. That's what happens with us too; we get blocked like that. Letting go at the end of the out-breath, letting the thoughts go, is like moving one of those boulders away so that the water can keep flowing, so that our energy and our life force can keep evolving and going forward. We don't, out of fear of the unknown, have to put up these blocks, these dams, that basically say no to life and to feeling life.

So renunciation is seeing clearly how we hold back, how we pull away, how we shut down, how we close off, and then learning how to open. It's about saying yes

ing, because when there's a lot of space you can see very clearly: you've removed your veils, your shields, your armor, your dark glasses, your earplugs, your layers and layers of mittens, your heavy boots. Finally you're standing, touching the earth, feeling the sun on your body, feeling its brightness, hearing all the noises without anything to dull the sound. You take off your nose plug, and maybe you're going to smell lovely fresh air or maybe you're in the middle of a garbage dump or a cesspool. Since meditation has this quality of bringing you very close to yourself and your experience, you tend to come up against your edge faster. It's not an edge that wasn't there before, but because things are so simplified and clear, you see it, and you see it vividly and clearly.

How do we renounce? How do we work with this tendency to block and to freeze and to refuse to take another step toward the unknown? If our edge is like a huge stone wall with a door in it, how do we learn to open that door and step through it again and again, so that life becomes a process of growing up, becoming more and more fearless and flexible, more and more able to play like a raven in the wind?

The wilder the weather is, the more the ravens love it. They have the time of their lives in the winter, when the wind gets much stronger and there's lots of ice and snow. They challenge the wind. They get up on the tops of the trees and they hold on with their claws and then they grab on with their beaks as well. At some point they just let go into the wind and let it blow them away. Then they play on it, they float on it. After a while, they'll go back to the tree and start over. It's a game. Once I saw them in an incredible hurricane-velocity wind, grabbing each other's feet and dropping and then letting go and flying out. It was like a circus act. The animals and the plants here on Cape Breton are hardy and fearless and playful and joyful; the elements have strengthened them. In order to exist here, they have had to develop a zest for challenge and for life. As you can see, it adds up to tremendous beauty and inspiration and uplifted feeling. The same goes for us.

If we understand renunciation properly, we also will serve as an inspiration for other people because of our hero quality, our warrior quality, the fact that each of us meets our challenges all the time. When somebody works with hardship in an openhearted humorous way like a warrior, when somebody cultivates his or her bravery, everyone responds, because we know *we* can do that too. We know that this person wasn't born perfect but was inspired to cultivate warriorship and a gentle heart and clarity.

Whenever you realize you have met your edge—you're scared and you're frozen and you're blocked—you're able to recognize it because you're open enough to see what's happening. It's already a sign of your aliveness and the fact that you've shed a lot, that you can see so clearly and so vividly. Rather than think you have made a mistake, you can acknowledge the present moment and its teaching, or so we are instructed. You can hear the message, which is simply that you're saying "No." The instruction isn't then to "smash ahead and karate-chop that whole thing"; the instruction is to soften, to connect with your heart and engender a basic attitude of generosity and compassion toward yourself, the archetypal coward.

The journey of awakening—the classical journey of the mythical hero or heroine—is one of continually coming up against big challenges and then learning how to soften and open. In other words, the paralyzed quality seems to be hardening and refusing, and the letting go or the renunciation of that attitude is simply feeling the whole thing in your heart, letting it touch your heart. You soften and feel compassion for your predicament and for the whole human condition. You soften so that you can actually sit there with those troubling feelings and let them soften you more.

The whole journey of renunciation, or starting to say yes to life, is first of all realizing that you've come up against your edge, that everything in you is saying no, and then at that point, softening. This is yet another opportunity to develop loving-kindness for yourself, which results in playfulness—learning to play like a raven in the wind.

I 2

SENDING AND TAKING

THIS MORNING I'm going to talk about *tonglen,* the practice of "sending and taking." Some of you have done it before and some of you haven't, but in any case, it's always like doing it for the first time.

Tonglen practice has to do with cultivating fearlessness. When you do this practice for some time, you experience your heart as more open. You begin to realize that fear has to do with wanting to protect your heart: you feel that something is going to harm your heart, and therefore you protect it. Again and again, in the Buddhist teachings, in the Shambhala teachings, and in any tradition that teaches us how to live well, we are encouraged to cultivate fearlessness. How do we do that? Certainly the sitting practice of meditation is one way, because through it we come to know ourselves so completely and with such gentleness.

I had been doing shamatha practice for maybe seven years when I first did tonglen. After doing this practice, I was amazed to see how I had been subtly using my shamatha to try to avoid being hurt, to try to avoid depression or discouragement or bad feelings of any kind. Basically, unknown to myself, I had secretly hoped that if I did the practice I wouldn't have to feel any pain anymore. When you do tonglen, you invite the pain in. That's what opens your eyes, even though that's what shamatha is all about—seeing pain, seeing pleasure, seeing everything with gentleness and accuracy, without judging it, without pushing it away, becoming more open to it. Even though that's what we've been practicing all along, tonglen puts it right on the line; I realized that I hadn't really been doing that before. Tonglen takes a lot of courage to do. Interestingly enough, it also gives you a lot of courage. You start out maybe with one thimbleful of courage and a tremendous aspiration to want to open to your world and to be of benefit to yourself and others. You know that that means you're going to find yourself in places where all your buttons will be pushed and things are going to be tough, but nevertheless, you have the aspiration to be able to walk into any situation and be of benefit. You have at the most only a thimbleful of courage, just enough courage to do tonglen, maybe because you don't know what you're getting into, but that's usually life's situation anyway! Something amazing then occurs. By the willingness to do tonglen, you find, after some time—a few days or a few months or a few years—that you have a teacup full of courage, that somehow, by doing the practice, you awaken your heart and you awaken your courage. When I say "awaken your heart," I mean that you're willing not to cover over the most tender part of yourself. Trungpa Rinpoche often talked about the fact that we all have a soft spot and that negativity and resentment and all those things occur because we're trying to cover over our soft spot. That's very positive logic: it's because you are tender and deeply touched that you do all this shielding. It's because you're soft and have some kind of warm heart, an open quality, to begin with that you even start shielding.

In shamatha particularly, you see your shields so clearly. You see how you imprison your heart. That already lightens things up and gives you some respect for the insight and perhaps sense of humor that you have. Tonglen takes that further because you actually invite in not only all your own unresolved conflicts, confusion, and pain, but also those of other people. And it goes even further. Usually we try to ward off feeling bad, and when we feel good we would like that to last forever. In tonglen, though, not only are we willing to breathe in painful things, we are also willing to breathe out our feelings of well-being, peace, and joy. We are willing to give these away, to share them with others. Tonglen is quite the opposite of the conventional approach. Usually if one is meditating and one really begins to connect with something bigger and feel the sense of inspiration and delight, even walking meditation seems like an intrusion. Having to clean the toilet and talk with people definitely seems to get in the way of our bliss. The tonglen approach is, "If you feel it, share it. Don't hold on to it. Give it away."

Mahayana* Buddhism talks about *bodhicitta,* which means "awakened heart" or "courageous heart." Bodhicitta has the qualities of gentleness, precision, and openness, being able just to let go and open up. Specifically, the purpose of tonglen is to awaken or cultivate bodhicitta, to awaken your heart or cultivate your courageous heart. It's like watering a seed that can flower. You might feel that you have only that little thimbleful of courage, or you might feel that you don't have any courage at all, but the Buddha said, "Hogwash! Everyone has bodhicitta." So maybe it's just a little sesame seed of bodhicitta, but if you do the practice, it's like watering

*The "great vehicle," which presents vision based on emptiness, compassion, and acknowledgment of universal buddha nature.

that seed, which seems to grow and flourish. What's really happening is that what was there all along is being uncovered. Doing tonglen sweeps away the dust that has been covering over your treasure that's always been there.

Traditionally, bodhicitta is compared to a diamond that's been covered over with ten tons of mud for two thousand years. You could uncover it at any point and it would still be a jewel, our heirloom. Bodhicitta is also said to be like very rich, creamy milk that has the potential of being butter. You have to do a little work to get the butterness out of the cream. You have to churn it. It's also been compared to a sesame seed, full of sesame oil. You have to do a little pounding to get the oil, but it's already there. Sometimes bodhicitta is said to be like a precious treasure lying at the side of the road with a few dirty rags over it. People—perhaps very poor people who are starving to death—walk by it all the time. All they have to do is just pick up the rags, and there it is. We do tonglen so that we don't have to be like blind people, continually walking over this jewel that's right there. We don't have to feel like poverty-stricken paupers, because right in our heart is everything anyone could ever wish for in terms of open, courageous warmth and clarity. Everybody has it, but not everybody has the courage to let it ripen.

These days the world really needs people who are willing to let their hearts, their bodhicitta, ripen. There's such widespread devastation and suffering: people are being run over by tanks or their houses are being blown up or soldiers are knocking on their doors in the middle of the night and taking them away and torturing them and killing their children and their loved ones. People are starving. It's a hard time. We who are living in the lap of luxury with our pitiful little psychological problems have a tremendous responsibility to let our clarity and our heart, our warmth, and our ability ripen, to open up and let go, because it's so contagious. Have you noticed that if you walk into the dining room and sit down and the one other person who is there is feeling good and you know he's feeling good, somehow it includes you, it makes you feel good, as if he liked you? But if you go into the dining room and the one other person who's there is feeling really crummy, you wonder, "What did I do?" or "Gosh, I better do something to try to make him feel good." Whether you're having a headache or an attack of depression or whatever is happening with you, if you feel at home in your world, it's contagious; it could give other people a break. We can give each other this break by being willing to work with our own fear and our own feelings of inadequacy and our own early-morning depression and all of that.

Practicing shamatha is one way of showing your willingness to see things clearly and without judging. Doing tonglen is a gesture toward ripening your bodhicitta for the sake of your own happiness and that of others. Your own happiness radiates out, giving others the space to connect with their own joy, intelligence, clarity, and warmth.

The essence of tonglen practice is that on the in-breath you are willing to feel pain: you're willing to acknowledge the suffering of the world. From this day onward, you're going to cultivate your bravery and willingness to feel that part of the human condition. You breathe in so that you can really understand what the Buddha meant when he said that the first noble truth is that life is suffering. What does that mean? With every in-breath, you try to find out by acknowledging the truth of suffering, not as a mistake you made, not as a punishment, but as part of the human condition. With every in-breath, you explore the discomfort of the human condition, which can be acknowledged and celebrated and not run away from. Tonglen puts it right on the line.

The essence of the out-breath is the other part of the human condition. With every out-breath, you open. You connect with the feeling of joy, well-being, satisfaction, tenderheartedness, anything that feels fresh and clean, wholesome and good. That's the aspect of the human condition that we wish were the whole show, the part that, if we could finally clear up all our problems, we would have as our everyday diet. The menu would read, "Only happiness. No pain here." There would be all the things that you think would bring you everlasting happiness, maybe a little bittersweetness, a few little tears, but definitely no heavy-duty confusion, no dark places, no closet doors that you don't want to open, no monsters under the bed, no ugly thoughts, no rage, no despair, no jealousy—definitely not. That's the out-breath, the part you like. You connect with that and you breathe it out so that it spreads and can be experienced by everyone.

All that you need in order to do tonglen is to have experienced suffering and to have experienced happiness. Even if you've had only one second of suffering in your life, you can do tonglen. Even if you've had only one second of happiness, you can do tonglen. Those are the prerequisites. In other words, you are an ordinary human being with pain and pleasure, just like everyone else. However, if you were *just* like everyone else, you would breathe in the good part and breathe out the bad part. Sometimes that makes a certain amount of sense. But this path, the path of the warrior, is a lot more daring: you are cultivating a fearless heart, a heart that doesn't close down in any circumstance; it is always totally open, so that you could be touched by anything.

There is a classic painting of the wheel of life with Yama, the god of death, holding the wheel. In the center is passion, a cock; aggression, a snake; and ignorance, a pig. The spokes of the wheel make six pie-shaped spaces that are called the six realms. The lower realms are the hell realm, the hungry ghost realm (also a very painful one), and the animal realm, which is full of fear and ignorance, since in that realm you are able to relate only to what is in front of your nose. The higher realms are the human realm, the jealous god realm, and the god realm. In each of those six realms stands the Buddha, which is to say, we ourselves. We can open our hearts to the point that we could enter into the hell realm, the hungry ghost realm, the jealous god realm, the god realm—any place. We could be there with our hearts, completely open and not afraid. That's the aspiration of the bodhisattva. When we formally take the bodhisattva vow, we are given the tonglen practice to do. That means that we really wish to be fearless enough to help others; we are aware that we ourselves have a lot of fear, but we aspire to have our hearts wake up completely.

Breathing in, breathing out, in the way I have described, is the technique for being able to be completely awake, to be like a buddha in any realm that exists. If you start to think what it would be like in some of those realms, you just thank your lucky stars that you're not in them, but if you were, you could still be there with an open heart. The essence of the practice is willingness to share pleasure and delight and the joy of life on the out-breath and willingness to feel your pain and that of others fully on the in-breath. That's the essence of it, and if you were never to receive any other instruction, that would be enough.

Now for the instruction. The first step is called "flashing absolute bodhicitta," which basically means just opening up. The second step is working with the abstract quality of pain by visualizing it as black, heavy, and hot, and breathing that in, and working with the abstract quality of pleasure by visualizing it as white, light, and cool, and breathing that out. My understanding of this stage is that before you get into the real meaty, difficult stuff, you work with the abstract principles of pain and pleasure, synchronizing them with the in-breath and the out-breath. The first stage is just open space. Then you start working with what's called the relative practice—the humanness, our everyday life situation—breathing pain in, pleasure out, black in, white out. Then you get to the third stage, which is actually the heart of the practice. Here you visualize a specific life situation and connect with the pain of it. You breathe that in, feeling it completely. It's the opposite of avoidance. You are completely willing to acknowledge and feel pain—your own pain, the pain of a dear friend, or the pain of a total stranger—and on the out-breath, you let the sense of ventilating and opening, the sense of spaciousness, go out.

In other words, suppose there's someone in your life that you can't stand, the very thought of whom brings up all kinds of negative feelings. You decide to do tonglen to work with feeling more open and brave and gentle in that particular situation. So you think of that person and up come those awful feelings, and when you're breathing in, you connect with them—their quality and texture and just how they grab your heart. It's not that you try to figure them out; you just feel the pain. Then on the out-breath you relax, let go, open up, ventilate the whole thing. But you don't luxuriate in that for very long because when you breathe in again, it's back to the painful feeling. You don't get completely trapped, drowned in *that*, because next you breathe out—you open and relax and share some sense of space again. Maybe you want to grasp on to the joy, but then you breathe in again. Maybe you want to dwell in the pain, but then you breathe out again. It's like you're learning how to touch and go—you touch again and then you let go again. You don't prefer the pain to the pleasure or the pleasure to the pain; you go back and forth continually.

After you've worked with the specific

object for a while and you are genuinely connecting with the pain and your ability to open and let go, then you take the practice a step further—you do it for all sentient beings. This is a key point about tonglen: your own experience of pleasure and pain becomes the way that you recognize your kinship with all sentient beings, the way you can share in the joy and the sorrow of everyone who's ever lived, everyone who's living now, and everyone who will ever live. You are acknowledging that the discomfort that you feel when you think of that particular person is something that all human beings feel, and the joy that you feel, the sense of being able to open up and let go, is also people's birthright. You're breathing in that same pain, but now you think to yourself, "Let me feel it so that no one else on the whole earth has to feel it." In other words, it becomes useful. "I'm miserable, I'm depressed. Okay. Let me feel it fully so that nobody else has to feel it, so that others could be free of it." It starts to awaken your heart because you have this aspiration to say, "This pain can be of benefit to others because I can be courageous enough to feel it fully so no one else has to." On the out-breath you say, "Let me give away anything good or true that I ever feel, any sense of humor, any sense of enjoying the sun coming up and going down, any sense of delight in the world at all, so that everybody else may share in this and feel it."

So again, the first step is flashing some sense of openness and spaciousness, the second step is working with black in and white out, the third step is contacting something very real for us, and the fourth step is extending it out and being willing to do it for all sentient beings.

An interesting thing happens whenever I give tonglen instruction: people start going to sleep. It's hard to hear this stuff. I've never given tonglen instruction where I don't notice that at least three people are completely gone, and the others are probably all feeling extremely drowsy. By the same token, when you actually start doing the practice, you'll probably fall asleep a lot. Don't consider that an obstacle. This practice will still introduce to you the whole idea that you can feel both suffering and joy—that both are part of being human. If people are willing even for one second a day to make an aspiration to use their own pain and pleasure to help others, they are actually able to do it that much more. As you become more fearless, your bodhicitta will ripen with each day of your life, which will be of great benefit to others.

13

TAKING REFUGE

TODAY I want to talk about taking refuge in the three jewels—the buddha, the dharma, and the sangha—and what that really means.

When we're helpless infants, we totally depend on others to take care of us; otherwise we couldn't eat and we wouldn't be clean. If it were not for our helplessness, there would be no nurturing. Ideally, that period of nurturing is one in which maitri, loving-kindness, can be fostered in us. The Shambhala teachings tell us that the young warrior, the baby warrior, is placed in a cradle of loving-kindness. Ideally, among people striving to create an enlightened society, in the period of nurturing, individuals would naturally develop loving-kindness and respect toward themselves and a sense of feeling relaxed and at home with themselves. That would be a ground. In an enlightened society, there would be some ceremonial rite of passage, such as many traditional peoples have had, in which the child formally becomes a young man or a young woman. It seems that too often we're victims of not enough nurturing in the beginning, and we don't know when we've grown up. Some of us at the age of fifty or sixty or seventy are still wondering what we're going to be when we grow up. We remain children in our heart of hearts, which is to say, fundamentally theists.

In any case, whether we feel that we weren't nurtured properly, or whether we feel fortunate that we were—whatever our situation—in the present moment we can always realize that the ground is to develop loving-kindness toward ourselves. As adults, we can begin to cultivate a sense of loving-kindness for ourselves—by ourselves, for ourselves. The whole process of meditation is one of creating that good ground, that cradle of loving-kindness where we actually are nurtured. What's being nurtured is our confidence in our own wisdom, our own health, and our own courage, our own goodheartedness. We develop some sense that the way we are— the kind of personality that we have and the way we express life—is good, and that by being who we are completely and by totally accepting that and having respect for ourselves, we are standing on the ground of warriorship.

I've always thought that the phrase "to take refuge" is very curious because it sounds theistic, dualistic, and dependent "to take refuge" in something. I remember very clearly, at a time of enormous stress in my life, reading *Alice in Wonderland*. Alice became a heroine for me because she fell into this hole and she just free-fell. She didn't grab for the edges, she wasn't terrified, trying to stop her fall; she just fell and she looked at things as she went down. Then, when she landed, she was in a new place. She didn't take refuge in anything. I used to aspire to be like that because I saw myself getting near the hole and just screaming, holding back, not wanting to go anywhere where there was no hand to hold.

In every human life (whether there are puberty rites or not) you are born, and you are born alone. You go through that birth canal alone, and then you pop out alone, and then a whole process begins. And when you die, you die alone. No one goes with you. The journey that you make, no matter what your belief about that journey is, is made alone. The fundamental idea of taking refuge is that between birth and death we are alone. Therefore, taking refuge in the buddha, the dharma, and the sangha does not mean finding consolation in them, as a child might find consolation in Mommy and Daddy. Rather, it's a basic expression of your aspiration to leap out of the nest, whether you feel ready for it or not, to go through your puberty rites and be an adult with no hand to hold. It expresses your realization that the only way to begin the real journey of life is to feel the ground of loving-kindness and respect for yourself and then to leap. In some sense, however, we never get to the point where we feel one hundred percent sure: "I have had my nurturing cradle. It's finished. Now I can leap." We are always continuing to develop maitri and continuing to leap. The other day I was talking about meeting our edge and our desire to grab on to something when we reach our limits. Then we see that there's more loving-kindness, more respect for ourselves, more confidence that needs to be nurtured. We work on that and we just keep leaping.

So for us, taking refuge means that we feel that the way to live is to cut the ties, to cut the umbilical cord and alone start the journey of being fully human, without confirmation from others. Taking refuge is the way that we begin cultivating the openness and the goodheartedness that allow us to be less and less dependent. We might say, "We shouldn't be dependent anymore, we should be open," but that isn't the point. The point is that you begin where you are, you see what a child you are, and you don't criticize that. You begin to explore, with a lot of humor and generosity toward yourself, all the places where you cling, and every time you cling, you realize, "Ah! This is where, through my mindfulness and my tonglen and everything that I do, my whole life is a process of learning how to make friends with myself." On the other hand, this need to cling, this need to hold the hand, this cry for Mom, also shows you that *that's* the edge of the nest. Stepping through right there—making a leap—becomes the motivation for cultivating maitri. You realize that if you can step through that doorway, you're going forward, you're becoming more of an adult, more of a complete person, more whole.

In other words, the only real obstacle is ignorance. When you say "Mom!" or when you need a hand to hold, if you refuse to look at the whole situation, you aren't able to see it as a teaching—an inspiration to realize that this is the place where you could go further, where you could love yourself more. If you *can't* say to yourself at that point, "I'm going to look into this, because that's all I need to do to continue this journey of going forward and opening more," then you're committed to the obstacle of ignorance.

Working with obstacles is life's journey. The warrior is always coming up against dragons. Of course the warrior gets scared, particularly before the battle. It's frightening. But with a shaky, tender heart the warrior realizes that he or she is just about to step into the unknown, and then goes forth to meet the dragon. The warrior realizes that the dragon is nothing but unfinished business presenting itself, and that it's fear that really needs to be worked with. The dragon is just a motion picture that appears there, and it appears in many forms: as the lover who jilted us, as the parent who never loved us enough, as someone who abused us. Basically what we work with is our fear and our holding back, which are not necessarily obstacles.

The only obstacle is ignorance, this refusal to look at our unfinished business. If every time the warrior goes out and meets the dragon, he or she says, "Hah! It's a dragon again. No way am I going to face this," and just splits, then life becomes a recurring story of getting up in the morning, going out, meeting the dragon, saying, "No way," and splitting. In that case you become more and more timid and more and more afraid and more of a baby. No one's nurturing you, but you're still in that cradle, and you never go through your puberty rites.

So we say we take refuge in the buddha, we take refuge in the dharma, we take refuge in the sangha. In the oryoki meal chant we say, "The buddha's virtues are inconceivable, the dharma's virtues are inconceivable, the sangha's virtues are inconceivable," and "I prostrate to the buddha, I prostrate to the dharma, I prostrate to the sangha, I prostrate respectfully and always to these three." Well, we aren't talking about finding comfort in the buddha, dharma, and sangha. We aren't talking about prostrating in order to be safe. The buddha, we say traditionally, is the example of what we also can be. The buddha is the awakened one, and we too are the buddha. It's simple. We are the buddha. It's not just a way of speaking. We are the awakened one, meaning one who continually leaps, one who continually opens, one who continually goes forward. It isn't easy and it's accompanied by a lot of fear, a lot of resentment, and a lot of doubt. That's what it means to be human, that's what it means to be a warrior. To begin with, when you leave the cradle of loving-kindness, you are in this beautiful suit of armor because, in some sense, you're well protected and you feel safe. Then you go through puberty rites, the process of taking off the armor that you might have had some illusion was protecting you from something, only to find that actually it's shielding you from being fully alive and fully awake. Then you go forward and you meet the dragon, and every meeting shows you where there's still some armor to take off.

Taking refuge in the buddha means that you are willing to spend your life acknowledging or reconnecting with your awakeness, learning that every time you meet the dragon you take off more armor, particularly the armor that covers your heart. That's what we're doing here during this dathun, removing armor, removing our protections, undoing all the stuff that covers over our wisdom and our gentleness and our awake quality. We're not trying to be something we aren't; rather, we're rediscovering, reconnecting with who we are. So when we say, "I take refuge in the buddha," that means I take refuge in the courage and the potential of fearlessness of removing all the armor that covers this awakeness of mine. I am awake; I will spend my life taking this armor off. Nobody else can take it off because nobody else knows where all the little locks are, nobody else knows where it's sewed it up tight, where it's going to take a lot of work to get that particular iron thread untied. I may have a zipper that goes right down the front and has padlocks all the way down. Every time I meet the dragon, I take off as many padlocks as I can; eventually, I'll be able to take the zipper down. I might say to you, "Simple. When you meet the dragon you just take off one of your padlocks and then your zipper'll come down." And you say, "What is she talking about?," because *you* have sewn a seam up under your left arm with iron thread. Every time *you* meet the dragon, you have to get out these special snippers that you have hidden away in a box with all your precious things and snip a few of those threads off, as many as you dare, until you start vomiting with fear and say, "This is enough for now." Then you begin to be much more awake and more connected with your buddha nature, with buddha—you know what it means to take refuge in buddha. To the next person you meet, you say, "It's easy. All you have to do is get your little snippers out of your precious box and you start—" and they look at you and they say, "What is he talking about?" because *they* have these big boots that come all the way up and cover their whole body and head. The only way to get the boots off is to start with the soles of the boots, and they know that every time they meet the dragon, they actually have to start peeling. So you have to do it alone. The basic instruction is simple: Start taking off that armor. That's all anyone can tell you. No one can tell you how to do it because you're the only one who knows how you locked yourself in there to begin with.

Taking refuge in the dharma is, traditionally, taking refuge in the teachings of the Buddha. Well, the teachings of the Buddha are: Let go and open to your world. Realize that trying to protect your territory, trying to keep your territory enclosed and safe, is fraught with misery and suffering. It keeps you in a very small, dank, smelly, introverted world that gets more and more claustrophobic and more and more misery-producing as you get older. As you get older, it is harder and harder to find the doorways out. When I was about twelve I read a *Life* magazine series, "Religions of the World." The article on Confucius said something like: "By the time you're fifty, if you've spent your life up until then taking the armor off

[Confucius expressed this in his own language], then you've established a pattern of mind that for the rest of your life, you won't be able to stop. You'll just keep taking the armor off. But if by the time you're fifty you've become really good at keeping that armor on, keeping your zipper zipped up at any cost, keeping those boots on at any cost, then no matter what, you might be in the middle of an earthquake shattering into pieces, and if somehow you get it back together, then after that it's going to be very hard to change." Whether that's true or not, it scared me to death when I was twelve years old. It became a prime motivation for my life. I was determined somehow to grow rather than to become stuck.

So taking refuge in the dharma— teachings of the Buddha—is what it's all about. From a broader perspective, the dharma also means your whole life. The teachings of the Buddha are about letting go and opening: you do that in how you relate to the people in your life, how you relate to the situations you're in, how you relate with your thoughts, how you relate with your emotions. The purpose of your whole life is not to make a lot of money, it's not to find the perfect marriage, it's not to build Gampo Abbey. It's not to do any of these things. You have a certain life, and whatever life you're in is a vehicle for waking up. If you're a mother raising your children, that's the vehicle for waking up. If you're an actress, that's the vehicle for waking up. If you're a construction worker, that's the vehicle for waking up. If you're a retired person facing old age, that's the vehicle for waking up. If you're alone and you feel lonely and you wish you had a mate, that's the vehicle for waking up. If you have a huge family around you and wish you had a little more free time, that's the vehicle for waking up. Whatever you have, that's it. There's no better situation than the one you have. It's made for you. It'll show you everything you need to know about where your zipper's stuck and where you can leap. So that's what it means to take refuge in the dharma. It has to do with finding open space, not being covered in armor.

Taking refuge in the sangha is very much the same thing. It does not mean that we join a club where we're all good friends, talk about Buddhism together, nod sagely, and criticize the people who don't believe the way we do. Taking refuge in the sangha means taking refuge in the brotherhood and sisterhood of people who are committed to taking off their armor. If we live in a family where all the members are committed to taking off their armor, then one of the most powerful vehicles of learning how to do it is the feedback that we give one another, the kindness that we show to one another. Normally when somebody is feeling sorry for herself and beginning to wallow in it, people pat her on the back and say, "Oh, you poor thing," or "For Pete's sake, get off it." But if you yourself are committed to taking off your armor and you know that the other person is too, there is a way that you can actually give them the gift of dharma. With great kindness and love, out of your own experience of what's possible, you give them the wisdom that somebody else probably gave you the day before when *you* were miserable. You encourage them not to buy into their self-pity but to realize that it's an opportunity to grow, and that everybody goes through this experience. In other words, the sangha are people committed to helping one another to take off their armor, by not encouraging their weakness or their tendency to keep their

armor on. When we see each other col-
lapsing or stubbornly saying, "No, I like
this armor," there's an opportunity to say
something about the fact that underneath
all that armor are a lot of festering sores,
and a little bit of sunlight wouldn't hurt a
bit. That's the notion of taking refuge in
the sangha.

Taking refuge in the three jewels is no
refuge at all from the conventional point
of view. It's like finding a desert island in
the middle of the ocean after a ship-
wreck—"Whew! Land!"—and then
standing there and watching it being eaten
away, day by day, by the ocean. That's
what taking refuge in the buddha, the
dharma, and the sangha is like.

When we realize the need to take off
our armor, we can take refuge in our
awakeness and our aspiration not to cover
it over any longer by taking refuge in the
buddha. We can take refuge in the teach-

ings of the Buddha and we can take refuge in the sangha, our family, those people committed to following the Buddha's teachings, with whom we can share support and inspiration.

Trungpa Rinpoche gave a definition of taking refuge that was pinned up on our bulletin board the other day. It begins with an absolute statement: "Since all things are naked, clear from obscurations, there is nothing to attain or realize." But then Rinpoche goes further and makes it very practical. "The everyday practice is simply to develop a complete acceptance and openness to all situations and emotions and all people. A complete acceptance and openness to all situations and emotions and to all people, experiencing everything totally without reservations or blockages, so that one never withdraws or centralizes into oneself." That is why we practice.

14

THE FOUR REMINDERS

THE TRADITIONAL four reminders are basic reminders of why one might make a continual effort to return to the present moment. The first one reminds us of our precious human birth; the second, of the truth of impermanence; the third, of the law of karma; and the fourth, of the futility of continuing to wander in samsara. Today I'd like to talk about these four ways of continually waking yourself up and re-membering why you practice, why when you go home you might try to set up a space where you can meditate each day and just be fully with yourself the way you have been here for a month. Why even bother to wake up rather than go to sleep? Why spend the rest of your life sowing seeds of wakefulness, aspiring to take a leap and open up more and become a warrior? Why? When there are all these financial worries, marital problems, problems with friends, problems with communication, problems with everything, and you feel trapped, why bother to go and sit? Why bother to look up at the sky and try to find a gap or some space in that thick discursiveness? We ask ourselves these very basic questions all the time.

The teachings on the four reminders address these questions. You can reflect on them any time, whether you live at Gampo Abbey or in Vancouver or in Minnesota, Chicago, New York City, the Black Hole of Calcutta, the top of Mount Everest, or the bottom of the ocean. Whether you're a *naga* (water-being) or a ghost or a human or a hell-being or a god-realm person—

whatever you are—you can reflect on these four reminders of why you practice.

The first reminder is our precious birth. All of us sitting here have what is traditionally called a good birth, one that is rare and wonderful. All you have to do is pick up *Time* magazine and compare yourself to almost anyone on any page to realize that, even though you do have your miseries, your psychological unpleasant-nesses, your feelings of being trapped, and so on, they're kind of rarefied compared with how it could be in terms of being run over by tanks, starving to death, being bombed, being in prison, being seriously addicted to alcohol or drugs or anything else that's self-destructive. The other day I read about a nineteen-year-old girl ad-dicted to crack, nine months pregnant, whose life consists of shooting up and then going out to prostitute herself so she can get enough money to shoot up again. She was about to give birth to a baby who was going to be addicted to crack. That was her whole life; she would continue to do that until she died. On the other hand, living a cushy life in which everything is totally luxurious is also not at all helpful. You don't have the opportunity to develop much understanding about how people suffer or much sense of an open heart. You're all caught up in the good feeling of having two or three hundred pairs of shoes in your closet, like Imelda Marcos, or a beautiful home with a swimming pool, or whatever it is you have.

The basic thing is to realize that we have everything going for us. We don't have extreme pain that's inescapable. We don't have total pleasure that lulls us into ignorance. When we start feeling depressed, it's helpful to reflect on that. Maybe this is a good time to read the newspapers a lot and remember how terrifying life can be. We're always in a position where something might happen to us. We don't know. We're Jews living in France or Germany or Holland in 1936, we're just leading our ordinary lives, getting up in the morning, having our two or three meals a day, having our routines, and then one day the Gestapo comes and takes us away. Or maybe we're living in Pompeii and all of a sudden a volcano erupts and we're under a lot of lava. Anything could happen. Now is a very uncertain time. We don't know. Even at the personal level, tomorrow, any one of us might find that we have an incurable disease or that someone we love very much does.

In other words, life can just turn upside down. Anything can happen. How precious, how really sweet and precious our lives are. We are in the midst of this beauty, we have our health and intelligence and education and enough money and so forth, and yet every one of us has had our bout of depression during this dathun, every single one of us has had that feeling in the pit of our stomach. That definitely happens. One thing that Rinpoche taught and also really manifested to all of us who knew him—even though it's not easy to pull it off—was that just because you're feeling depressed doesn't mean that you have to forget how precious the whole situation is. Depression is just like weather—it comes and goes. Lots of different feelings, emotions, and thoughts, they just come and go forever, but that's no reason to forget how precious the situation is.

Beginning to realize how precious life is becomes one of your most powerful tools. It's like gratitude. If you feel gratitude for your life, then even if the Nazi trucks come and take you away, you don't lose that feeling of gratitude. There's a mahayana slogan: "Be grateful to everyone." Basically, it doesn't matter how bad it gets, once you have this feeling of gratitude for your own life and the preciousness of human birth, then it takes you into any realm. What I'm saying is that *now* it's easy. If you think you can start feeling grateful when you're in the hell realm, if you think you can suddenly perk up, you'll find it's about five hundred percent more difficult than in our present situation; you'll have trouble doing it. We are actually in the best and the easiest situation. It's good to remember that. It's good to remember all the talks you've ever heard on basic goodness and basic cheerfulness and gratitude.

In the vajrayana there's a lot of emphasis put on devotion, which could be a form of immense gratitude that has a lot of vision in it. Devotion is remembering all those who worked so hard, who had the same neurosis, the same pain that we do, the same depression, the same toothaches, the same difficult relationships, the same bills—the same everything—who never gave up. Because they never gave up, they are an inspiration for us. They are our heroes and heroines, you might say, because when we read their stories (when we read the story of Milarepa, for example), rather than feeling intimidated, we identify with it all along. We see ourselves in every episode; we realize that it's possible to keep going and never give up. We feel devotion toward the lineage of people who have worked so hard to make it easier for us. Sometimes you meet one particular teacher who seems to personify that for you, and then you also have a guru toward whom to feel devotion. It's as if these men and women hand down a lineage of gratitude and fearlessness and cheerfulness and vision. And they're just like us, except that we sometimes lose heart. The fact that there are these examples makes us tremendously grateful and devoted to these people. It gives us some sense of spirit that we also could follow along in that lineage. Then what *we* do to recognize our own precious human birth can be an inspiration for everybody else.

In the early seventies a friend kept telling me, "Whatever you do, don't try to make those feelings go away." His advice went on: "Anything you can learn about working with your sense of discouragement or your sense of fear or your sense of bewilderment or your sense of feeling inferior or your sense of resentment—anything you can do to work with those things—do it, please, because it will be such an inspiration to other people." That was really good advice. So when I would start to become depressed, I would remember, "Now wait a minute. Maybe I just have to figure out how to rouse myself genuinely, because there are a lot of people suffering like this, and if I can do it, they can do it." I felt a sense of interconnectedness. "If a shmuck like me can do it, anybody can do it." That's what I used to say, that if a miserable person like me—who's completely caught up in anger and depression and betrayal—if I can do it, then anyone can do it, so I'm going to try. That was good advice that helped me to realize my precious human birth.

The second reminder is impermanence. Life is very brief. Even if we live to be a hundred, it's very brief. Also, its length is unpredictable. Our lives are impermanent. I myself have, at the most, thirty more years to live, maybe thirty-five, but that would be tops. Maybe I have only twenty more years to live. Maybe I don't even have one more day to live. It's sobering to me to think that I don't have all that long left. It makes me feel that I want to use it well.

If you realize that you don't have that many more years to live and if you live your life as if you actually had only a day left, then the sense of impermanence heightens that feeling of preciousness and gratitude. Traditionally it's said that once you are born, you immediately start dying. I remember that in Boulder, every year the Hare Krishna people put up a display of life-sized figures starting with a newborn baby, through all the stages of life. You couldn't help but identify with this figure getting bigger and stronger, in the prime of life, until the whole things starts going downhill and the figure is shown getting older, with the final one a corpse. You don't even know if you're going to have the privilege of going through that whole process. Even if you do, impermanence is very real.

When you're depressed, you may say to yourself, "Why bother to sit? Why bother to find out, for my own sake and for the sake of others, what this depression is about? Why does it drag me down? How come the sky was so blue yesterday and now everything is so gray? How come everyone was smiling at me yesterday and now they're all frowning at me? How come yesterday I felt like I was doing everything right and today it seems I'm doing everything wrong? How come? How come? How come?" If you're alone in re-treat, you still get depressed. There's no one to blame it on; it's just this feeling that happens. You ask yourself, what is it? What is it? What is it? I want to know. How can I rouse myself? What can I do that's not completely habitual? How can I get out of this rut?

How do we stop the habitualness of our process? The teachings say, "Well, that's why we sit. That's what mindfulness is about. Look carefully. Pay attention to de-

tails." Remembering impermanence moti-
vates you to go back and look at the teachings, to see what they tell you about how
to work with your life, how to rouse yourself, how to cheer up, how to work with
emotions. Still, sometimes you'll read and
read and you can't find the answer anywhere. But then someone on a bus will tell
you, or you'll find it in the middle of a
movie, or maybe even in a commercial on
TV. If you really have these questions,
you'll find the answers everywhere. But if
you don't have a question, there's certainly
no answer.

Impermanence means that the essence
of life is fleeting. Some people are so skill-
ful at their mindfulness practice that they
can actually see each and every little movement of mind—changing, changing,
changing. They can also feel body changing, changing, changing. It's absolutely
amazing. The heart pumps blood all the

time and the blood keeps going and the food gets digested and the whole thing happens. It's amazing and it's very impermanent. Every time you travel in a car, that might be the end. If you get really paranoid, impermanence can drive you crazy because you're scared to step off the curb, you're scared to go out of your house. You realize how dangerous life is. It's good to realize how dangerous it is because that makes the sense of impermanence real. It is good to realize that you will die, that death is right there on your shoulder all the time. Many religions have meditations on death to let it penetrate our thick skulls that life doesn't last forever. It might be over in the next instant! Sometimes it's said that the end of every out-breath is actually *the* end; the opportunity is there to die completely. Suzuki Roshi gave the instructions, "Sit still. Don't anticipate. Just be willing to die over and over again." Let that be a reminder. Being willing to die over and over again heightens the first reminder, the sense of gratitude and preciousness. Impermanence can teach you a lot about how to cheer up. Sometimes let it scare you. It is said, "Practice as if your hair were on fire." It's okay if it scares you. Fear can make you start asking a lot of questions. If it doesn't get you down, it's going to start you wondering, "What's this fear? Where did it come from? What am I scared of?" Maybe you're scared of the most exciting things you have yet to learn. Impermanence is a great reminder.

The third reminder is karma: every action has a result. One could give a whole seminar on the law of karma. But fundamentally, in our everyday life, it's a reminder that it's important how we live. Particularly it's important at the level of mind. Every time you're willing to acknowledge your thoughts, let them go, and come back to the freshness of the present moment, you're sowing seeds of wakefulness in your unconscious. After a while what comes up is a more wakeful, more open thought. You're conditioning yourself toward openness rather than sleepiness. You might find yourself caught, but you can extricate yourself by how you use your mind, how you actually are willing to come back just to nowness, the immediacy of the moment. Every time you're willing to do that, you're sowing seeds for your own future, cultivating this innate fundamental wakefulness by aspiring to let go of the habitual way you proceed and to do something fresh. Basically this is letting go of thoughts, the churning of thoughts, and coming back to the present moment.

In one of our chants we say, "Whatever arises is fresh, the essence of realization. Grant your blessings so that my meditation is free from conceptions." Freshness here means willingness to sit up if you're slouching. If you want to stay in bed all day with the covers over your head, it means willingness to get up and take a shower with really good soap, to go down to the drugstore and buy something that smells good, to iron your shirt, shine your shoes, whatever it takes to perk up. It means doing whatever it takes to counteract your desire to throw everything on the floor, push it under the bed, not wash, just dive into this darkness. When these feelings come on, it does feel as if the whole world is collaborating with your own state of mind, acting as a mirror. Darkness seems to be everywhere. People are irritated at you, everything is closing in. Trying to cheer yourself up isn't easy, and sometimes it feels hypocritical, like going against the grain. But the reminder is that if you want to change your habitual stuckness, you're the only one who can do it.

I'm not telling you what to do, I'm just talking about seeing how you always do the same habitual things when bad feelings—uneasiness, depression, fear—start coming up. You always do the same thing; you shut down in some habitual, very old way. According to the law of karma, every action has a result. If you stay in bed all day with the covers over your head, if you overeat for the millionth time in your life, if you get drunk, if you get stoned, you know that's going to depress you and make you more discouraged, if it's just this habitual thing that you think is going to make you feel better. The older you get, the more you know how it just makes you feel more wretched. The law of karma says, "Well, how do you want to feel tomorrow, next week, next year, five years from now, ten years from now?" It's up to you how to use your life. It doesn't mean that you have to be the best one at cheering up, or that your habitual tendencies never get the better of you. It just has to do with this sense of reminding yourself. Sometimes you can say, "Couldn't care less," but after the fourth day of lying under the sheets in your dirty, smelly clothes with your socks on, with the empty bottle next to the bed— whatever the scenario is—you say, "Maybe I should go out and buy a new shirt and take a shower and go and look at the ocean or walk in the mountains or make a nice meal or do *something* to uplift my situation, to cheer myself up." Even though we may feel very heavy-hearted, instead of eating poison, we can go out and buy the best filet mignon or whatever it might be—in my case, the best peach.

The law of karma is that we sow the seeds and we reap the fruit. To remember that can be extremely helpful. So when you find yourself in a dark place where you've been countless, countless times, you can think, "Maybe it's time to get a little golden spade and dig myself out of this place." I remember my first interview with my teacher, Chögyam Trungpa, Rinpoche, very well, because I was somehow hesitant to talk to him about what was really the problem in my life. Instead, I wasted the whole interview chattering. Every once in a while he said, "How's your meditation?" and I said, "Oh, fine," and then just chattered on. When it was over, I blurted out, "I'm having this terrible time and I'm full of anger and blah-blah-blah," in the last half-second. Rinpoche walked me toward the door and said, "Well, what that feels like is a big wave that comes along and knocks you down. You find yourself lying on the bottom of the ocean with your face in the sand, and even though all the sand is going up your nose and into your mouth and your eyes and ears, you stand up and you begin walking again. Then the next wave comes and knocks you down. The waves just keep coming, but each time you get knocked down, you stand up and keep walking. After a while, you'll find that the waves appear to be getting smaller."

That's how karma works. If you keep lying there, you'll drown, but you don't even have the privilege of dying. You just live with the sense of drowning all the time. So don't get discouraged and think, "Well, I got out of bed, I took a shower. How come I'm not living in a Walt Disney movie now? I thought I was going to turn into Snow White. I thought I was going to live happily ever after. The prince kissed me; I woke up. How come I'm not living happily ever after?" The waves just keep coming and knocking you down, but you stand up again and with some sense of rousing yourself, standing up. As Rinpoche said, "After a while, you find that the waves seem to be getting smaller." That's really what happens. That's how karma works. So let that be a reminder. It's precious and it's brief and you can use it well.

Here's another story about Rinpoche going to see his teacher, Jamgon Kongtrul of Sechen. Rinpoche said that on this particular morning when he went in, Jamgon Kongtrul held up an object made of a beautiful white silvery metal that glimmered in the sun, with a long handle and something like prongs at the top. Jamgon Kongtrul said that it had been sent to him from England. Rinpoche came over and sat down and they looked at it. Jamgon Kongtrul said, "It's for eating," and when the attendants brought the food, he took the four prongs, put them into the piece of food, held them up, put it into his mouth, and said, "This is how they eat with this over there. They put it into the food and then the food sticks to these four prongs and then they put it into their mouth."

Rinpoche looked at this and thought it was very ingenious, this object. Then Jamgon Kongtrul said to him, "Someday you're going to meet the people who make these things, and you're going to work with them. It's not going to be easy, because you're going to find that they're more interested in staying asleep than in waking up." That's what he said about us. So when you realize that's true about yourself, remind yourself that it's up to you whether you actually experience gratitude and the preciousness of your life, the fleetingness and the rareness of it, or whether you become more resentful and harsh and embittered and feel more and more cheated. It's up to you how the law of karma all works out.

Finally, the fourth reminder is the futility of continuing to spin around on this treadmill that is traditionally called samsara. Someone once said that she felt as if she were on a record that just kept going round and round; she had got stuck in this groove, and every time she went around, the groove got deeper and deeper. I've also heard people say that sometimes, when they hear themselves speak, they feel as if they're a tape recorder playing the same tape over and over and over. They get sick of it, but somehow they just keep playing it anyway because there is a funny little identity there that gives them some kind of security, painful though it may be. That's samsara.

The essence of samsara is this tendency that we have to seek pleasure and avoid pain, to seek security and avoid ground-lessness, to seek comfort and avoid dis-comfort. The basic teaching is that that is how we keep ourselves miserable, un-happy, and stuck in a very small, limited view of reality. That is how we keep our-selves enclosed in a cocoon. Out there are all the planets and all the galaxies and vast space, but you're stuck in this cocoon, or maybe you're inside a capsule, like a vitamin pill. Moment after moment, you are deciding that you would rather stay in that capsule. You would rather remain a vitamin pill than experience the pain of stepping out into that big space. Life in that capsule is cozy and secure. We've gotten it all together. It's safe, it's predictable, it's convenient, and it's trustworthy. We know when we walk into our house exactly where the furniture is, and it's the way we like it. We know we have all the appliances we need and we have the clothes we like. If we feel ill at ease, we just fill in those gaps. Our mind is always seeking zones of safety. We're in this zone of safety and that's what we consider life, getting it all together, security. Death is losing that. That's what we fear, that's what makes us anxious. You could call death an embarrassment—feeling awkward and off the mark. Being totally confused and not knowing which way to turn could also describe death, which we fear so much. We want to know what's happening. The mind is always seeking zones of safety, and these zones of safety are continually falling apart. Then we scramble to get another zone of safety back together again. We spend all our energy and waste our lives trying to re-create these zones of safety, which are always falling apart. That's samsara.

The opposite of samsara is when all the walls fall down, when the cocoon completely disappears and we are totally open to whatever may happen, with no withdrawing, no centralizing into ourselves. That is what we aspire to, the warrior's journey. That's what stirs us and inspires us: leaping, being thrown out of the nest, going through the initiation rites, growing up, stepping into something that's uncertain and unknown. From that point of view, death becomes this comfort and this security and this cocoon and this vitamin pill-ness. That's death. Samsara is preferring death to life. The fourth reminder is to remember that. When you find yourself with these old, familiar feelings of anxiety because your world is falling apart and you're not measuring up to your image of yourself and everybody is irritating you beyond words because no one is doing what you want and everyone is wrecking everything and you feel terrible about yourself and you don't like anybody else and your whole life is fraught with emotional misery and confusion and conflict, at that point just remember that you're going through all this emotional upheaval because your coziness has just been, in some small or large way, addressed. Basically, you *do* prefer life and warriorship to death.

Hopefully these four traditional reminders—precious human birth, the truth of impermanence, the law of karma, which is cause and effect, and the futility of continuing to prefer death to life—will help you and me for the rest of our lives, whether we are leaving here or staying on here, to wake up. So have a good journey home, and always remember—never give up!

BIBLIOGRAPHY

Hanh, Thich Nhat. *A Guide to Walking Meditation.* Berkeley, Calif.: Parallax Press, 1985.

Neihardt, John G. *Black Elk Speaks.* Lincoln: University of Nebraska Press, 1988.

Suzuki, Shunryu. *Zen Mind, Beginner's Mind.* New York and Tokyo: Weatherhill, 1970.

Trungpa, Chögyam. *Born in Tibet.* Boston: Shambhala Publications, 1985.

———. *Cutting Through Spiritual Materialism.* Boston and London: Shambhala Publications, 1987.

———. *First Thought Best Thought: 108 Poems.* Boulder and London: Shambhala Publications, 1983.

———. *Shambhala: The Sacred Path of the Warrior.* Boston and London: Shambhala Publications, 1984, 1988.

RESOURCES

FOR INFORMATION about meditation instruction or to find a practice center near you, please contact one of the following:

Shambhala International
1084 Tower Road
Halifax, Nova Scotia
Canada B3H 2Y5
phone: (902) 425-4275
fax: (902) 423-2750
website: www.shambhala.org

Shambhala Europe
Kartäuserwall 20
D50678 Köln, Germany
phone: 49-221-31024-00
fax: 49-221-31024-50
e-mail: office@shambhala-europe.org
website: www.shambhala-europe.org

Karmê Chöling
369 Patneaude Lane
Barnet, Vermont 05821
phone: (802) 633-2384
fax: (802) 633-3012
e-mail: reception@karmecholing.org
website: www.karmecholing.org

Shambhala Mountain Center
151 Shambhala Way
Red Feather Lakes, Colorado 80545
phone: (970) 881-2184
fax: (970) 881-2909
e-mail: info@shambhalamountain.org
website: www.shambhalamountain.org

Gampo Abbey
Pleasant Bay, Nova Scotia
Canada B0E 2P0
phone: (902) 224-2752
e-mail: office@gampoabbey.org
website: www.gampoabbey.org

LIBRARY OF CONGRESS
CATALOGING-IN-PUBLICATION DATA

Chödrön, Pema.

Awakening loving-kindness / Pema Chödrön.

p.   cm. — (Shambhala pocket classics)

ISBN 978-1-57062-259-5 (alk. paper)

1. Spiritual life—Buddhism.   I. Title.   II. Series.

BQ5625.C46   1996   96-7521

294.3′444—dc20   CIP

APHRODITE

Ronald Frigon

PIERRE LOUŸS

Aphrodite

MŒURS ANTIQUES

ALBIN MICHEL

PRÉFACE

> Les ruines elles-mêmes du monde grec
> nous enseignent de quelle façon la vie,
> dans notre monde moderne, pourrait nous
> être rendue supportable.
>
> RICHARD WAGNER.

L'ÉRUDIT *Prodicos de Céos, qui florissait vers la fin du Ve siècle avant notre ère, est l'auteur du célèbre apologue que saint Basile recommandait aux méditations chrétiennes :* Héraclès entre la Vertu et la Volupté. *Nous savons qu'Héraclès opta pour la première, ce qui lui permit d'accomplir un certain nombre de grands crimes, contre les Biches, les Amazones, les Pommes d'Or et les Géants.*

Si Prodicos s'était borné là, il n'aurait écrit qu'une fable d'un symbolisme assez facile; mais il était bon philosophe, et son recueil de contes, Les Heures, *divisé en trois parties, présentait les vérités morales sous les divers aspects qu'elles comportent, selon les trois âges de la vie. Aux petits enfants, il se plaisait à proposer en exemple le choix austère d'Héraclès; sans doute aux jeunes gens il contait le choix voluptueux de Pâris; et j'imagine qu'aux hommes mûrs il disait à peu près ceci :*

« Odysseus errait un jour à la chasse au pied des montagnes de Delphes, quand il rencontra sur sa route deux vierges qui se tenaient par la main. L'une avait des cheveux de violettes, des yeux transparents et des lèvres graves; elle lui dit : « Je suis Arêtè. » L'autre avait des

*paupières faibles, des mains délicates et des seins tendres;
elle lui dit : « Je suis Tryphè. » Et toutes deux reprirent : « Choisis entre nous. » Mais le subtil Odysseus
répondit sagement : « Comment choisirais-je? Vous êtes
« inséparables. Les yeux qui vous ont vues passer l'une
« sans l'autre n'ont surpris qu'une ombre stérile. De
« même que la vertu sincère ne se prive pas des joies
« éternelles que la volupté lui apporte, de même la mol-
« lesse irait mal sans une certaine grandeur d'âme. Je
« vous suivrai toutes deux. Montrez-moi la route. » —
Aussitôt qu'il eut achevé, les deux visions se confondirent,
et Odysseus connut qu'il avait parlé à la grande déesse
Aphrodite. »*

*

Le personnage féminin qui occupe la première place
dans le roman qu'on va feuilleter est une courtisane
antique, mais, que le lecteur se rassure : elle ne se con-
vertira pas.

Elle ne sera aimée ni par un moine, ni par un pro-
phète, ni par un dieu. Dans la littérature actuelle, c'est
une originalité.

Courtisane, elle le sera avec la franchise, l'ardeur et
aussi la fierté de tout être humain qui a vocation et qui
tient dans la société une place librement choisie; elle aura
l'ambition de s'élever au plus haut point; elle n'imagi-
nera même pas que sa vie ait besoin d'excuse ou de mystère : ceci demande à être expliqué.

Jusqu'à ce jour, les écrivains modernes qui se sont
adresssés à un public moins prévenu que celui des jeunes
filles et des jeunes normaliens ont usé d'un stratagème
laborieux dont l'hypocrisie me déplaît : « J'ai peint la
volupté telle qu'elle est, disent-ils, afin d'exalter la
vertu. » En tête d'un roman dont l'intrigue se déroule
à Alexandrie, je me refuse absolument à commettre cet
anachronisme.

L'amour, avec toutes ses conséquences, était pour les

Grecs le sentiment le plus vertueux et le plus fécond en grandeurs. Ils n'y attachèrent jamais les idées d'impudicité et d'immodestie que la tradition israélite a importées parmi nous avec la doctrine chrétienne. Hérodote (I, 10) nous dit très naturellement : « Chez quelques peuples barbares, c'est un opprobre que de paraître nu. » Quand les Grecs ou les Latins voulaient outrager un homme qui fréquentait les filles de joie, ils l'appelaient μοιχός ou mœchus, ce qui ne signifie pas autre chose qu'adultère. Un homme et une femme qui, sans être engagés d'aucun lien par ailleurs, s'unissaient, fût-ce en public et quelle que fût leur jeunesse, étaient considérés comme ne nuisant à personne et laissés en liberté.

On voit que la vie des Anciens ne saurait être jugée d'après les idées morales qui nous viennent aujourd'hui de Genève.

Pour moi, j'ai écrit ce livre avec la simplicité qu'un Athénien aurait mise à la relation des mêmes aventures. Je souhaite qu'on le lise dans le même esprit.

A juger les Grecs anciens d'après les idées actuellement reçues, pas une seule traduction exacte de leurs plus grands écrivains ne pourrait être laissée aux mains d'un collégien de seconde. Si M. Mounet-Sully jouait son rôle d'Œdipe sans coupures, la police ferait suspendre la représentation. Si M. Leconte de Lisle n'avait pas expurgé Théocrite, par prudence, sa version eût été saisie le jour même de la mise en vente. On tient Aristophane pour exceptionnel? mais nous possédons des fragments importants de quatorze cent quarante comédies, dues à cent trente-deux autres poètes grecs dont quelques-uns, tels qu'Alexis, Philétaire, Strattis, Euboule, Cratinos nous ont laissé d'admirables vers, et personne n'a encore osé les traduire.

On cite toujours, en vue de défendre les mœurs grecques, l'enseignement de quelques philosophes qui blâmaient les plaisirs sexuels. Il y a là une confusion. Ces rares moralistes réprouvaient les excès de tous les sens

*indistinctement, sans qu'il y eût pour eux de différence
entre la débauche du lit et celle de la table. Tel, aujour-
d'hui, qui commande impunément un dîner de six louis
pour lui seul dans un restaurant de Paris eût été jugé
par eux aussi coupable, et non pas moins, que tel autre
qui donnerait en pleine rue un rendez-vous trop intime
et qui pour ce fait serait condamné par les lois en vigueur
à un an de prison. — D'ailleurs, ces philosophes austères
étaient regardés généralement par la société antique
comme des fous malades ou dangereux : on les bafouait
sur toutes les scènes; on les rouait de coups dans la rue;
les tyrans les prenaient pour bouffons de leur cour et les
citoyens libres les exilaient quand ils ne les jugeaient pas
dignes de subir la peine capitale.*

*C'est donc par une supercherie consciente et volontaire,
que les éducateurs modernes, depuis la Réforme jusqu'à
l'heure actuelle, ont représenté la morale antique comme
l'inspiratrice de leurs étroites vertus. Si cette morale fut
grande, si elle mérite en effet d'être prise pour modèle et
d'être obéie, c'est précisément parce que nulle n'a mieux
su distinguer le juste de l'injuste selon un critérium de
beauté, proclamer le droit qu'a tout homme de recher-
cher le bonheur individuel dans les limites où il est borné
par le droit semblable d'autrui, et déclarer qu'il n'y a sous
le soleil rien de plus sacré que l'amour physique, rien de
plus beau que le corps humain.*

*Telle était la morale du peuple qui a bâti l'Acropole;
et si j'ajoute qu'elle est restée celle de tous les grands
esprits, je ne ferai que constater la valeur d'un lieu commun, tant il est prouvé que les intelligences supérieures
d'artistes, d'écrivains, d'hommes de guerre ou d'hommes
d'Etat n'ont jamais tenu pour illicite sa majestueuse tolé-
rance. Aristote débute dans la vie en dissipant son patri-
moine avec des femmes de débauche; Sapho donne son
nom à un vice spécial; César et le mœchus calvus; —
mais on ne voit pas non plus Racine se garder des filles
de théâtre, ni Napoléon pratiquer l'abstinence. Les romans*

*de Mirabeau, les vers grecs de Chénier, la correspondance
de Diderot et les opuscules de Montesquieu égalent en
hardiesse l'œuvre même de Catulle. Et, de tous les auteurs
français, le plus austère, le plus saint, le plus laborieux,
Buffon, veut-on savoir par quelle maxime il entendait
conseiller les intrigues sentimentales : « Amour! pourquoi
fais-tu l'état heureux de tous les êtres et le malheur de
l'homme? — C'est qu'il n'y a dans cette passion que le
physique qui soit bon, et que le moral n'en vaut rien. »*

*

*D'où vient cela? et comment se fait-il qu'à travers le
bouleversement des idées antiques, la grande sensualité
grecque soit restée comme un rayon sur les fronts les plus
élevés?*

*C'est que la sensualité est la condition mystérieuse,
mais nécessaire et créatrice, du développement intellectuel.
Ceux qui n'ont pas senti jusqu'à leur limite, soit pour
les aimer, soit pour les maudire, les exigences de la chair,
sont par là même incapables de comprendre toute l'étendue des exigences de l'esprit. De même que la beauté de
l'âme illumine tout un visage, de même la virilité du corps
féconde seule le cerveau. La pire insulte que Delacroix sut
adresser à des hommes, celle qu'il jetait indistinctement
aux railleurs de Rubens et aux détracteurs d'Ingres, c'était
ce mot terrible : eunuques!*

*Mieux encore : il semble que le génie des peuples,
comme celui des individus, soit d'être, avant tout, sensuel.
Toutes les villes qui ont régné sur le monde, Babylone,
Alexandrie, Athènes, Rome, Venise, Paris, ont été par une
loi générale d'autant plus licencieuses qu'elles étaient plus
puissantes, comme si leur dissolution était nécessaire à
leur splendeur. Les cités où le législateur a prétendu
implanter une vertu artificielle étroite et improductive, se
sont vues, dès le premier jour, condamnées à la mort
totale. Il en fut ainsi de Lacédémone, qui, au milieu du*

*plus prodigieux essor qui ait jamais élevé l'âme humaine,
entre Corinthe et Alexandrie, entre Syracuse et Milet, ne
nous a laissé ni un poète, ni un peintre, ni un philosophe,
ni un historien, ni un savant, à peine le renom populaire
d'une sorte de Bobillot qui se fit tuer avec trois cents
hommes dans un défilé de montagnes sans même réussir
à vaincre. Et c'est pour cela qu'après deux mille années,
mesurant le néant de la vertu spartiate, nous pouvons,
selon l'exhortation de Renan, « maudire le sol où fut
cette maîtresse d'erreurs sombres, et l'insulter parce qu'elle
n'est plus ».*

*Verrons-nous jamais revenir les jours d'Ephèse et de
Cyrène? Hélas! le monde moderne succombe sous un enva-
hissement de laideur. Les civilisations remontent vers le
nord, entrent dans la brume, dans le froid, dans la boue.
Quelle nuit! un peuple vêtu de noir circule dans les rues
infectes. A quoi pense-t-il? on ne sait plus; mais nos
vingt-cinq ans frissonnent d'être exilés chez des vieillards.*

*Du moins, qu'il soit permis à ceux qui regretteront pour
jamais de n'avoir pas connu cette jeunesse enivrée de la
terre, que nous appelons la vie antique, qu'il leur soit
permis de revivre, par une illusion féconde, au temps où
la nudité humaine, la forme la plus parfaite que nous
puissions connaître et même concevoir puisque nous la
croyons à l'image de Dieu, pouvait se dévoiler sous les
traits d'une courtisane sacrée, devant les vingt mille pèle-
rins qui couvrirent les plages d'Eleusis; où l'amour le
plus sensuel, le divin amour d'où nous sommes nés, était
sans souillure, sans honte, sans péché; qu'il leur soit permis d'oublier dix-huit siècles barbares, hypocrites et
laids, de remonter de la mare à la source, de revenir
pieusement à la beauté originelle, de rebâtir le Grand
Temple au son des flûtes enchantées et de consacrer avec
enthousiasme aux sanctuaires de la vraie foi leurs cœurs
toujours entraînés par l'immortelle Aphrodite.*

PIERRE LOUŸS.

LIVRE PREMIER

I

CHRYSIS

COUCHÉE sur la poitrine, les coudes en avant, les jambes écartées et la joue dans la main, elle piquait de petits trous symétriques dans un oreiller de lin vert, avec une longue épingle d'or.

Depuis qu'elle s'était éveillée, deux heures après le milieu du jour, et toute lasse d'avoir trop dormi, elle était restée seule sur le lit en désordre, couverte seulement d'un côté par un vaste flot de cheveux.

Cette chevelure était éclatante et profonde, douce comme une fourrure, plus longue qu'une aile, souple, innombrable, animée, pleine de chaleur. Elle couvrait la moitié du dos, s'étendait sous le ventre nu, brillait encore auprès des genoux, en boucle épaisse et arrondie. La jeune femme gisait enroulée dans cette toison précieuse, dont les reflets mordorés étaient presque métalliques et l'avaient fait nommer Chrysis par les courtisanes d'Alexandrie.

Ce n'étaient pas les cheveux lisses des Syriaques de la cour, ni les cheveux teints des Asiatiques, ni les cheveux bruns et noirs des filles d'Egypte. C'étaient ceux d'une race aryenne, des Galiléennes d'au-delà des sables.

Chrysis. Elle aimait ce nom-là. Les jeunes gens qui venaient la voir l'appelaient Chrysé comme Aphrodite, dans les vers qu'ils mettaient à sa porte, avec des guir-

landes de roses, le matin. Elle ne croyait pas en Aphrodite,
mais elle aimait qu'on lui comparât la déesse, et elle allait
quelquefois au temple, pour lui donner, comme à une
amie, des boîtes de parfums et des voiles bleus.

Elle était née sur les bords du lac de Génézareth, dans
un pays d'ombre et de soleil, envahi par les lauriers-
roses. Sa mère allait attendre le soir, sur la route d'Iérouschalaïm, les voyageurs et les marchands, et se donnait à
eux dans l'herbe, au milieu du silence champêtre. C'était
une femme très aimée en Galilée. Les prêtres ne se
détournaient pas de sa porte, car elle était charitable et
pieuse; les agneaux du sacrifice étaient toujours payés
par elle; la bénédiction de l'Eternel s'étendait sur sa
maison. Or, quand elle devint enceinte, comme sa gros-
sesse était un scandale (car elle n'avait point de mari),
un homme, qui était célèbre pour avoir le don de pro-
phétie, dit qu'elle donnerait naissance à une fille qui
porterait un jour autour de son cou « la richesse et la
foi d'un peuple ». Elle ne comprit pas bien comment
cela se pourrait, mais elle nomma l'enfant Sarah, c'est-
à-dire PRINCESSE, en hébreu. Et cela fit taire les médi-
sances.

Chrysis avait toujours ignoré cela, le devin ayant dit
à sa mère combien il est dangereux de révéler aux gens
les prophéties dont ils sont l'objet. Elle ne savait rien
de son avenir. C'est pourquoi elle y pensait souvent.

Elle se rappelait peu son enfance, et n'aimait pas à en
parler. Le seul sentiment très net qui lui en fût resté,
c'était l'effroi et l'ennui que lui causait chaque jour la
surveillance anxieuse de sa mère qui, l'heure étant venue
de sortir sur la route, l'enfermait seule dans leur
chambre pour d'interminables heures. Elle se rappelait
aussi la fenêtre ronde par où elle voyait les eaux du lac,
les champs bleuâtres, le ciel transparent, l'air léger du
pays de Gâlil. La maison était environnée de lins roses
et de tamaris. Des câpriers épineux dressaient au hasard

leurs têtes vertes sur la brume fine des graminées. Les petites filles se baignaient dans un ruisseau limpide où l'on trouvait des coquillages rouges sous des touffes de lauriers de fleurs; et il y avait des fleurs sur l'eau et des fleurs dans toute la prairie et de grands lis sur les montagnes.

Elle avait douze ans quand elle s'échappa pour suivre une troupe de jeunes cavaliers qui allaient à Tyr comme vendeurs d'ivoire et qu'elle aborda devant une citerne. Ils paraient des chevaux à longue queue avec des houppes bigarrées. Elle se rappelait bien comment ils l'enlevèrent, pâle de joie, sur leurs montures, et comment ils s'arrêtèrent une seconde fois pendant la nuit, une nuit si claire qu'on ne voyait pas une étoile.

L'entrée à Tyr, elle ne l'avait pas oubliée non plus : elle, en tête, sur les paniers d'un cheval de somme, se tenant du poing à la crinière, et laissant pendre orgueilleusement ses mollets nus, pour montrer aux femmes de la ville qu'elle avait du sang le long des jambes. Le soir même, on partait pour l'Egypte. Elle suivit les vendeurs d'ivoire jusqu'au marché d'Alexandrie.

Et c'était là, dans une petite maison blanche à terrasse et à colonnettes, qu'ils l'avaient laissée deux mois après, avec son miroir de bronze, des tapis, des coussins neufs, et une belle esclave hindoue qui savait coiffer les courtisanes. D'autres étaient venus le soir de leur départ, et d'autres le lendemain.

Comme elle habitait le quartier de l'extrême Est où les jeunes Grecs de Brouchion dédaignaient de fréquenter, elle ne connut longtemps, comme sa mère, que des voyageurs et des marchands. Elle ne revoyait pas ses amants passagers; elle savait se plaire à eux et les quittait vite avant de les aimer. Pourtant elle avait inspiré des passions interminables. On avait vu des maîtres de caravanes vendre à vil prix leurs marchandises afin de rester

où elle était et se ruiner en quelques nuits. Avec la
fortune de ces hommes, elle s'était acheté des bijoux, des
coussins de lit, des parfums rares, des robes à fleurs et
quatre esclaves.

Elle était arrivée à comprendre beaucoup de langues
étrangères, et connaissait des contes de tous les pays. Des
Assyriens lui avaient dit les amours de Douzi et d'Ischtar;
des Phéniciens celles d'Aschthoreth et d'Adôni. Des filles
grecques des îles lui avaient conté la légende d'Iphis en
lui apprenant d'étranges caresses qui l'avaient surprise
d'abord, mais ensuite charmée à ce point qu'elle ne pouvait plus s'en passer tout un jour. Elle savait aussi les
amours d'Atalante et comment, à leur exemple, des
joueuses de flûte encore vierges épuisent les hommes les
plus robustes. Enfin son esclave hindoue, patiemment,
pendant sept années, lui avait enseigné jusqu'aux derniers
détails l'art complexe et voluptueux des courtisanes de
Palibothra.

Car l'amour est un art, comme la musique. Il donne
des émotions du même ordre, aussi délicates, aussi
vibrantes, parfois peut-être plus intenses; et Chrysis, qui
en connaissait tous les rythmes et toutes les subtilités,
s'estimait, avec raison, plus grande artiste que Plango
elle-même, qui était pourtant musicienne du temple.

Sept ans elle vécut ainsi, sans rêver une vie plus heureuse ni plus diverse que la sienne. Mais peu avant sa
vingtième année, quand de jeune fille elle devint femme
et vit s'effiler sous les seins le premier pli charmant de
la maturité qui va naître, il lui vint tout à coup des
ambitions.

Et un matin, comme elle se réveillait deux heures après
le milieu du jour, toute lasse d'avoir trop dormi, elle
se retourna sur la poitrine à travers son lit, écarta les
pieds, mit sa joue dans sa main, et avec une longue
épingle d'or perça de petits trous symétriques son oreiller
de lin vert.

Elle réfléchissait profondément.

Ce furent d'abord quatre petits points qui faisaient un carré, et un point au milieu. Puis quatre autres points pour faire un carré plus grand. Puis elle essaya de faire un cercle... Mais c'était un peu difficile. Alors, elle piqua des points au hasard et commença à crier :

« Djala! Djala! »

Djala, c'était son esclave hindoue, qui s'appelait Dja-lantachtchandratchapalâ, ce qui veut dire « Mobile-comme-l'image-de-la-lune-sur-l'eau ». — Chrysis était trop paresseuse pour dire le nom tout entier.

L'esclave entra et se tint près de la porte, sans la fermer tout à fait.

« Djala, qui est venu hier?

— Est-ce que tu ne sais pas?

— Non, je ne l'ai pas regardé. Il était bien? Je crois que j'ai dormi tout le temps; j'étais fatiguée. Je ne me souviens plus de rien. A quelle heure est-il parti? Ce matin de bonne heure?

— Au lever du soleil, il a dit...

— Qu'est-ce qu'il a laissé? Est-ce beaucoup? Non, ne me le dis pas. Cela m'est égal. Qu'est-ce qu'il a dit? Il n'est venu personne depuis son départ? Est-ce qu'il reviendra? donne-moi mes bracelets. »

L'esclave apporta un coffret, mais Chrysis ne le regarda point, et levant son bras si haut qu'elle put :

« Ah! Djala, dit-elle, ah! Djala!... je voudrais des aventures extraordinaires.

— Tout est extraordinaire, dit Djala, ou rien. Les jours se ressemblent.

— Mais non, autrefois, ce n'était pas ainsi. Dans tous les pays du monde, les dieux sont descendus sur la terre et ont aimé des femmes mortelles. Ah! sur quels lits faut-il les attendre, dans quelles forêts faut-il les chercher, ceux qui sont un peu plus que des hommes? Quelles prières faut-il dire pour qu'ils viennent, ceux qui m'appren-dront quelque chose ou qui me feront tout oublier? Et si les dieux ne veulent plus descendre, s'ils sont morts, ou s'ils sont trop vieux, Djala, mourrai-je aussi sans avoir vu un homme qui mette dans ma vie des événements tragiques? »

Elle se retourna sur le dos et tordit ses doigts les uns sur les autres.

« Si quelqu'un m'adorait, il me semble que j'aurais tant de joie à le faire souffrir jusqu'à ce qu'il en meure! Ceux qui viennent chez moi ne sont pas dignes de pleurer. Et puis, c'est ma faute, aussi : c'est moi qui les appelle, comment m'aimeraient-ils?

— Quel bracelet aujourd'hui?

— Je les mettrai tous. Mais laisse-moi. Je n'ai besoin de personne. Va sur les marches de la porte, et si quelqu'un vient, dis que je suis avec mon amant, un esclave noir, que je paie... Va.

— Tu ne sortiras pas?

— Si. Je sortirai seule. Je m'habillerai seule. Je ne rentrerai pas. Va-t'en. Va-t'en! »

Elle laissa tomber une jambe sur le tapis et s'étira jusqu'à se lever. Djala était doucement sortie.

Elle marcha très lentement par la chambre, les mains croisées autour de la nuque, toute à la volupté d'appliquer sur les dalles ses pieds nus où la sueur se glaçait. Puis elle entra dans son bain.

Se regarder à travers l'eau était pour elle une jouissance. Elle se voyait comme une grande coquille de nacre ouverte sur un rocher. Sa peau devenait unie et parfaite; les lignes de ses jambes s'allongeaient dans une lumière bleue; toute sa taille était plus souple; elle ne reconnaissait plus ses mains. L'aisance de son corps était telle qu'elle se soulevait sur deux doigts, se laissait flotter un peu et retombait mollement sur le marbre sous un remous léger qui heurtait son menton. L'eau pénétrait dans ses oreilles avec l'agacement d'un baiser.

L'heure du bain était celle où Chrysis commençait à

s'adorer. Toutes les parties de son corps devenaient l'une après l'autre l'objet d'une admiration tendre et le motif d'une caresse. Avec ses cheveux et ses seins, elle faisait mille jeux charmants. Parfois même, elle accordait à ses perpétuels désirs une complaisance plus efficace, et nul lieu de repos ne s'offrait aussi bien à la lenteur minutieuse de ce soulagement délicat.

Le jour finissait : elle se dressa dans la piscine, sortit de l'eau et marcha vers la porte. La marque de ses pieds brillait sur la pierre. Chancelante et comme épuisée, elle ouvrit la porte toute grande et s'arrêta, le bras allongé sur le loquet, puis rentra et, près de son lit, debout et mouillée, dit à l'esclave :

« Essuie-moi. »

La Malabaraise prit une large éponge à la main, et la passa dans les doux cheveux d'or de Chrysis, tout chargés d'eau et qui ruisselaient en arrière; elle les sécha, les éparpilla, les agita moelleusement, et plongeant l'éponge dans une jarre d'huile, elle en caressa jusqu'au cou sa maîtresse avant de la frotter avec une étoffe rugueuse qui fit rougir sa peau assouplie.

Chrysis s'enfonça en frissonnant dans la fraîcheur d'un siège de marbre et murmura :

« Coiffe-moi. »

Dans le rayon horizontal du soir, la chevelure encore humide et lourde brillait comme une averse illuminée de soleil. L'esclave la prit à poignée et la tordit. Elle la fit tourner sur elle-même, telle qu'un gros serpent de métal que trouaient comme des flèches les droites épingles d'or, et elle enroula tout autour une bandelette verte trois fois croisée afin d'en exalter les reflets par la soie. Chrysis tenait, loin d'elle, un miroir de cuivre poli. Elle regardait

distraitement les mains obscures de l'esclave se mouvoir
dans les cheveux profonds, arrondir les touffes, rentrer
les mèches folles et sculpter la chevelure comme un
rhyton d'argile rose. Quand tout fut accompli, Djala se
mit à genoux devant sa maîtresse et rasa de près son
pubis renflé, afin que la jeune fille eût, aux yeux de ses
amants, toute la nudité d'une statue.

Chrysis devint plus grave et dit à voix basse :

« Farde-moi. »

Une petite boîte de bois de rose, qui venait de l'île
Dioscoride, contenait des fards de toutes les couleurs.
Avec un pinceau de poils de chameau, l'esclave prit un
peu d'une pâte noire, qu'elle déposa sur les beaux cils
courbés et longs, pour que les yeux parussent plus bleus.
Au crayon deux traits décidés les allongèrent, les amol-
lirent; deux taches de vermillon vif accentuèrent les
coins des larmes. Il fallait, pour fixer les fards, oindre de
cérat frais le visage et la poitrine : avec une plume à
barbes douces qu'elle trempa dans la céruse, Djala peignit
des traînées blanches le long des bras et sur le cou; avec
un petit pinceau gonflé de carmin, elle ensanglanta la
bouche et toucha les pointes des seins; ses doigts, qui
avaient étalé sur les joues un nuage léger de poudre
rouge, marquèrent à la hauteur des flancs les trois plis
profonds de la taille, et dans la croupe arrondie deux
fossettes parfois mouvantes; puis avec un tampon de cuir
fardé elle colora vaguement les coudes et aviva les dix
ongles. La toilette était finie.

Alors Chrysis se mit à sourire et dit à l'Hindoue :

« Chante-moi. »

Elle se tenait assise et cambrée dans son fauteuil de
marbre. Ses épingles faisaient un rayonnement d'or derrière sa face. Ses mains appliquées sur sa gorge espaçaient

entre les épaules le collier rouge de ses ongles peints, et ses pieds blancs étaient réunis sur la pierre.

Djala, accroupie près du mur, se souvint des chants d'amour de l'Inde :

« Chrysis... »

Elle chantait d'une voix monotone.

Chrysis, tes cheveux sont comme un essaim d'abeilles suspendu le long d'un arbre. Le vent chaud du sud les pénètre, avec la rosée des luttes de l'amour et l'humide parfum des fleurs de la nuit.

La jeune fille alterna, d'une voix plus douce et lente :

Mes cheveux sont comme une rivière infinie dans la plaine, où le soir enflammé s'écoule.

Et elles chantèrent, l'une après l'autre.

— Tes yeux sont comme des lis d'eau bleus sans tiges, immobiles sur des étangs.
— Mes yeux sont à l'ombre de mes cils comme des lacs profonds sous des branches noires.

— Tes lèvres sont des fleurs délicates où est tombé le sang d'une biche.
— Mes lèvres sont les bords d'une blessure brûlante.

— Ta langue est le poignard sanglant qui a fait la blessure de ta bouche.
— Ma langue est incrustée de pierres précieuses. Elle est rouge de mirer mes lèvres.

— Tes bras sont arrondis comme deux défenses d'ivoire, et tes aisselles sont deux bouches.
— Mes bras sont allongés comme deux tiges de lis, d'où se penchent mes doigts comme cinq pétales.

— Tes cuisses sont deux trompes d'éléphants blancs, qui portent tes pieds comme deux fleurs rouges.

— Mes pieds sont deux feuilles de nénuphar sur l'eau; mes cuisses sont deux boutons de nénuphar gonflés.

— Tes seins sont deux boucliers d'argent dont les pointes ont trempé dans le sang.

— Mes mamelles sont la lune et le reflet de la lune dans l'eau.

— Ton nombril est un puits profond dans un désert de sable rose, et ton bas-ventre un jeune chevreau couché sur le sein de sa mère.

— Mon nombril est une perle ronde sur une coupe renversée, et mon giron est le croissant clair de Phœbé sous les forêts.

Il se fit un silence. — L'esclave éleva les mains et se courba.

La courtisane poursuivit :

Elle est comme une fleur de pourpre, pleine de miel et de parfums.

Elle est comme une hydre de mer, vivante et molle, ouverte la nuit.

Elle est la grotte humide, le gîte toujours chaud, l'Asile où l'homme se repose de marcher à la mort.

La prosternée murmura très bas :
« Elle est effrayante. C'est la face de Méduse. »

*

Chrysis posa son pied sur la nuque de l'esclave et dit en tremblant :
« Djala... »

.. ..,. .. ..

Peu à peu la nuit était venue; mais la lune était si

lumineuse que la chambre s'emplissait de clarté bleue.

Chrysis nue regardait son corps où les reflets étaient immobiles et d'où les ombres tombaient très noires.

Elle se leva brusquement :

« Djala, cesse, à quoi pensons-nous! Il fait nuit, je ne suis pas sortie encore. Il n'y aura plus sur l'heptastade que des matelots endormis. Dis-moi, Djala, je suis belle?

« Dis-moi, Djala, je suis plus belle que jamais, cette nuit? Je suis la plus belle des femmes d'Alexandrie, tu le sais? N'est-ce pas qu'il me suivra comme un chien, celui qui passera tout à l'heure dans le regard oblique de mes yeux? N'est-ce pas que j'en ferai ce qu'il me plaira, un esclave si c'est mon caprice, et que je puis attendre du premier venu la plus servile obéissance? Habille-moi, Djala. »

Autour de ses bras, deux serpents d'argent s'enroulè-rent. A ses pieds, on fixa des semelles de sandales qui s'attachaient à ses jambes brunes par des lanières de cuir croisées. Elle boucla elle-même sous son ventre chaud une ceinture de jeune fille qui du haut des reins s'inclinait en suivant la ligne creuse des aines; à ses oreilles elle passa de grands anneaux circulaires, à ses doigts des bagues et des sceaux, à son cou trois colliers de phallos d'or ciselés à Paphos par les hiérodoules.

Elle se regarda quelque temps, ainsi nue entre ses bijoux; puis tirant du coffre où elle l'avait pliée une vaste étoffe transparente de lin jaune, elle la fit tourner tout autour d'elle et s'en drapa. Des plis diagonaux sil-lonnaient le peu qu'on voyait de son corps à travers le tissu léger; un de ses coudes saillait sous la tunique ser-réé, et l'autre bras, qu'elle avait laissé nu, portait relevée la longue queue, afin d'éviter qu'elle traînât dans la pous-sière.

Elle prit à la main son éventail de plumes, et sortit nonchalamment.

Debout sur les marches du seuil, la main appuyée au mur blanc, Djala, seule, laissa la courtisane s'éloigner.

Elle marchait lentement, le long des maisons, dans la rue déserte où tombait le clair de lune. Une petite ombre mobile palpitait derrière ses pas.

II

Sur la jetée d'Alexandrie, une chanteuse debout chantait.
A ses côtés étaient deux joueuses de flûte, assises sur le
parapet blanc.

I

Les satyres ont poursuivi dans les bois
   Les pieds légers des oréades.
Ils ont chassé les nymphes sur les montagnes,
   Effarouché leurs sombres yeux,
Saisi leurs chevelures comme des ailes,
   Pris leurs seins de vierges à la course,
Et courbé leurs torses chauds à la renverse
   Sur la mousse verte humectée,
Et les beaux corps, les beaux corps semi-divins
   S'étiraient avec la souffrance...
Erôs fait crier sur vos lèvres, ô femmes!
   Le Désir douloureux et doux,

Les joueuses de flûte répétèrent :
« Erôs!
— Erôs! »
et gémirent dans leurs doubles roseaux.

II

Cybèle a poursuivi à travers la plaine
  Attys, beau comme l'Apollon.
Erôs l'avait frappée au cœur, et pour lui,
  O Totoï! mais non lui pour elle,
Pour être aimée, dieu cruel, mauvais Erôs,
  Tu n'as de secret que la haine...
A travers les prés, les vastes champs lointains,
  La Cybèle a chassé l'Attys
Et parce qu'elle adorait le dédaigneux,
  Elle a fait entrer dans ses veines
Le grand souffle froid, le souffle de la mort.
  O Désir douloureux et doux!

« Erôs!
— Erôs! »
Des cris aigus issirent des flûtes.

III

Le Chèvre-Pieds a poursuivi jusqu'au fleuve
  La Syrinx, fille de la source.
Le pâle Erôs qui aime le goût des larmes
  La baisait au vol, joue à joue;
Et l'ombre frêle de la vierge noyée
  A frémi, roseaux, sur les eaux;
Mais Erôs possède le monde et les dieux,
  Il possède même la mort.
Sur la tombe aquatique il cueillit pour nous
  Tous les joncs, et d'eux fit la flûte...
C'est une âme morte qui pleure ici, femmes,
  Le Désir douloureux et doux.

*

Tandis que les flûtes continuaient le chant lent du
dernier vers, la chanteuse tendit la main aux passants

qui faisaient cercle autour d'elle, et recueillit quatre
oboles qu'elle glissa dans sa chaussure.

Peu à peu, la foule s'écoulait, innombrable, curieuse
d'elle-même et se regardant passer. Le bruit des pas et
des voix couvrait même le bruit de la mer. Des matelots
tiraient, l'épaule courbée, des embarcations sur le quai.
Des vendeuses de fruits passaient, leurs corbeilles pleines
dans les bras. Des mendiants quêtaient, d'une main tremblante. Des ânes chargés d'outres emplies trottaient devant
le bâton des âniers. Mais c'était l'heure du coucher du
soleil; et plus nombreuse que la foule active, la foule
désœuvrée couvrait la jetée. Des groupes se formaient de
place en place, entre lesquels erraient les femmes. On
entendait nommer les silhouettes connues. Les jeunes gens
regardaient les philosophes, qui contemplaient les courtisanes.

Celles-ci étaient de tout ordre et de toute condition,
depuis les plus célèbres, vêtues de soies légères et chaus-
sées de cuir d'or, jusqu'aux plus misérables qui marchaient
les pieds nus. Les pauvres n'étaient pas moins belles que
les autres, mais moins heureuses seulement, et l'attention
des sages se fixait de préférence sur celles dont la grâce
n'était pas altérée par l'artifice des ceintures et l'encom-
brement des bijoux. Comme on était à la veille des
Aphrodisies, ces femmes avaient toute licence de choisir
le vêtement qui leur seyait le mieux, et quelques-unes
des plus jeunes s'étaient même risquées à n'en point
porter du tout. Mais leur nudité ne choquait personne,
car elles n'en eussent pas ainsi exposé tous les détails au
soleil, si l'un d'eux se fût signalé par le moindre défaut
qui prêtât aux railleries des femmes mariées.

« Tryphéra! Tryphéra! »

Et une jeune courtisane d'aspect joyeux bouscula quelques passants pour rejoindre une amie entrevue.

« Tryphéra! es-tu invitée?

— Où cela, Séso?

— Chez Bacchis.

— Pas encore. Elle donne un dîner?

— Un dîner? un banquet, ma chère. Elle affranchit sa plus belle esclave, Aphrodisia, le second jour de la fête.

— Enfin! elle a fini par s'apercevoir qu'on ne venait plus chez elle que pour sa servante.

— Je crois qu'elle n'a rien vu. C'est une fantaisie du vieux Chérès, l'armateur du quai. Il a voulu acheter la fille dix mines; Bacchis a refusé. Vingt mines; elle a refusé encore.

— Elle est folle.

— Que veux-tu? c'était son ambition d'avoir une esclave libérée. D'ailleurs, elle a eu raison de marchander. Chérès donnera trente-cinq mines, et, pour ce prix-là, la fille s'affranchit.

— Trente-cinq mines? Trois mille cinq cents drachmes? Trois mille cinq cents drachmes pour une négresse!

— Elle est fille de blanc.

— Mais sa mère est noire.

— Bacchis a déclaré qu'elle ne la donnerait pas à meilleur marché, et le vieux Chérès est si amoureux qu'il a consenti.

— Est-il invité, lui, au moins?

— Non! Aphrodisia sera servie au banquet comme dernier plat, après les fruits. Chacun y goûtera selon son gré, et c'est le lendemain seulement qu'on doit la livrer à Chérès; mais j'ai peur qu'elle ne soit fatiguée...

— Ne la plains pas! Avec lui elle aura le temps de se remettre. Je le connais, Séso. Je l'ai regardé dormir. »

Elles rirent ensemble de Chérès. Puis elles se complimentèrent.

« Tu as une jolie robe, dit Séso. C'est chez toi que tu l'as fait broder? »

La robe de Tryphéra était une mince étoffe glauque entièrement brochée d'iris à larges fleurs. Une escarboucle montée d'or la plissait en fuseau sur l'épaule gauche; la

robe retombait en écharpe, entre les deux seins, en laissant nu le côté droit du corps jusqu'à la ceinture de
métal; une fente étroite qui s'entrouvrait et se refermait
à chaque pas révélait seule la blancheur de la jambe.

« Séso! dit une autre voix, Séso et Tryphéra, venez, si
vous ne savez que faire. Je vais au mur Céramique pour
y chercher mon nom écrit.

— Mousarion! d'où viens-tu, ma petite?

— Du phare. Il n'y a personne là-bas.

— Qu'est-ce que tu dis? Il n'y a qu'à pêcher, tellement
c'est plein.

— Pas de turbots pour moi. Aussi je vais au mur.
Venez. »

En chemin, Séso raconta de nouveau le projet de banquet chez Bacchis.

« Ah! chez Bacchis! s'écria Mousarion. Tu te rappelles
le dernier dîner, Tryphéra : tout ce qu'on a dit de
Chrysis?

— Il ne faut pas le répéter. Séso est son amie. »

Mousarion se mordit les lèvres; mais déjà Séso s'inqué-
tait :

« Quoi? qu'est-ce qu'on a dit?

— Oh! des méchancetés.

— On peut parler, déclara Séso. Nous ne la valons pas,
à nous trois. Le jour où elle voudra quitter son quartier
pour se montrer à Brouchion, je connais de nos amants
qui ne nous reverront plus.

— Oh! Oh!

— Certainement. Je ferais des folies pour cette femme-
là. Il n'y en a pas de plus belle ici, croyez-le. »

Les trois jeunes filles étaient arrivées devant le mur
Céramique. D'un bout à l'autre de l'immense paroi
blanche, des inscriptions se succédaient, écrites en noir.
Quand un amant désirait se présenter à une courtisane,
il lui suffisait d'écrire leurs deux noms avec le prix qu'il

proposait; si l'homme et l'argent étaient reconnus dignes,
la femme restait debout sous l'affiche en attendant que
l'amateur revînt.

« Regarde, Séso! dit en riant Tryphéra. Quel est le
mauvais plaisant qui a écrit cela? »

Et elles lurent en grosses lettres :

BACCHIS
THERSITE
2 OBOLES

« Il ne devrait pas être permis de se moquer ainsi des
femmes. Pour moi, si j'étais le rhymarque, j'aurais déjà
fait une enquête. »

Mais plus loin, Séso s'arrêta devant une inscription plus
sérieuse :

SESO DE CNIDE
TIMON, FILS DE LYSIAS
1 MINE

Elle pâlit légèrement.

« Je reste », dit-elle.

Et elle s'adossa au mur, sous les regards envieux des
passantes.

Quelques pas plus loin, Mousarion trouva une demande
acceptable, sinon aussi généreuse. Tryphéra revint seule
sur la jetée.

Comme l'heure était avancée, la foule se trouvait moins
compacte. Cependant les trois musiciennes continuaient
de chanter et de jouer de la flûte.

Avisant un inconnu dont le ventre et les vêtements
étaient un peu ridicules, Tryphéra lui frappa sur l'épaule.

« Eh bien, petit père! je gage que tu n'es pas un
Alexandrin, hé!

— En effet, ma fille, répondit le brave homme. Et tu
l'as deviné. Tu me vois tout surpris de la ville et des
gens.

— Tu es de Boubaste?

— Non. De Cabasa. Je suis venu ici pour vendre des graines et je m'en retournerai demain, plus riche de cinquante-deux mines. Grâces soient rendues aux dieux! l'année a été bonne. »

Tryphéra se sentit soudain pleine d'intérêt pour ce marchand.

« Mon enfant, reprit-il avec timidité, tu peux me donner une grande joie. Je ne voudrais pas retourner demain à Cabasa sans dire à ma femme et à mes trois filles que j'ai vu des hommes célèbres. Tu dois connaître des hommes célèbres?

— Quelques-uns, dit-elle en riant.

— Bien. Nomme-les-moi s'ils passent par ici. Je suis sûr que j'ai rencontré depuis deux jours dans les rues les philosophes les plus illustres et les fonctionnaires les plus influents. C'est mon désespoir de ne pas les connaître.

— Tu seras satisfait. Voici Naucratès.

— Qui est ce Naucratès?

— C'est un philosophe.

— Et qu'enseigne-t-il?

— Qu'il faut se taire.

— Par Zeus, voilà une doctrine qui ne demande pas un grand génie, et ce philosophe-là ne me plaît point.

— Voici Phrasilas.

— Qui est ce Phrasilas?

— C'est un sot.

— Alors, que ne le laisses-tu passer?

— C'est que d'autres le tiennent pour éminent.

— Et que dit-il?

— Il dit tout avec un sourire, ce qui lui permet de faire entendre ses erreurs pour volontaires et ses banalités pour fines. Il y a tout avantage. Le monde s'y est laissé tromper.

— Ceci est trop fort pour moi, et je ne te comprends pas bien. D'ailleurs le visage de ce Phrasilas est marqué d'hypocrisie.

— Voici Philodème.

— Le stratège?

— Non. Un poète latin, qui écrit en grec.

— Petite, c'est un ennemi. Je ne veux pas l'avoir vu. »

Ici, toute la foule fit un mouvement, et un murmure de voix prononça le même nom :

« Démétrios... Démétrios... »

Tryphéra monta sur une borne et à son tour elle dit au marchand :

« Démétrios... Voilà Démétrios. Toi qui voulais voir des hommes célèbres...

— Démétrios? l'amant de la reine? Est-il possible?

— Oui, tu as de la chance. Il ne sort jamais. Depuis que je suis à Alexandrie, voici la première fois que je le vois sur la jetée.

— Où est-il?

— C'est celui qui se penche pour voir le port.

— Il y en a deux qui se penchent.

— C'est celui qui est en bleu.

— Je ne le vois pas bien. Il nous tourne le dos.

— Tu sais? c'est le sculpteur à qui la reine s'est donnée pour modèle quand il a sculpté l'Aphrodite du temple.

— On dit qu'il est l'amant royal. On dit qu'il est le maître de l'Egypte.

— Et il est beau comme Apollon.

— Ah! le voici qui se retourne. Je suis content d'être venu. Je dirai que je l'ai vu. On m'avait dit bien des choses sur lui. Il paraît que jamais une femme ne lui a résisté. Il a eu beaucoup d'aventures, n'est-ce pas? Comment se fait-il que la reine n'en soit pas informée?

— La reine les connaît comme nous. Elle l'aime trop pour lui en parler. Elle a peur qu'il ne retourne à Rhodes, chez son maître Phérécratès. Il est aussi puissant qu'elle et c'est elle qui l'a voulu.

— Il n'a pas l'air heureux. Pourquoi a-t-il l'air si triste? Il me semble que je serais heureux si j'étais lui.

Je voudrais bien être lui, ne fût-ce que pour une soirée... »

Le soleil s'était couché. Des femmes regardaient cet homme, qui était leur rêve commun. Lui, sans paraître avoir conscience du mouvement qu'il inspirait, se tenait accoudé sur le parapet, en écoutant les joueuses de flûte.

Les petites musiciennes firent encore une quête; puis, doucement, elles jetèrent leurs flûtes légères sur leurs dos; la chanteuse les prit par le cou et toutes trois revinrent vers la ville.

A la nuit close, les autres femmes rentrèrent, par petits groupes, dans l'immense Alexandrie, et le troupeau des hommes les suivait; mais toutes se retournaient, en marchant, vers le même Démétrios. La dernière qui passa lui jeta mollement sa fleur jaune, et rit. Le silence envahit les quais.

III

A la place laissée par les musiciennes, Démétrios était
resté seul, accoudé. Il écoutait la mer bruire, les vaisseaux craquer lentement, le vent passer sous les étoiles.
Toute la ville était éclairée par un petit nuage éblouis-
sant qui s'était arrêté sur la lune, et le ciel était adouci de
clarté.

Le jeune homme regarda près de lui : les tuniques des
joueuses de flûte avaient laissé deux empreintes dans la
poussière. Il se rappela leurs visages : c'étaient deux
Éphésiennes. L'aînée lui avait paru jolie; mais la plus
jeune était sans charme, et, comme la laideur lui était
une souffrance, il évita d'y penser.

A ses pieds luisait un objet d'ivoire. Il le ramassa :
c'était une tablette à écrire, d'où pendait un style d'argent.
La cire en était presque toute usée, mais on avait dû re-
passer plusieurs fois les mots tracés, et la dernière fois
on avait gravé dans l'ivoire.

Il n'y vit que trois mots écrits :

MYRTIS AIME RHODOCLEIA

et il ne savait pas à laquelle des deux femmes apparte-
nait ceci, et si l'autre était la femme aimée, ou bien
quelque jeune inconnue abandonnée à Éphèse. Alors, il

songea un moment à rejoindre les musiciennes pour leur rendre ce qui était peut-être le souvenir d'une morte adorée; mais il n'aurait pu les retrouver sans peine, et, comme il cessait déjà de s'intéresser à elles, il se retourna paresseusement et jeta le petit objet dans la mer.

Cela tomba rapidement, en glissant comme un oiseau blanc, et il entendit le clapotis que fit l'eau lointaine et noire. Ce petit bruit lui fit sentir le vaste silence du port.

Adossé au parapet froid, il essaya de chasser toute pensée et se mit à regarder les choses.

Il avait horreur de la vie. Il ne sortait de chez lui qu'à l'heure où la vie cessait, et rentrait quand le petit jour attirait vers la ville les pêcheurs et les maraîchers. Le plaisir de ne voir au monde que l'ombre de la ville et sa propre stature devenait une telle volupté chez lui qu'il ne se souvenait plus d'avoir vu le soleil de midi depuis des mois.

Il s'ennuyait. La reine était fastidieuse.

A peine pouvait-il comprendre, cette nuit-là, la joie et l'orgueil qui l'avaient envahi, quand, trois ans auparavant, la reine, séduite peut-être plus par le bruit de sa beauté que par le bruit de son génie, l'avait fait mander au palais et annoncer à la Porte du Soir par des sonneries de salpinx d'argent.

Cette entrée éclairait parfois sa mémoire d'un de ces souvenirs qui, par trop de douceur, s'aigrissent peu à peu dans l'âme, au point d'être intolérables... La reine l'avait reçu seul, dans ses appartements privés qui se composaient de trois pièces moelleuses et sourdes à l'envi. Elle était couchée sur le côté gauche, et comme enfouie dans un fouillis de soies verdâtres qui baignaient de pourpre, par reflet, les boucles noires de sa chevelure. Son jeune corps était vêtu d'un costume effrontément ajouré qu'elle avait fait faire sous ses yeux par une courtisane de Phrygie, et qui laissait à découvert les vingt-deux endroits de la peau où les caresses sont irrésistibles, si bien que, pendant toute une nuit, et dût-on épuiser jusqu'aux derniers rêves l'imagination amoureuse, on n'avait pas besoin d'ôter ce costume-là.

Démétrios, agenouillé respectueusement, avait pris en main, pour le baiser, le petit pied nu de la reine Bérénice, comme un objet précieux et doux.

Puis elle s'était levée.

Simplement, comme une belle esclave qui sert de modèle, elle avait défait son corselet, ses bandelettes, ses caleçons fendus, — ôté même les anneaux de ses bras, même les bagues de ses orteils, et elle était apparue debout, les mains ouvertes devant les épaules, haussant la tête sous une capeline de corail qui tremblait le long des joues.

Elle était fille d'un Ptolémée et d'une princesse de Syrie qui descendait de tous les dieux, par Astarté que les Grecs appellent Aphrodite. Démétrios savait cela, et qu'elle était orgueilleuse de sa lignée olympienne. Aussi, ne se troubla-t-il pas quand la souveraine lui dit sans bouger : « Je suis l'Astarté. Prends un marbre et ton ciseau, et montre-moi aux hommes d'Egypte. Je veux qu'on adore mon image. »

Démétrios la regarda, et devinant, à n'en pas douter, quelle sensualité simple et neuve animait ce corps de jeune fille, il dit : « Je l'adore le premier », et il l'entoura de ses bras. La reine ne se fâcha pas de cette brusquerie, mais demanda en reculant : « Te crois-tu l'Adonis pour toucher la déesse? » Il répondit : « Oui. » Elle le regarda, sourit un peu et conclut : « Tu as raison. »

Ceci fut cause qu'il devint insupportable et que ses meilleurs amis se détachèrent de lui; mais il affola tous les cœurs de femme.

Quand il passait dans une salle du palais, les esclaves s'arrêtaient, les femmes de la cour ne parlaient plus, les

étrangères l'écoutaient aussi, car le son de sa voix était
un ravissement. Se retirait-il chez la reine, on venait
l'importuner jusque-là, sous des prétextes toujours nouveaux. Errait-il à travers les rues, les plis de sa tunique
s'emplissaient de petits papyrus, où les passantes écrivaient
leur nom avec des mots douloureux, mais qu'il froissait
sans les lire, fatigué de tout cela. Lorsqu'au temple de
l'Aphrodite on eut mis son œuvre en place, l'enceinte fut
envahie, à toute heure de la nuit, par la foule des
adoratrices qui venaient lire son nom dans la pierre et
offrir à leur dieu vivant toutes les colombes et toutes
les roses.

Bientôt sa maison fut encombrée de cadeaux, qu'il
accepta d'abord par négligence, mais qu'il finit par refuser
tous quand il comprit ce qu'on attendait de lui, et qu'on
le traitait comme une prostituée. Ses esclaves elles-mêmes
s'offrirent. Il les fit fouetter et les vendit au petit pornéïon
de Rhacotis. Alors ses esclaves mâles, séduits par des présents, ouvrirent la porte à des inconnues qu'il trouvait devant son lit en rentrant, et dans une attitude qui ne
laissait pas de doute sur leurs intentions passionnées. Les
menus objets de sa toilette et de sa table disparaissaient
l'un après l'autre; plus d'une femme dans la ville avait
une sandale ou une ceinture de lui, une coupe où il avait
bu, même les noyaux des fruits qu'il avait mangés. S'il
laissait tomber une fleur en marchant, il ne la retrouvait
plus derrière lui. Elles auraient recueilli jusqu'à la poussière de sa chaussure.

Outre que cette persécution devenait dangereuse et
menaçait de faire mourir en lui toute sensibilité, il était
arrivé à cette époque de la jeunesse où l'homme qui pense
croit urgent de faire deux parts de sa vie et de ne plus
mêler les choses de l'esprit aux nécessités des sens. La
statue d'Aphrodite-Astarté fut pour lui le sublime prétexte de cette conversion morale. Tout ce que la reine
avait de beauté, tout ce qu'on pouvait inventer d'idéal autour des lignes souples de son corps, Démétrios le fit sortir

du marbre, et dès ce jour il s'imagina que nulle autre
femme sur la terre n'atteindrait plus le niveau de son
rêve. L'objet de son désir devint sa statue. Il n'adora plus
qu'elle seule, et follement sépara de la chair l'idée suprême de la déesse, d'autant plus immatérielle s'il l'eût
attachée à la vie.

Quand il revit la reine elle-même, il la trouva dépouillée de tout ce qui avait fait son charme. Elle lui
suffit encore un temps à tromper ses désirs sans but, mais
elle était à la fois trop différente de l'Autre, et trop semblable aussi. Lorsque au sortir de ses embrassements elle
retombait épuisée et s'endormait sur la place, il la regardait comme si une intruse avait usurpé son lit en prenant
la ressemblance de la femme aimée. Ses bras étaient plus
sveltes, sa poitrine plus aiguë, ses hanches plus étroites
que celles de la Vraie. Elle n'avait pas entre les aines ces
trois plis minces comme des lignes, qu'il avait gravés dans
le marbre. Il finit par se lasser d'elle.

Ses adoratrices le surent, et, bien qu'il continuât ses
visites quotidiennes, on connut qu'il avait cessé d'être
amoureux de Bérénice. Et autour de lui l'empressement
redoubla. Il n'en tint pas compte. En effet, le changement
dont il avait besoin était d'une autre importance.

Il est rare qu'entre deux maîtresses un homme n'ait
pas un intervalle de vie où la débauche vulgaire le tente
et le satisfait. Démétrios s'y abandonna. Quand la néces-
sité de partir pour le palais lui déplaisait plus que de
coutume, il s'en venait à la nuit vers le jardin des courtisanes qui entourait de toutes parts le temple.

Les femmes qui étaient là ne le connaissaient point.
D'ailleurs, tant d'amours superflues les avaient lassées
qu'elles n'avaient plus ni cris ni larmes, et la satisfaction
qu'il cherchait n'était pas troublée, du moins, par les
plaintes de chatte en folie qui l'énervaient près de la
reine.

La conversation qu'il tenait avec ces belles personnes calmes était sans recherche et paresseuse. Les visiteurs de la journée, le temps qu'il ferait le lendemain, la douceur de l'herbe et de la nuit en étaient les sujets charmants. Elles ne le priaient pas d'exposer ses théories en statuaire et ne donnaient pas leur avis sur l'Achilleus de Scopas. S'il leur arrivait de remercier l'amant qui les choisissait, de le trouver bien pris et de le lui dire, il avait le droit de ne pas croire à leur désintéressement.

Sorti de leurs bras religieux, il montait les degrés du temple et s'extasiait devant la statue.

Entre les sveltes colonnes, coiffées en volutes ioniennes, la déesse apparaissait toute vivante sur un piédestal de pierre rose, chargé de trésors appendus. Elle était nue et sexuée, vaguement teintée selon les couleurs de la femme; elle tenait d'une main son miroir dont le manche est un priape, et de l'autre adornait sa beauté d'un collier de perles à sept rangs.

Une perle plus grosse que les autres, argentine et allongée, luisait entre ses deux mamelles, comme un croissant de lune entre deux nuages ronds.

Démétrios la contemplait avec tendresse, et voulait croire, comme le peuple, que c'étaient là les vraies perles saintes, nées des gouttes d'eau qui avaient roulé dans la conque de l'Anadyomène.

« O Sœur divine, disait-il, ô fleurie, ô transfigurée! tu n'es plus la petite Asiatique dont je fis ton modèle indigne. Tu es son Idée immortelle, l'Ame terrestre de l'Astarté qui fut génitrice de sa race. Tu brillais dans ses yeux ardents, tu brûlais dans ses lèvres sombres, tu défaillais dans ses mains molles, tu haletais dans ses grands seins, tu t'étirais dans ses jambes enlaçantes, autrefois, avant ta naissance; et ce qui assouvit la fille d'un pêcheur te prostrait aussi, toi, déesse, toi la mère des dieux et des

hommes, la joie et la douleur du monde! Mais je t'ai vue,
évoquée, saisie, ô Cythereia merveilleuse! Je t'ai révélée à
la terre. Ce n'est pas ton image, c'est toi-même à qui j'ai
donné ton miroir et que j'ai couverte de perles, comme
au jour où tu naquis du ciel sanglant et du sourire écumeux des eaux, aurore gouttelante de rosée, acclamée
jusqu'aux rives de Cypre par un cortège de tritons
bleus. »

Il venait de l'adorer ainsi quand il entra sur la jetée, à
l'heure où s'écoulait la foule, et entendit le chant douloureux que pleuraient les joueuses de flûte. Mais ce soir-
là il s'était refusé aux courtisanes du temple, parce qu'un
couple entrevu sous les branches l'avait soulevé de dégoût
et révolté jusqu'à l'âme.

La douce influence de la nuit l'envahissait peu à peu.
Il tourna son visage du côté du vent, qui avait passé sur
la mer, et semblait traîner vers l'Egypte l'odeur des roses
d'Amathonte.

De belles formes féminines s'ébauchaient dans sa pensée.
On lui avait demandé, pour le jardin de la déesse, un
groupe des trois Charites enlacées; mais sa jeunesse répu-
gnait à copier les conventions, et il rêvait d'unir sur un
même bloc de marbre les trois mouvements gracieux de la
femme : deux des Charites seraient vêtues, l'une tenant
un éventail et fermant à demi les paupières au souffle des
plumes bercées; l'autre dansant dans les plis de sa robe. La
troisième serait nue, derrière ses sœurs, et de ses bras levés
tordrait sur sa nuque la masse épaisse de ses cheveux.
Il engendrait dans son esprit bien d'autres projets encore,
comme d'attacher aux roches du phare une Andromède
de marbre noir devant le monstre houleux de la mer,
d'enfermer l'agora de Brouchion entre les quatre chevaux
du soleil levant, comme par des Pégases irrités, et de
quelle ivresse n'exultait-il pas à l'idée qui naissait en lui
d'un Zagreus épouvanté devant l'approche des Titans.

Ah! comme il était repris par toute la beauté! comme il s'arrachait à l'amour! comme il « séparait de la chair l'idée suprême de la déesse »! comme il se sentait libre, enfin!

Or, il tourna la tête vers les quais, et vit luire dans l'éloignement le voile jaune d'une femme qui marchait.

IV

ELLE venait lentement, en penchant la tête à l'épaule, sur la jetée déserte où tombait le clair de lune. Une petite ombre mobile palpitait en avant de ses pas.

Démétrios la regardait s'avancer.

Des plis diagonaux sillonnaient le peu qu'on voyait de son corps à travers le tissu léger; un de ses coudes saillait sous la tunique serrée, et l'autre bras, qu'elle avait laissé nu, portait relevée la longue queue, afin d'éviter qu'elle traînât dans la poussière.

Il reconnut à ses bijoux qu'elle était une courtisane; pour s'épargner un salut d'elle il traversa vivement.

Il ne voulait pas la regarder. Volontairement il occupa sa pensée à la grande ébauche de Zagreus. Et cependant ses yeux se retournèrent vers la passante.

Alors il vit qu'elle ne s'arrêtait point, qu'elle ne s'inquiétait pas de lui, qu'elle n'affectait pas même de regarder la mer, ni de relever son voile par-devant, ni de s'absorber dans ses réflexions; mais que simplement elle se promenait seule et ne cherchait rien là que la fraîcheur du vent, la solitude, l'abandon, le frémissement léger du silence.

Sans bouger, Démétrios ne la quitta pas du regard et se perdit dans un étonnement singulier.

Elle continuait de marcher comme une ombre jaune

dans le lointain, nonchalante et précédée de la petite ombre noire.

Il entendait à chaque pas le faible cri de sa chaussure dans la poussière de la voie.

Elle marcha jusqu'à l'île du Phare et monta dans les rochers.

Tout à coup, et comme si de longue date il eût aimé l'inconnue, Démétrios courut à sa suite, puis s'arrêta, revint sur ses pas, trembla, s'indigna contre lui-même, essaya de quitter la jetée; mais il n'avait jamais employé sa volonté que pour servir son propre plaisir, et quand il fut temps de la faire agir pour le salut de son caractère et l'ordonnance de sa vie, il se sentit envahi d'impuissance et cloué sur la place où pesaient ses pieds.

Comme il ne pouvait plus cesser de songer à cette femme, il tenta de s'excuser lui-même de la préoccupation qui venait le distraire si violemment. Il crut admirer son gracieux passage par un sentiment tout esthétique et se dit qu'elle serait un modèle rêvé pour la Charite à l'éventail qu'il se projetait d'ébaucher le lendemain...

Puis, soudain, toutes ses pensées se bouleversèrent et une foule de questions anxieuses affluèrent dans son esprit autour de cette femme en jaune.

Que faisait-elle dans l'île à cette heure de la nuit? Pourquoi, pour qui, sortait-elle si tard? Pourquoi ne l'avait-elle pas abordé? Elle l'avait vu, certainement elle l'avait vu pendant qu'il traversait la jetée. Pourquoi, sans un mot de salut, avait-elle poursuivi sa route? Le bruit courait que certaines femmes choisissaient parfois les heures fraîches d'avant l'aube pour se baigner dans la mer. Mais on ne se baignait pas au Phare. La mer était là trop profonde. D'ailleurs, quelle invraisemblance qu'une femme se fût ainsi couverte de bijoux pour n'aller qu'au bain!... Alors, qui l'attirait si loin de Rhacotis? Un rendez-vous, peut-être? Quelque jeune viveur, curieux de variété, qui prenait pour lit un instant les grandes roches polies par les vagues?

Démétrios voulut s'en assurer. Mais déjà la jeune femme revenait, du même pas tranquille et mou, éclairée en plein visage par la lente clarté lunaire et balayant du bout de l'éventail la poussière du parapet.

V

LE MIROIR, LE PEIGNE ET LE COLLIER

ELLE avait une beauté spéciale. Ses cheveux semblaient deux masses d'or, mais ils étaient trop abondants et bourrelaient son front bas de deux profondes vagues chargées d'ombre, qui engloutissaient les oreilles et se tordaient en sept tours sur la nuque. Le nez était délicat, avec des narines expressives qui palpitaient quelquefois, au-dessus d'une bouche épaisse et peinte, aux coins arrondis et mouvants. La ligne souple du corps ondulait à chaque pas, et s'animait du balancement des seins libres, ou du roulis des belles hanches, sur qui la taille pliait.

Quand elle ne fut plus qu'à dix pas du jeune homme, elle tourna son regard vers lui. Démétrios eut un tremblement. C'étaient des yeux extraordinaires; bleus, mais foncés et brillants à la fois, humides, las, en pleurs et en feu, presque fermés sous le poids des cils et des paupières. Ils regardaient, ces yeux, comme les sirènes chantent. Qui passait dans leur lumière était invinciblement pris. Elle le savait bien, et de leurs effets elle usait savamment; mais elle comptait davantage encore sur l'insouciance affectée contre celui que tant d'amour sincère n'avait pu sincèrement toucher.

Les navigateurs qui ont parcouru les mers de pourpre, au-delà du Gange, racontent qu'ils ont vu, sous les eaux, des roches qui sont de pierre d'aimant. Quand les vaisseaux passent auprès d'elles, les clous et les ferrures s'arrachent vers la falaise sous-marine et s'unissent à elle à jamais. Et ce qui fut une nef rapide, une demeure, un être vivant, n'est plus qu'une flottille de planches, dispersées par le vent, retournées par les flots. Ainsi Démétrios se perdait en lui-même devant deux grands yeux attirants, et toute sa force le fuyait.

Elle baissa les paupières et passa près de lui.

Il aurait crié d'impatience. Ses poings se crispèrent : il eut peur de ne pas pouvoir reprendre une attitude calme, car il fallait lui parler. Pourtant il l'aborda par les paroles d'usage :

« Je te salue, dit-il.

— Je te salue aussi », répondit la passante.

Démétrios continua :

« Où vas-tu, si peu pressée?

— Je rentre.

— Toute seule?

— Toute seule. »

Et elle fit un mouvement pour reprendre sa promenade.

Alors Démétrios pensa qu'il s'était peut-être trompé en la jugeant courtisane. Depuis quelque temps, les femmes des magistrats et des fonctionnaires s'habillaient et se fardaient comme des filles de joie. Celle-ci pouvait être une personne fort honorablement connue, et ce fut sans ironie qu'il acheva sa question ainsi :

« Chez ton mari? »

Elle s'appuya des deux mains en arrière et se mit à rire.

« Je n'en ai pas ce soir. »

Démétrios se mordit les lèvres, et presque timide, hasarda :

« Ne le cherche pas. Tu t'y es prise trop tard. Il n'y a plus personne.

— Qui t'a dit que j'étais en quête? Je me promène seule et ne cherche rien.

— D'où venais-tu alors? Car tu n'as pas mis ces bijoux pour toi-même, et voilà un voile de soie...

— Voudrais-tu que je sortisse nue, ou vêtue de laine comme une esclave? Je ne m'habille que pour mon plaisir; j'aime à savoir que je suis belle, et je regarde mes doigts en marchant pour connaître toutes mes bagues.

— Tu devrais avoir un miroir à la main et ne regarder que tes yeux. Ils ne sont pas nés à Alexandrie, ces yeux-là. Tu es juive, je l'entends à ta voix, qui est plus douce que les nôtres.

— Non, je ne suis pas juive, je suis Galiléenne.

— Comment t'appelles-tu, Miriam ou Noëmi?

— Mon nom syriaque, tu ne le sauras pas. C'est un nom royal qu'on ne porte pas ici. Mes amis m'appellent Chrysis, et c'est un compliment que tu aurais pu me faire. »

Il lui mit la main sur le bras.

« Oh! non, non, dit-elle d'une voix moqueuse. Il est beaucoup trop tard pour ces plaisanteries-là. Laisse-moi rentrer vite. Il y a presque trois heures que je suis levée, je meurs de fatigue. »

Se penchant, elle prit son pied dans sa main :

« Vois-tu comme mes petites lanières me font mal? On les a beaucoup trop serrées. Si je ne les décroise pas dans un instant, je vais avoir une marque sur le pied, et ce sera joli quand on m'embrassera! Laisse-moi vite. Ah! que de peines! Si j'avais su, je ne me serais pas arrêtée. Mon voile jaune est tout froissé à la taille, regarde! »

Démétrios se passa la main sur le front; puis, avec le ton dégagé d'un homme qui daigne faire son choix, il murmura :

« Montre-moi le chemin.

— Mais je ne veux pas! dit Chrysis d'un air stupéfait. Tu ne me demandes même pas si c'est mon plaisir. « Montre-moi le chemin! » Comme il dit cela! Me prends-tu pour une fille du pornéïon, qui se met sur le dos pour

trois oboles sans regarder qui la tient? Sais-tu même si je
suis libre? Connais-tu le détail de mes rendez-vous? As-tu
suivi mes promenades? As-tu marqué les portes qui s'ouvrent pour moi? As-tu compté les hommes qui se croient
aimés de Chrysis? « Montre-moi le chemin! » Je ne te le
montrerai pas, s'il te plaît. Reste ici ou va-t'en, mais
ailleurs que chez moi!

— Tu ne sais pas qui je suis...

— Toi? Allons donc! Tu es Démétrios de Saïs; tu as
fait la statue de ma déesse, tu es l'amant de ma reine et
le maître de ma ville. Mais pour moi tu n'es qu'un bel
esclave, parce que tu m'as vue et que tu m'aimes. »

Elle se rapprocha, et poursuivit d'une voix câline :

« Oui, tu m'aimes. Oh! ne parle pas; — je sais ce
que tu vas me dire : tu n'aimes personne, tu es aimé. Tu
es le Bien-aimé, le Chéri, l'Idole. Tu as refusé Glycéra,
qui avait refusé Antiochos. Dêmônassa la Lesbienne, qui
avait juré de mourir vierge, s'est couchée dans ton lit
pendant ton sommeil, et t'aurait pris de force si tes deux
esclaves libyens ne l'avaient mise toute nue à la porte.
Callistion la bien-nommée, désespérant de t'approcher, a
fait acheter la maison qui est en face de la tienne, et le
matin elle se montre dans l'ouverture de la fenêtre, aussi
peu vêtue qu'Artémis au bain. Tu crois que je ne sais pas
tout cela? Mais on se dit tout, entre courtisanes. La nuit
de ton arrivée à Alexandrie on m'a parlé de toi; et depuis
il ne s'est pas écoulé un seul jour où l'on ne m'ait prononcé ton nom. Je sais même des choses que tu as
oubliées. Je sais même des choses que tu ne connais pas
encore. La pauvre petite Phyllis s'est pendue avant-hier à
la barre de ta porte, n'est-ce pas? Eh bien, c'est une mode
qui se répand. Lydé a fait comme Phyllis : je l'aie vue ce
soir en passant, elle était toute bleue, mais les larmes de
ses joues n'étaient pas encore sèches. Tu ne sais pas qui
c'est, Lydé? une enfant, une petite courtisane de quinze
ans que sa mère avait vendue le mois dernier à un armateur de Samos qui passait une nuit à Alexandrie, avant de

remonter le fleuve jusqu'à Thèbes. Elle venait chez moi.
Je lui donnais des conseils; elle ne savait rien de rien,
pas même jouer aux dés. Je l'invitais souvent dans mon
lit, parce que, quand elle n'avait pas d'amant, elle ne
trouvait pas où coucher. Et elle t'aimait! Si tu l'avais vue
me prendre sur elle en m'appelant par ton nom!... Elle
voulait t'écrire. Comprends-tu? Je lui ai dit que ce n'était
pas la peine... »

Démétrios la regardait sans entendre.

« Oui, tout cela t'est bien égal, n'est-ce pas? continua
Chrysis. Tu ne l'aimais pas, toi. C'est moi que tu aimes.
Tu n'as même pas écouté ce que je viens de te dire. Je
suis sûre que tu n'en répéterais pas un mot. Tu es bien
occupé de savoir comment mes paupières sont faites,
combien ma bouche doit être bonne et ma chevelure douce
à toucher. Ah! combien d'autres savent cela! Tous ceux,
tous ceux qui m'ont voulue ont passé leur désir sur moi :
des hommes, des jeunes gens, des vieillards, des enfants,
des femmes, des jeunes filles. Je n'ai refusé personne,
entends-tu? Depuis sept ans, Démétrios, je n'ai dormi
seule que trois nuits. Compte combien cela fait d'amants.
Deux mille cinq cents, et davantage, car je ne parle pas
de ceux de la journée. L'année dernière, j'ai dansé nue
devant vingt mille personnes, et je sais que tu n'en étais
pas. Crois-tu que je me cache? Ah! pour quoi faire! Toutes
les femmes m'ont vue au bain. Tous les hommes m'ont
vue au lit. Toi seul, tu ne me verras jamais. Je te refuse,
je te refuse! De ce que je suis, de ce que je sens, de ma
beauté, de mon amour, tu ne sauras jamais, jamais rien!
tu es un homme abominable, fat, cruel, insensible et
lâche! Je ne sais pas pourquoi l'une de nous n'a pas eu
assez de haine pour vous tuer tous deux l'un sur l'autre,
toi le premier, et ta reine ensuite. »

Démétrios lui prit tranquillement les deux bras, et,

sans répondre un mot, la courba en arrière avec violence.

Elle eut un moment d'angoisse; mais soudain serra les genoux, serra les coudes, recula du dos et dit à voix basse :

« Ah! je ne crains pas cela, Démétrios! Tu ne me prendras jamais de force, fussé-je faible comme une vierge amoureuse, et toi vigoureux comme un Atlante. Tu ne veux pas seulement ta jouissance, tu veux la mienne sur-tout. Tu veux me voir aussi, me voir tout entière, parce que tu me crois belle, et je le suis en effet. Or la lune éclaire moins que mes douze flambeaux de cire. Il fait presque nuit ici. Et puis ce n'est pas l'habitude de se dévêtir sur la jetée. Je ne pourrais plus me rhabiller, vois-tu, si je n'avais pas mon esclave. Laisse-moi me rele-ver, tu me fais mal aux bras. »

Ils se turent quelques instants, puis Démétrios reprit :

« Il faut en finir, Chrysis. Tu le sais bien, je ne te forcerai pas. Mais laisse-moi te suivre. Si orgueilleuse que tu sois, c'est une gloire qui te coûterait cher, que refuser Démétrios. »

Chrysis se taisait toujours.

Il reprit plus doucement :

« Que crains-tu?

— Tu es habitué à l'amour des autres. Sais-tu ce qu'on doit donner à une courtisane qui n'aime pas? »

Il s'impatienta.

« Je ne demande pas que tu m'aimes. Je suis las d'être aimé. Je ne veux pas être aimé. Je demande que tu t'abandonnes. Pour cela je te donnerai l'or du monde. Je l'ai dans l'Egypte.

— Je l'ai dans mes cheveux. Je suis lasse de l'or. Je ne veux pas d'or. Je ne veux que trois choses. Me les donneras-tu? »

Démétrios sentit qu'elle allait demander l'impossible. Il la regarda anxieusement. Mais elle se reprit à sourire et dit d'une voix lente :

« Je veux un miroir d'argent pour mirer mes yeux dans mes yeux.

— Tu l'auras. Que veux-tu de plus? Dis vite.

— Je veux un peigne d'ivoire ciselé pour le plonger dans ma chevelure comme un filet dans l'eau sous le soleil.

— Après?

— Tu me donneras mon peigne?

— Mais oui. Achève.

— Je veux un collier de perles à répandre sur ma poitrine, quand je danserai pour toi, dans ma chambre, les danses nuptiales de mon pays. »

Il leva les sourcils :

« C'est tout?

— Tu me donneras mon collier?

— Celui qui te plaira. »

Elle prit une voix très tendre.

« Celui qui me plaira? Ah! voilà justement ce que je voulais te demander. Est-ce que tu me laisseras choisir mes cadeaux?

— Bien entendu.

— Tu le jures?

— Je le jure.

— Quel serment fais-tu?

— Dicte-le-moi.

— Par l'Aphrodite que tu as sculptée.

— J'en fais serment par l'Aphrodite. Mais pourquoi cette précaution?

— Voilà... Je n'étais pas tranquille... Maintenant je le suis. »

Elle releva la tête :

« J'ai choisi mes cadeaux. »

Démétrios redevint inquiet et demanda :

« Déjà!

— Oui... Penses-tu que j'accepterai n'importe quel
miroir d'argent, acheté à un marchand de Smyrne ou
à une courtisane inconnue? Je veux celui de mon amie
Bacchis qui m'a pris un amant la semaine dernière et
s'est moquée de moi méchamment dans une petite débauche qu'elle a faite avec Tryphèra, Mousarion et
quelques jeunes sots qui m'ont tout rapporté. C'est un
miroir auquel elle tient beaucoup, parce qu'il a appar-
tenu à Rhodopis, celle qui fut esclave avec Æsope et
fut rachetée par le frère de Sapphô. Tu sais que c'est
une courtisane très célèbre. Son miroir est magnifique.
On dit que Sapphô s'y est mirée, et c'est pour cela que
Bacchis y tient. Elle n'a rien de plus précieux au monde;
mais je sais où tu le trouveras. Elle me l'a dit une nuit,
étant ivre. Il est sous la troisième pierre de l'autel. C'est
là qu'elle le met tous les soirs quand elle sort au coucher
du soleil. Va demain chez elle à cette heure-là et ne
crains rien : elle emmène ses esclaves.

— C'est de la folie, s'écria Démétrios. Tu veux que je
vole?

— Est-ce que tu ne m'aimes pas? Je croyais que tu m'aimais. Et puis, est-ce que tu n'as pas juré? Je croyais que
tu avais juré. Si je me suis trompée, n'en parlons plus. »

Il comprit qu'elle le perdait, mais se laissa entraîner
sans lutte, presque volontiers.

« Je ferai ce que tu dis, répondit-il.

— Oh! je sais bien que tu le feras. Mais tu hésites
d'abord. Je comprends que tu hésites. Ce n'est pas un
cadeau ordinaire; je ne le demanderais pas à un philosophe. Je te le demande à toi. Je sais bien que tu me le
donneras. »

Elle joua un instant avec les plumes de paon de son
éventail rond et tout à coup :

« Ah!... je ne veux pas non plus un peigne d'ivoire

commun acheté chez un vendeur de la ville. Tu m'as
dit que je pouvais choisir, n'est-ce pas? Eh bien, je veux...
le peigne d'ivoire ciselé qui est dans les cheveux de la
femme du grand-prêtre. Celui-là est beaucoup plus précieux encore que le miroir de Rhodopis. Il vient d'une
reine d'Egypte qui a vécu il y a longtemps, longtemps, et
dont le nom est si difficile que je ne peux pas le prononcer. Aussi l'ivoire est très vieux et jaune comme s'il
était doré. On y a ciselé une jeune fille qui passe dans
un marais de lôtos plus grands qu'elle, où elle marche
sur la pointe des pieds pour ne pas se mouiller... C'est
vraiment un beau peigne... Je suis contente que tu me
le donnes... J'ai aussi de petits griefs contre celle qui le
possède. J'avais offert le mois dernier un voile bleu à
l'Aphrodite; je l'ai vu le lendemain sur la tête de cette
femme. C'était un peu rapide et je lui en ai voulu. Son
peigne me vengera de mon voile.

— Et comment l'aurai-je? demanda Démétrios.

— Ah! ce sera un peu plus difficile. C'est une Egyp-
tienne, tu sais, et elle ne fait ses deux cents nattes
qu'une fois par an, comme les autres femmes de sa race.
Mais moi, je veux mon peigne demain, et tu la tueras
pour l'avoir. Tu as juré un serment. »

Elle fit une petite mine à Démétrios qui regardait la
terre. Puis elle acheva ainsi, très vite :

« J'ai choisi aussi mon collier. Je veux le collier de
perles à sept rangs qui est au cou de l'Aphrodite. »

Démétrios bondit.

« Ah! cette fois, c'est trop! tu ne te riras pas de moi
jusqu'à la fin! Rien, entends-tu, rien! ni le miroir, ni
le peigne, ni le collier, tu n'auras... »

Mais elle lui ferma la bouche avec la main et reprit
sa voix câline :

« Ne dis pas cela. Tu sais bien que tu me le donneras aussi. Moi, j'en suis bien certaine. J'aurai les trois

cadeaux. Tu viendras chez moi demain soir, après-demain
si tu veux, et tous les soirs. A ton heure je serai là, dans
le costume que tu aimeras, fardée selon ton goût, coiffée
à ta guise, prête au dernier de tes caprices. Si tu ne veux
que la tendresse, je te chérirai comme un enfant. Si tu
recherches les voluptés rares, je ne refuserai pas les plus
douloureuses. Si tu veux le silence, je me tairai... Quand
tu voudras que je chante, ah! tu verras, Bien-Aimé! Je
sais des chants de tous les pays. J'en sais qui sont doux
comme le bruit des sources, d'autres qui sont terribles
comme l'approche du tonnerre. J'en sais de si naïfs et de
si frais qu'une jeune fille les chanterait à sa mère; j'en
sais qu'on ne chanterait pas à Lampsaque, j'en sais
qu'Elephantis aurait rougi d'apprendre, et que je n'oserai dire que tout bas. Les nuits où tu voudras que je
danse, je danserai jusqu'au matin. Je danserai tout habillée, avec ma tunique traînante, ou sous un voile transparent, ou avec des caleçons crevés et un corselet à deux
ouvertures pour laisser passer les seins. Mais je t'avais
promis de danser nue? Je danserai nue si tu l'aimes
mieux. Nue et coiffée de fleurs, ou nue dans mes cheveux flottants et peinte comme une image divine. Je sais
balancer les mains, arrondir les bras, remuer la poitrine,
offrir le ventre, crisper la croupe, tu verras! Je danse sur
le bout des orteils ou couchée sur les tapis. Je sais toutes
les danses d'Aphrodite, celles qu'on danse devant l'Ou-
ranie et celles qu'on danse devant l'Astarté. J'en sais
même qu'on n'ose pas danser... Je te danserai tous les
amours... Quand ce sera fini, tout commencera. Tu verras! La reine est plus riche que moi, mais il n'y a pas
dans tout le palais une chambre aussi amoureuse que la
mienne. Je ne te dis pas ce que tu y trouveras. Il y a là
des choses trop belles pour que je puisse t'en donner
l'idée, et d'autres qui sont trop étranges pour que je
sache les mots pour les dire. Et puis, sais-tu ce que tu
verras qui dépasse tout le reste? Tu verras Chrysis que tu
aimes et que tu ne connais pas encore. Oui, tu n'as vu

que mon visage, tu ne sais pas comme je suis belle. Ah! Ah!... Ah! Ah! Tu auras des surprises... Ah! comme tu joueras avec le bout de mes seins, comme tu feras plier ma taille sur ton bras, comme tu trembleras dans l'étreinte de mes genoux, comme tu défailleras sur mon corps mouvant. Et comme ma bouche sera bonne! Ah! mes baisers!... »

Démétrios jeta sur elle un regard éperdu.

Elle reprit avec tendresse :

« Comment! tu ne veux pas me donner un pauvre vieux miroir d'argent quand tu auras toute ma chevelure comme une forêt d'or dans tes mains? »

Démétrios voulut la toucher... Elle recula et dit :

« Demain!

— Tu l'auras, murmura-t-il.

— Et tu ne veux pas prendre pour moi un peigne d'ivoire qui me plaît, quand tu auras mes deux bras, comme deux branches d'ivoire autour de ton cou? »

Il essaya de les caresser... Elle les retira en arrière, et répéta :

« Demain!

— Je l'apporterai, dit-il très bas.

— Ah! je le savais bien! cria la courtisane, et tu me donneras encore le collier de perles à sept rangs qui est au cou de l'Aphrodite, et pour lui je te vendrai tout mon corps qui est comme une nacre entrouverte, et plus de baisers dans ta bouche qu'il n'y a de perles dans la mer! »

Démétrios, suppliant, tendit la tête... Elle força vivement son regard et prêta ses luxurieuses lèvres...

Quand il ouvrit les yeux elle était déjà loin.

Une petite ombre plus pâle courait derrière son voile flottant.

Il reprit vaguement son chemin vers la ville, baissant le front sous une inexprimable honte.

VI

L'aube obscure se leva sur la mer. Toutes choses furent
teintées de lilas. Le foyer couvert de flammes, allumé
sur la tour du Phare, s'éteignit avec la lune. De fugitives
lueurs jaunes apparurent dans les vagues violettes comme
des visages de sirènes sous des chevelures d'algues mauves.
Il fit jour tout à coup.

La jetée était déserte. La ville était morte. C'était le
jour morose d'avant la première aurore, qui éclaire le
sommeil du monde et apporte les rêves énervés du matin.
Rien n'existait, que le silence.

Telles que des oiseaux endormis, les longues nefs rangées près des quais laissaient pendre leurs rames parallèles dans l'eau. La perspective des rues se dessinait par
des lignes architecturales que pas un char, pas un cheval,
pas un esclave ne troublait. Alexandrie n'était qu'une
vaste solitude, une apparence d'antique cité, abandonnée
depuis des siècles.

Or un léger bruit de pas frémit sur le sol, et deux
jeunes filles parurent, l'une vêtue de jaune, l'autre de
bleu.

Elles portaient toutes deux la ceinture des vierges, qui
tournait autour des hanches et s'attachait très bas, sous
leurs jeunes ventres. C'étaient la chanteuse de la nuit et
l'une des joueuses de flûte.

La musicienne était plus jeune et plus jolie que son amie. Aussi pâles que le bleu de sa robe, à demi noyés sous leurs paupières, ses yeux souriaient faiblement. Les deux flûtes grêles pendaient en arrière au nœud fleuri de son épaule. Une double guirlande d'iris autour de ses jambes arrondies ondulait sous l'étoffe légère et s'attachait sur les chevilles à deux périscélis d'argent.

Elle dit :

« Myrtocleia, ne sois pas attristée parce que tu as perdu nos tablettes. Aurais-tu jamais oublié que l'amour de Rhodis est à toi, ou peux-tu penser, méchante, que tu aurais jamais lu seule cette ligne écrite par ma main? Suis-je une de ces mauvaises amies qui gravent sur leur ongle le nom de leur sœur de lit et vont s'unir à une autre, quand l'ongle a poussé jusqu'au bout? As-tu besoin d'un souvenir de moi quand tu m'as tout entière et vivante? A peine suis-je au temps où les filles se marient, et cependant je n'avais pas la moitié de mon âge le jour où je t'ai vue pour la première fois. Tu te rappelles bien. C'était au bain. Nos mères nous tenaient sous les bras et nous balançaient l'une vers l'autre. Nous avons joué longtemps sur le marbre avant de remettre nos vêtements. Depuis ce jour-là nous ne nous sommes plus quittées, et, cinq ans après, nous nous sommes aimées. »

Myrtocleia répondit :

« Il y a un autre jour, Rhodis, tu le sais. C'est ce jour-là que tu avais écrit ces trois mots sur mes tablettes en mêlant nos noms l'un à l'autre. C'était le premier. Nous ne le retrouverons plus. Mais qu'importe! Chaque jour est nouveau pour moi, et quand tu t'éveilles vers le soir, il me semble que je ne t'ai jamais vue. Je crois bien que tu n'es pas une fille : tu es une petite nymphe d'Arcadie qui a quitté les forêts parce que Phoïbos a tari sa fontaine. Ton corps est souple comme une branche d'olivier, ta peau est douce comme l'eau en été, l'iris tourne autour de tes jambes, et tu portes la fleur de lôtos comme Astarté la figue ouverte. Dans quel bois peuplé

d'immortels ta mère s'est-elle endormie, avant ta naissance bienheureuse et quel ægipan indiscret, ou quel dieu
de quel divin fleuve s'est uni à elle dans l'herbe? Quand
nous aurons quitté cet affreux soleil africain, tu me
conduiras vers ta source, loin derrière Psophis et Phénée,
dans les vastes forêts pleines d'ombre où l'on voit sur la
terre molle la double trace des satyres mêlée aux pas
légers des nymphes. Là, tu chercheras une roche polie et
tu graveras dans la pierre ce que tu avais écrit sur la
cire : les trois mots qui sont notre joie. Ecoute, écoute,
Rhodis! Par la ceinture d'Aphrodite, où sont brodés tous
les désirs, tous les désirs me sont étrangers puisque tu es
plus que mon rêve! Par la corne d'Amaltheia d'où
s'échappent tous les biens du monde, le monde m'est
indifférent puisque tu es le seul bien que j'aie trouvé en
lui! Quand je te regarde et quand je me vois, je ne sais
plus pourquoi tu m'aimes en retour. Tes cheveux sont
blonds comme des épis de blé; les miens sont noirs comme
des poils de bouc. Ta peau est blanche comme le fro-
mage des bergers, la mienne est hâlée comme le sable sur
les plages. Ta poitrine tendre est fleurie comme l'oranger
en automne; la mienne est maigre et stérile comme le
pin dans les rochers. Si mon visage s'est embelli, c'est à
force de t'avoir aimée. O Rhodis, tu le sais, ma virginité
singulière est semblable aux lèvres de Pan mangeant un
brin de myrte; la tienne est rose et jolie comme la bouche
d'un petit enfant. Je ne sais pas pourquoi tu m'aimes;
mais si tu cessais de m'aimer un jour, si, comme ta sœur
Théano qui joue de la flûte auprès de toi, tu restais
jamais à coucher dans les maisons où l'on nous emploie,
alors je n'aurais même pas la pensée de dormir seule
dans notre lit, et tu me trouverais, en rentrant, étranglée
avec ma ceinture. »

Les longs yeux de Rhodis se remplirent de larmes et
de sourire, tant l'idée était cruelle et folle. Elle posa son
pied sur une borne :

« Mes fleurs me gênent entre les jambes. Défais-les,

Myrto adorée. J'ai fini de danser pour cette nuit. »
La chanteuse eut un haut-le-corps.

« Oh! c'est vrai. Je les avais oubliés déjà, ces hommes
et ces filles. Ils vous ont fait danser toutes deux, toi dans
cette robe de Côs qui est transparente comme l'eau, et ta
sœur nue avec toi. Si je ne t'avais pas défendue, ils t'auraient prise comme une prostituée, comme ils ont pris ta
sœur devant nous, dans la même chambre... Oh! quelle
abomination! Entendais-tu ses cris et ses plaintes! Comme
l'amour de l'homme est douloureux! »

Elle se mit à genoux près de Rhodis et détacha les
deux guirlandes, puis les trois fleurs placées plus haut,
en mettant un baiser à la place de chacune. Quand elle
se releva, l'enfant la prit par le cou et défaillit sur sa
bouche.

« Myrto, tu n'es pas jalouse de tous ces débauchés? Que
t'importe qu'ils m'aient vue? Théano leur suffit, je la leur
ai laissée. Ils ne m'auront pas, Myrto chérie. Ne sois pas
jalouse d'eux.

— Jalouse!... Je suis jalouse de tout ce qui t'approche.
Pour que tes robes ne t'aient pas seule, je les mets quand
tu les as portées. Pour que les fleurs de tes cheveux ne
restent pas amoureuses de toi, je les livre aux courtisanes
pauvres qui les souilleront dans l'orgie. Je ne t'ai jamais
rien donné afin que rien ne te possède. J'ai peur de tout
ce que tu touches et je hais tout ce que tu regardes. Je
voudrais être toute ma vie entre les murs d'une prison
où il n'y ait que toi et moi, et m'unir à toi si profondément, te cacher si bien dans mes bras, que pas un œil
ne t'y soupçonne. Je voudrais être le fruit que tu manges,
le parfum qui te plaît, le sommeil qui entre sous tes paupières, l'amour qui te fait crisper les membres. Je suis
jalouse du bonheur que je te donne, et cependant je
voudrais te donner jusqu'à celui que j'ai par toi. Voilà
de quoi je suis jalouse; mais je ne redoute pas tes maîtresses d'une nuit quand elles m'aident à satisfaire tes
désirs de petite fille; quant aux amants, je sais bien que

tu ne seras jamais à eux, je sais bien que tu ne peux pas
aimer l'homme, l'homme intermittent et brutal. »

Rhodis s'écria sincèrement :

« J'irais plutôt, comme Nausithoë, sacrifier ma virginité
au dieu Priape qu'on adore à Thasos. Mais pas ce matin,
mon chéri. J'ai dansé trop longtemps, je suis très fatiguée. Je voudrais être rentrée, dormir sur ton bras. »

Elle sourit et continua :

« Il faudrait dire à Théano que notre lit n'est plus
pour elle. Nous lui en ferons un autre à droite de la
porte. Après ce que j'ai vu cette nuit, je ne pourrais
plus l'embrasser. Myrto, c'est vraiment horrible. Est-il possible qu'on s'aime ainsi? C'est cela qu'ils appellent
l'amour?

— C'est cela.

— Ils se trompent, Myrto. Ils ne savent pas. »

Myrtocleia la prit dans ses bras, et toutes deux se
turent ensemble.

Le vent mêlait leurs cheveux.

VII

« Tiens, dit Rhodis, regarde! Quelqu'un. »

La chanteuse regarda : une femme, loin d'elles, marchait rapidement sur le quai.

« Je la reconnais, reprit l'enfant. C'est Chrysis. Elle a sa robe jaune.

— Comment, elle est déjà habillée?

— Je n'y comprends rien. D'ordinaire elle ne sort pas avant midi; et le soleil est à peine levé. Il lui est venu quelque chose. Un bonheur sans doute; elle a si grande chance. »

Elles allèrent à sa rencontre, et lui dirent :

« Salut, Chrysis.

— Salut. Depuis combien de temps êtes-vous ici?

— Je ne sais pas. Il faisait déjà jour quand nous sommes arrivées.

— Il n'y avait personne sur la jetée?

— Personne.

— Pas un homme? vous êtes sûres?

— Oh! très sûres. Pourquoi demandes-tu cela? »

Chrysis ne répondit rien. Rhodis reprit :

« Tu voulais voir quelqu'un?

— Oui... peut-être... je crois qu'il vaut mieux que je ne l'aie pas vu. Tout est bien. J'avais tort de revenir; je n'ai pas pu m'en empêcher.

— Mais qu'est-ce qui se passe, Chrysis? nous le diras-tu?

— Oh! non.

— Même à nous? même à nous, tes amies?

— Vous le saurez plus tard, avec toute la ville.

— C'est aimable.

— Un peu avant, si vous y tenez; mais ce matin, c'est impossible. Il se passe des choses extraordinaires, mes enfants. Je meurs d'envie de vous les dire; mais il faut que je me taise. Vous alliez rentrer? Venez coucher chez moi. Je suis toute seule.

— Oh! Chrysé, Chrysidion, nous sommes si fatiguées! Nous allions rentrer, en effet, mais c'était bien pour dormir.

— Eh bien, vous dormirez ensuite. Aujourd'hui c'est la veille des Aphrodisies. Est-ce un jour où l'on se repose? Si vous voulez que la déesse vous protège et vous rende heureuses l'an prochain, il faut arriver au temple avec des paupières sombres comme des violettes, et des joues blanches comme des lis. Nous y songerons; venez avec moi. »

Elle les prit toutes deux plus haut que la ceinture, et, refermant ses mains caressantes sur leurs petits seins presque nus, elle les emmena d'un pas pressé.

Rhodis, cependant, restait préoccupée.

« Et quand nous serons dans ton lit, reprit-elle, tu ne nous diras pas encore ce qui t'arrive, ce que tu attends?

— Je vous dirai beaucoup de choses, tout ce qu'il vous plaira; mais cela, je le tairai.

— Même quand nous serons dans tes bras, toutes nues, et sans lumière?

— N'insiste pas, Rhodis. Tu le sauras demain. Attends jusqu'à demain.

— Tu vas être très heureuse? ou très puissante?

— Très puissante. »

Rhodis ouvrit de grands yeux et s'écria :

« Tu couches avec la reine!

— Non, dit Chrysis en riant; mais je serai aussi puissante qu'elle. As-tu besoin de moi? Désires-tu quelque chose?

— Oh! oui! »

Et l'enfant redevint songeuse.

« Eh bien, qu'est-ce que c'est? interrogea Chrysis.

— C'est une chose impossible. Pourquoi la demanderais-je? »

Myrtocleia parla pour elle :

« A Ephèse, dans notre pays, quand deux jeunes filles nubiles et vierges comme Rhodis et moi sont amoureuses l'une de l'autre, la loi leur permet de s'épouser. Elles vont toutes les deux au temple d'Athéna, consacrer leur double ceinture; puis au sanctuaire d'Iphinoë, donner une boucle mêlée de leurs cheveux, et enfin sous le péristyle de Dionysos, où l'on remet à la plus mâle un petit couteau d'or affilé et un linge blanc pour étancher le sang. Le soir, celle des deux qui est la fiancée est amenée à sa nouvelle demeure, assise sur un char fleuri entre son « mari » et la paranymphe, environnée de torches et de joueuses de flûte. Et désormais elles ont tous les droits des époux; elles peuvent adopter des petites filles et les mêler à leur vie intime. Elles sont respectées. Elles ont une famille. Voilà le rêve de Rhodis. Mais ici ce n'est pas la coutume...

— On changera la loi, dit Chrysis; mais vous vous épouserez, j'en fais mon affaire.

— Oh! est-ce vrai? s'écria la petite, rouge de joie.

— Oui; et je ne demande pas qui de vous sera le mari. Je sais que Myrto a tout ce qu'il faut pour en donner l'illusion. Tu es heureuse, Rhodis, d'avoir une telle amie. Quoi qu'on en dise, elles sont rares. »

Elles étaient arrivées à la porte, où Djala, assise sur le seuil, tissait une serviette de lin. L'esclave se leva pour les laisser passer, et entra sur leurs pas.

En un instant les deux joueuses de flûte eurent quitté

leurs simples vêtements. Elles se firent l'une à l'autre des ablutions minutieuses dans une vasque de marbre vert qui se déversait dans le bassin. Puis elles se roulèrent sur le lit.

Chrysis les regardait sans voir. Les moindres paroles de Démétrios se répétaient, mot pour mot, dans sa mémoire, indéfiniment. Elle ne sentit pas que Djala, en silence, dénouait et déroulait son long voile de safran, débouclait la ceinture, ouvrait les colliers, tirait les bagues, les sceaux, les anneaux, les serpents d'argent, les épingles d'or; mais le chatoiement de la chevelure retombée la réveilla vaguement.

Elle demanda son miroir.

Prenait-elle peur de ne pas être assez belle pour retenir ce nouvel amant — car il fallait le retenir — après les folles entreprises qu'elle avait exigées de lui? Ou voulait-elle, par l'examen de chacune de ses beautés, calmer quelques inquiétudes et motiver sa confiance?

Elle approcha son miroir de toutes les parties de son corps en les touchant l'une après l'autre. Elle jugea la blancheur de sa peau, estima sa douceur par de longues caresses, sa chaleur par des étreintes. Elle éprouva la plénitude de ses seins, la fermeté de son ventre, l'étroitesse de sa chair. Elle mesura sa chevelure et en considéra l'éclat. Elle essaya la force de son regard, l'expression de sa bouche, le feu de son haleine, et du bord de l'aisselle jusqu'au pli du coude, elle fit traîner avec lenteur un baiser le long de son bras nu.

Une émotion extraordinaire, faite de surprise et d'orgueil, de certitude et d'impatience, la saisit au contact de ses propres lèvres. Elle tourna sur elle-même comme si elle cherchait quelqu'un, mais, découvrant sur son lit les deux Ephésiennes oubliées, elle sauta au milieu d'elles, les sépara, les étreignit avec une sorte de furie amoureuse, et sa longue chevelure d'or enveloppa les trois jeunes têtes.

LIVRE DEUXIÈME

I

LES JARDINS DE LA DÉESSE

LE temple d'Aphrodite-Astarté s'élevait en dehors des portes de la ville, dans un parc immense, plein de fleurs et d'ombre, où l'eau du Nil, amenée par sept aqueducs, entretenait en toute saison de prodigieuses verdures.

Cette forêt fleurie au bord de la mer, ces ruisseaux profonds, ces lacs, ces prés sombres, avaient été créés dans le désert plus de deux siècles auparavant par le premier des Ptolémées. Depuis, les sycomores plantés par ses ordres étaient devenus gigantesques; sous l'influence des eaux fécondes, les pelouses avaient crû en prairies; les bassins s'étaient élargis en étangs; la nature avait fait d'un parc une contrée.

Les jardins étaient plus qu'une vallée, plus qu'un pays, plus qu'une patrie: ils étaient un monde complet fermé par des limites de pierre et régi par une déesse, âme et centre de cet univers. Tout autour s'élevait une terrasse annulaire, longue de quatre-vingts stades et haute de trente-deux pieds. Ce n'était pas un mur, c'était une cité colossale, faite de quatorze cents maisons. Un nombre égal de prostituées habitait cette ville sainte et résumait dans ce lieu unique soixante-dix peuples différents.

Le plan des maisons sacrées était uniforme et tel : la porte, de cuivre rouge (métal voué à la déesse), portait un phallos en guise de marteau, qui frappait un contre-heurtoir en relief, image du sexe féminin; et au-dessous était gravé le nom de la courtisane avec les initiales de la phrase usuelle :

Ω Ξ Ε
ΚΟΧΛΙΣ
Π.Π.Π

De chaque côté de la porte s'ouvraient deux chambres en forme de boutiques, c'est-à-dire sans mur du côté des jardins. Celle de droite, dite « chambre exposée », était le lieu où la courtisane parée siégeait sur une cathèdre haute à l'heure où les hommes arrivaient. Celle de gauche était à la disposition des amants qui désiraient passer la nuit en plein air, sans cependant coucher dans l'herbe.

La porte ouverte, un corridor donnait accès dans une vaste cour dallée de marbre dont le milieu était occupé par un bassin de forme ovale. Un péristyle entourait d'ombre cette grande tache de lumière et protégeait par une zone de fraîcheur l'entrée des sept chambres de la maison. Au fond s'élevait l'autel, qui était de granit rose.

Toutes les femmes avaient apporté de leur pays une petite idole de la déesse, et, posée sur l'autel domestique, elles l'adoraient dans leur langue, sans se comprendre jamais entre elles. Lakchmî, Aschthoreth, Vénus, Ischtar, Freia, Mylitta, Cypris, tels étaient les noms de leur Volupté divinisée. Quelques-unes la vénéraient sous une forme symbolique : un galet rouge, une pierre conique, un grand coquillage épineux. La plupart élevaient sur un socle de bois tendre une statuette grossière aux bras maigres, aux seins lourds, aux hanches excessives et qui désignait de la main son ventre frisé en delta. Elles couchaient à ses pieds une branche de myrte, semaient l'autel de feuilles de rose, et brûlaient un petit grain d'encens pour chaque vœu exaucé. Elle était confidente de toutes leurs peines, témoin de tous leurs travaux, cause supposée de tous leurs plaisirs. Et à leur mort on la déposait dans leur petit cercueil fragile, comme gardienne de leur sépulture.

Les plus belles parmi ces filles venaient des royaumes
d'Asie. Tous les ans, les vaisseaux qui portaient à Alexandrie les présents des tributaires ou des alliés débarquaient,
avec les ballots et les outres, cent vierges choisies par les
prêtres pour le service du jardin sacré. C'étaient des My-
siennes et des Juives, des Phrygiennes et des Crétoises,
des filles d'Ecbatane et de Babylone, et des bords du
golfe des Perles, et des rives du Gange. Les unes étaient
blanches de peau, avec des visages de médailles et des
poitrines inflexibles; d'autres, brunes comme la terre sous
la pluie, portaient des anneaux d'or passés dans les
narines et secouaient sur leurs épaules des chevelures
courtes et sombres.

Il en venait de plus loin encore : des petits êtres
menus et lents, dont personne ne savait la langue et qui
ressemblaient à des singes jaunes. Leurs yeux s'allongeaient vers les tempes; leurs cheveux noirs et droits se
coiffaient bizarrement. Ces filles restaient toute leur vie
timides comme des animaux perdus. Elles connaissaient
les mouvements de l'amour, mais refusaient le baiser sur
la bouche. Entre deux unions passagères, on les voyait
jouer entre elles assises sur leurs petits pieds et s'amuser
puérilement.

Dans une prairie solitaire, les filles blondes et roses
des peuples du Nord vivaient en troupeau, couchées sur
les herbes. C'étaient des Sarmates à triples tresses, aux
jambes robustes, aux épaules carrées, qui se faisaient des
couronnes avec des branches d'arbre et luttaient corps à
corps pour se divertir; des Scythes camuses, mamelues,
velues qui ne s'accouplaient qu'en posture de bêtes; des
Teutonnes gigantesques qui terrifiaient les Egyptiens par
leurs cheveux pâles comme ceux des vieillards et leurs
chairs plus molles que celles des enfants; des Gauloises
rousses comme des vaches et qui riaient sans raison; de
jeunes Celtes aux yeux vert de mer et qui ne sortaient
jamais nues.

Ailleurs, les Ibères aux seins bruns se réunissaient pen-

dant le jour. Elles avaient des chevelures pesantes qu'elles
coiffaient avec recherche, et des ventres nerveux qu'elles
n'épilaient point. Leur peau ferme et leur croupe forte
étaient goûtées des Alexandrins. On les prenait comme
danseuses aussi souvent que comme maîtresses.

Sous l'ombre large des palmiers habitaient les filles
d'Afrique : les Numides voilées de blanc, les Carthagi-
noises vêtues de gazes noires, les Négresses enveloppées de
costumes multicolores.

Elles étaient quatorze cents.

Quand une femme était entrée là, elle n'en sortait plus
jamais, qu'au premier jour de sa vieillesse. Elle donnait
au temple la moitié de son gain, et le reste devait lui
suffire pour ses repas et pour ses parfums.

Elles n'étaient pas des esclaves, et chacune possédait
vraiment une des maisons de la Terrasse; mais toutes
n'étaient pas également aimées, et les plus heureuses, souvent, trouvaient à acheter des maisons voisines que leurs
habitantes vendaient pour ne pas maigrir de faim. Celles-ci
transportaient alors leur statuette obscène dans le parc et
cherchaient un autel fait d'une pierre plate, dans un coin
qu'elles ne quittaient plus. Les marchands pauvres
savaient cela et s'adressaient plus volontiers à celles qui
couchaient ainsi sur la mousse près de leurs sanctuaires
en plein vent; mais parfois, ceux-là même ne se présentaient pas, et alors les pauvres filles unissaient leur mi-
sère deux à deux par des amitiés passionnées qui
devenaient des amours presque conjugales, ménages où
l'on partageait tout, jusqu'à la dernière loque de laine,
et où d'alternatives complaisances consolaient des longues
chastetés.

Celles qui n'avaient pas d'amies s'offraient comme
esclaves volontaires chez leurs camarades plus recherchées.
Il était interdit que celles-ci eussent à leur service plus
de douze de ces pauvres filles; mais on citait vingt-deux
courtisanes qui atteignaient le maximum et s'étaient
choisi parmi toutes ces races une domesticité bariolée.

Au hasard des amants si elles concevaient un fils, on l'élevait dans l'enceinte du temple à la contemplation de la forme parfaite et au service de sa divinité. — Si elles accouchaient d'une fille, l'enfant naissait pour la déesse.

Le premier jour de sa vie, on célébrait son mariage avec le fils de Dionysos, et l'Hiérophante la déflorait lui-même avec un petit couteau d'or, car la virginité déplaît à l'Aphrodite. Plus tard, elle entrait au Didascalion, grand monument-école situé derrière le temple, et où les petites filles apprenaient en sept classes la théorie et la méthode de tous les arts érotiques : le regard, l'étreinte, les mouvements du corps, les complications de la caresse, les procédés secrets de la morsure, du glottisme et du baiser. L'élève choisissait librement le jour de sa première expérience, parce que le désir est un ordre de la déesse, qu'il ne faut pas contrarier; on lui donnait ce jour-là l'une des maisons de la Terrasse; et quelques-unes de ces enfants qui n'étaient même pas nubiles, comptaient parmi les plus infatigables et les plus souvent réclamées.

L'intérieur du Didascalion, les sept classes, le petit théâtre et le péristyle de la cour étaient ornés de quatre-vingt-douze fresques qui résumaient l'enseignement de l'amour. C'était l'œuvre de toute une vie d'homme : Cléocharès d'Alexandrie, fils naturel et disciple d'Apelles, les avait achevées en mourant. — Récemment, la reine Bérénice, qui s'intéressait beaucoup à la célèbre école et y envoyait ses jeunes sœurs, avait commandé à Démétrios une série de groupes de marbre afin de compléter la décoration : mais un seul, jusqu'alors, avait été posé dans la classe enfantine.

A la fin de chaque année, en présence de toutes les courtisanes réunies, un grand concours avait lieu, qui excitait dans cette foule de femmes une émulation extraordinaire, car les douze prix décernés donnaient droit à la plus suprême gloire qu'elles pussent rêver : l'entrée au Cotytteion.

Ce dernier monument était enveloppé de tant de mys-

tères qu'on n'en peut donner aujourd'hui une description
détaillée. Nous savons seulement qu'il était compris dans
le péribole et qu'il avait la forme d'un triangle dont la
base était un temple de la déesse Cottyto, au nom de qui
s'accomplissaient d'effrayantes débauches inconnues. Les
deux autres côtés du monument se composaient de dix-
huit maisons; trente-six courtisanes habitaient là, si
recherchées des amants riches qu'elles ne se donnaient
pas à moins de deux mines : c'étaient les Baptes d'Alexandrie. Une fois le mois, à la pleine lune, elles se réunissaient dans l'enceinte close du temple, affolées par des
boissons aphrodisiaques, et ceintes des Phallos cano-
niques. La plus ancienne des trente-six devait prendre
une dose mortelle du terrible philtre érotogène. La certitude de sa mort prompte lui faisait tenter sans effroi
toutes les voluptés dangereuses devant lesquelles les
vivantes reculent. Son corps, de toute part écumant, devenait le centre et le modèle de la tournoyante orgie; au
milieu des hurlements longs, des cris, des larmes et des
danses, les autres femmes nues l'étreignaient, mouillaient
à sa sueur leurs cheveux, se frottaient à sa peau brûlante
et puisaient de nouvelles ardeurs dans le spasme inin-
terrompu de cette furieuse agonie. Trois ans ces femmes
vivaient ainsi, et à la fin du trente-sixième mois, telle
était l'ivresse de leur fin.

D'autres sanctuaires moins vénérés avaient été élevés
par les femmes en l'honneur des autres noms de la multiforme Aphrodite. Il y avait même un autel consacré à
l'Ouranienne et qui recevait les chastes vœux des courtisanes sentimentales; un autre à l'Apostrophia, qui faisait
oublier les amours malheureuses; un autre à la Chryseïa,
qui attirait les amants riches; un autre à la Génétyllis,
qui protégeait les filles enceintes; un autre à la Coliade,
qui approuvait des passions grossières; car tout ce qui
touchait à l'amour était piété pour la déesse. Mais les
autels particuliers n'avaient d'efficace et de vertu qu'à
l'égard des petits désirs. On les servait au jour le jour,

leurs faveurs étaient quotidiennes et leur commerce fami-
lier. Les suppliantes exaucées déposaient sur eux de
simples fleurs; celles qui n'étaient pas contentes les souil-
laient de leurs excréments. Ils n'étaient ni consacrés ni
entretenus par les prêtres, et par conséquent leur profa-
nation était irrépréhensible.

Tout autre était la discipline du temple.

Le Temple, le Grand-Temple de la Grande-Déesse, le
lieu le plus saint de toute l'Egypte, l'inviolable Astarteion,
était un édifice colossal de trois cent trente-six pieds de
longueur, élevé sur dix-sept marches au sommet des jardins. Ses portes d'or étaient gardées par douze hiérodoules
hermaphrodites, symbole des deux objets de l'amour et
des douze heures de la nuit.

L'entrée n'était pas tournée vers l'Orient, mais dans
la direction de Paphos, c'est-à-dire vers le nord-ouest;
jamais les rayons du soleil ne pénétraient directement
dans le sanctuaire de la grande Immortelle nocturne.
Quatre-vingt-six colonnes soutenaient l'architrave; elles
étaient teintes de pourpre jusqu'à mi-taille, et toute la
partie supérieure se dégageait de ces vêtements rouges
avec une blancheur ineffable, comme des torses de femmes
debout.

Entre l'épistyle et le corônis, le long zoophore en
ceinture déroulait son ornementation bestiale, érotique
et fabuleuse; on y voyait des centauresses montées par
des étalons, des chèvres bouquinées par des satyres
maigres, des vierges saillies par des taureaux-monstres,
des naïades couvertes par des cerfs, des bacchantes aimées
par des tigres, des lionnes saisies par des griffons. La
grande multitude des êtres se ruait ainsi, soulevée par
l'irrésistible passion divine. Le mâle se tendait, la femelle
s'ouvrait, et dans la fusion des sources créatrices s'éveillait
le premier frémissement de la vie. La foule des couples
obscurs s'écartait parfois au hasard autour d'une scène

immortelle : Europe inclinée supportant le bel animal
olympien; Léda guidant le cygne robuste entre ses jeunes
cuisses fléchies. Plus loin, l'insatiable Sirène épuisait
Glaucos expirant; le dieu Pan possédait debout une hama-
dryade échevelée; la Sphinge levait sa croupe au niveau
du cheval Pégase, — et, à l'extrémité de la frise, le sculpteur lui-même s'était figuré devant la déesse Aphrodite,
modelant d'après elle, dans la cire molle, les replis d'un
ctéis parfait, comme si tout son idéal de beauté, de joie
et de vertu s'était réfugié dès longtemps dans cette fleur
précieuse et fragile.

II

« PURIFIE-TOI, Etranger.

— J'entrerai pur », dit Démétrios.

Du bout de ses cheveux trempés dans l'eau, la jeune
gardienne de la porte lui mouilla d'abord les paupières,
puis les lèvres et les doigts, afin que son regard fût
sanctifié, ainsi que le baiser de sa bouche et la caresse
de ses mains.

Et il s'avança dans le bois d'Aphrodite.

A travers les branches devenues noires, il apercevait
au couchant un soleil de pourpre sombre qui n'éblouis-
sait plus les yeux. C'était le soir du même jour où la
rencontre de Chrysis avait désorienté sa vie.

L'âme féminine est d'une simplicité à laquelle les
hommes ne peuvent croire. Où il n'y a qu'une ligne
droite ils cherchent obstinément la complexité d'une
trame : ils trouvent le vide et s'y perdent. C'est ainsi que
l'âme de Chrysis, claire comme celle d'un petit enfant,
parut à Démétrios plus mystérieuse qu'un problème de
métaphysique. En quittant cette femme sur la jetée, il
rentra chez lui comme en rêve, incapable de répondre à
toutes les questions qui l'assiégeaient. Que voulait-elle
faire de ces trois cadeaux? Il était impossible qu'elle
portât ni qu'elle vendît un miroir célèbre volé, le peigne
d'une femme assassinée, le collier de perles de la déesse.
En les conservant chez elle, elle s'exposerait chaque jour
à une découverte fatale. Alors pourquoi les demander?

pour les détruire? Il savait trop bien que les femmes ne
jouissent pas des choses secrètes et que les événements
heureux ne commencent à les réjouir que le jour où ils
sont connus. Et puis, par quelle divination, par quelle
profonde clairvoyance l'avait-elle jugé capable d'accomplir
pour elle trois actions aussi extraordinaires?

Assurément, s'il l'avait voulu, Chrysis enlevée de chez
elle, livrée à sa merci, fût devenue sa maîtresse, sa femme
ou son esclave, au choix. Il avait même la liberté de la
détruire, simplement. Les révolutions antérieures avaient
fréquemment habitué les citoyens aux morts violentes,
et nul ne se fût inquiété d'une courtisane disparue.
Chrysis devait le savoir, et pourtant elle avait osé...

Plus il pensait à elle, plus il lui savait gré d'avoir si
joliment varié le débat des propositions. Combien de
femmes, et qui la valaient, s'étaient présentées maladroi-
tement! Celle-là, que demandait-elle? ni amour, ni or,
ni bijoux, mais trois crimes invraisemblables! Elle l'intéressait avec force. Il lui avait offert tous les trésors de
l'Egypte : il sentait bien, à présent, que si elle les eût
acceptés, elle n'aurait pas reçu deux oboles, et il se serait
lassé d'elle avant même de l'avoir connue. Trois crimes
étaient un salaire assurément inusité; mais elle était digne
de le recevoir puisqu'elle était femme à l'exiger, et il se
promit de continuer l'aventure.

Pour n'avoir pas le temps de revenir sur ses fermes
résolutions, il alla le jour même chez Bacchis, trouva la
maison vide, prit le miroir d'argent et s'en fut aux jardins.

Fallait-il entrer directement chez la seconde victime de
Chrysis? Démétrios ne le pensa pas. La prêtresse Touni,
qui possédait le fameux peigne d'ivoire, était si charmante
et si faible qu'il craignit de se laisser toucher s'il se
rendait auprès d'elle sans une précaution préalable. Il
retourna sur ses pas et longea la Grande-Terrasse.

Les courtisanes étaient en montre dans leurs

« chambres exposées », comme des fleurs à l'étalage. Leurs attitudes et leurs costumes n'avaient pas moins de diversité que leurs âges, leurs types et leurs races. Les plus belles, selon la tradition de Phryné, ne laissant à découvert que l'ovale de leur visage, se tenaient enveloppées des cheveux aux talons dans leur grand vêtement de laine fine. D'autres avaient adopté la mode des robes transparentes, sous lesquelles on distinguait mystérieusement leurs beautés, comme à travers une eau limpide on discerne les mousses vertes en taches d'ombre sur le fond. Celles qui pour tout charme n'avaient que leur jeunesse restaient nues jusqu'à la ceinture et cambraient le torse en avant pour faire apprécier la fermeté de leurs seins. Mais les plus mûres, sachant combien les traits du visage féminin vieillissent plus vite que la peau du corps, se tenaient assises toutes nues, portant leurs mamelles dans leurs mains, et elles écartaient leurs cuisses alourdies, comme s'il leur fallait prouver qu'elles étaient encore des femmes.

Démétrios passait devant elles très lentement et ne se lassait pas d'admirer.

Il ne lui était jamais arrivé de voir la nudité d'une femme sans une émotion intense. Il ne comprenait ni le dégoût devant les jeunesses trépassées, ni l'insensibilité devant les trop petites filles. Toute femme, ce soir-là, aurait pu le charmer. Pourvu qu'elle restât silencieuse et ne témoignât pas plus d'ardeur que le minimum exigé par la politesse du lit, il la dispensait d'être belle. Bien plus, il préférait qu'elle eût un corps grossier, car plus sa pensée s'arrêtait sur des formes accomplies, plus son désir s'éloignait d'elles. Le trouble que lui donnait l'impression de la beauté vivante était une sensualité exclusivement cérébrale qui réduisait à néant l'excitation génésique. Il se souvenait avec angoisse d'être resté toute une heure impuissant comme un vieillard près de la femme la plus admirable qu'il eût jamais tenue dans ses bras. Et depuis cette nuit-là, il avait appris à choisir des maîtresses moins pures.

« Ami, dit une voix, tu ne me reconnais pas? »

Il se retourna, fit signe que non et continua son chemin,
car il ne déshabillait jamais deux fois la même fille.
C'était le seul principe qu'il suivît pendant ses visites
aux jardins. Une femme qu'on n'a pas encore eue a
quelque chose d'une vierge; mais quel bon résultat, quelle
surprise attendre d'un deuxième rendez-vous? C'est déjà
presque le mariage. Démétrios ne s'exposait pas aux désil-
lusions de la seconde nuit. La reine Bérénice suffisait à
ses rares velléités conjugales, et en dehors d'elle il prenait
soin de renouveler chaque soir la complice de l'indispensable adultère.

« Clônarion!

— Gnathêné!

— Plango!

— Mnaïs!

— Crôbylé!

— Ioessa! »

Elles criaient leurs noms sur son passage, et quelques-
unes y ajoutaient l'affirmation de leur nature ardente ou
l'offre d'une pratique anormale. Démétrios suivait le
chemin; il se disposait, selon son habitude, à prendre au
hasard, dans le troupeau, quand une petite fille toute
vêtue de bleu pencha la tête sur l'épaule, et lui dit doucement, sans se lever :

« Il n'y a pas moyen? »

L'imprévu de cette formule le fit sourire. Il s'arrêta.

« Ouvre-moi la porte, dit-il. Je te choisis. »

La petite, d'un mouvement joyeux, sauta sur ses pieds
et frappa deux coups du marteau phallique. Une vieille
esclave vint ouvrir.

« Gorgô, dit la petite, j'ai quelqu'un : vite, du vin de
Crète, des gâteaux, et fais le lit. »

Elle se retourna vers Démétrios.

« Tu n'as pas besoin de satyrion?

— Non, dit le jeune homme en riant. Est-ce que tu
en as?

« — Il le faut bien, fit l'enfant, on m'en demande plus souvent que tu ne penses. Viens par ici : prends garde aux marches, il y en a une qui est usée. Entre dans ma chambre, je vais revenir. »

La chambre était tout à fait simple, comme celles des courtisanes novices. Un grand lit, un second lit de repos, quelques tapis et quelques sièges la meublaient insuffisamment; mais par une grande baie ouverte, on voyait les jardins, la mer, la double rade d'Alexandrie. Démétrios resta debout et regarda la ville lointaine.

Soleils couchants derrière les ports! gloires incomparables des cités maritimes, calme du ciel, pourpre des eaux, sur quelle âme bruyante de douleur ou de joie ne jetteriez-vous pas le silence! Quels pas ne se sont arrêtés, quelle volupté ne s'est suspendue, quelle voix ne s'est éteinte devant vous!... Démétrios regardait : une houle de flamme torrentielle semblait sortir du soleil à moitié plongé dans la mer et couler directement jusqu'à la rive du bois d'Aphrodite. De l'un à l'autre des deux horizons, la gamme somptueuse de la pourpre envahissait la Méditerranée, par zones de nuances sans transitions, du rouge d'or au violet froid. Entre cette splendeur mouvante et le miroir du lac Maréotis, la masse blanche de la ville était toute vêtue de reflets zinzolins. Les orientations diverses de ses vingt mille maisons plates la mouchetaient merveilleusement de vingt mille taches de couleur, en métamorphose perpétuelle selon les phases décroissantes du rayonnement occidental. Cela fut rapide et incendiaire; puis le soleil s'engloutit presque soudainement, et le premier reflux de la nuit fit flotter sur toute la terre un frisson, une brise voilée, uniforme et transparente.

« Voilà des figues, voilà des gâteaux, un rayon de miel, du vin, une femme. Il faut manger les figues pendant qu'il fait jour, et la femme quand on n'y voit plus! »

C'était la petite qui rentrait en riant. Elle fit asseoir

le jeune homme, se mit à cheval sur ses genoux, et, les deux mains derrière la tête, assura dans ses cheveux châtains une rose qui allait glisser.

Démétrios eut malgré lui une exclamation de surprise : elle était complètement nue, et, ainsi dépouillée de la robe bouffante, son petit corps se montrait si jeune, si enfantin de poitrine, si étroit de hanches, si visiblement impubère, que Démétrios se sentit pris de pitié, comme un cavalier sur le point de faire porter tout son poids d'homme à une pouliche trop délicate.

« Mais tu n'es pas femme! s'écria-t-il.

— Je ne suis pas femme! Par les deux déesses, qu'est-ce que je suis, alors? un Thrace, un portefaix ou un vieux philosophe?

— Quel âge as-tu?

— Dix ans et demi. Onze ans. On peut dire onze ans. Je suis née dans les jardins. Ma mère est Milésienne. C'est Pythias, qu'on appelle la Chèvre. Veux-tu que je l'envoie chercher, si tu me trouves trop petite? Elle a la peau douce, maman, elle est belle.

— Tu as été au Didascalion?

— J'y suis encore, dans la sixième classe. J'aurai fini l'année prochaine; ce ne sera pas trop tôt.

— Est-ce que tu t'y ennuies?

— Ah! si tu savais comme les maîtresses sont difficiles! Elles font recommencer vingt-cinq fois la même leçon! des choses tout à fait inutiles, que les hommes ne demandent jamais. Et puis on se fatigue pour rien; moi, je n'aime pas ça. Tiens, prends une figue; pas celle-là, elle n'est pas mûre. Je t'apprendrai une nouvelle manière de les manger : regarde.

— Je la connais. C'est plus long et ce n'est pas meilleur. Je vois que tu es une bonne élève.

— Oh! ce que je sais, je l'ai appris toute seule. Les maîtresses voudraient faire croire qu'elles sont plus fortes que nous. Elles ont plus de main, c'est possible, mais elles n'ont rien inventé.

— Tu as beaucoup d'amants?

— Tous trop vieux; c'est inévitable. Les jeunes gens sont si bêtes! Ils n'aiment que les femmes de quarante ans. J'en vois passer quelquefois qui sont jolis comme des Erôs, et si tu voyais ce qu'ils choisissent? des hippopotames. C'est à faire pâlir. J'espère bien que je ne vivrai pas jusqu'à l'âge de ces femmes-là. Je serais trop honteuse de me déshabiller. C'est que je suis si contente, vois-tu, si contente d'être encore toute jeune. Les seins poussent toujours trop tôt: Il me semble que le premier mois où je verrai mon sang couler, je me croirai déjà près de la mort. Laisse-moi te faire un baiser. Je t'aime bien. »

Ici la conversation prit une tournure moins posée, sinon plus silencieuse, et Démétrios s'aperçut vite que ses scrupules n'étaient pas de mise auprès d'une petite personne déjà si bien renseignée. Elle semblait se rendre compte qu'elle n'était qu'une pâture un peu maigre pour un appétit de jeune homme, et elle déroutait son amant par une prodigieuse activité d'attouchements furtifs, qu'il ne pouvait ni prévoir, ni permettre, ni diriger, et qui ne lui laissaient jamais le repos d'une étreinte aimante. Le petit corps agile et ferme se multipliait autour de lui, s'offrait et se refusait, glissait, tournait, luttait. A la fin, ils se saisirent. Mais cette demi-heure ne fut qu'un long jeu.

Elle sauta du lit la première, trempa son doigt dans la coupe de miel et s'en barbouilla les lèvres; puis, avec mille efforts, pour ne pas rire, elle se pencha sur Démétrios en frottant sa bouche sur la sienne. Ses boucles rondes dansaient de chaque côté de leurs joues. Le jeune homme sourit et s'accouda :

« Comment t'appelles-tu? dit-il.

— Melitta. Tu n'avais pas vu mon nom sur la porte?

— Je n'avais pas regardé.

— Tu pouvais le voir dans ma chambre! Ils l'ont tous écrit sur mes murs. Je serai bientôt obligée de les faire repeindre. »

Démétrios leva la tête : les quatre panneaux de la pièce étaient couverts d'inscriptions.

« Tiens, c'est assez curieux, dit-il. On peut lire?

— Oh! si tu veux. Je n'ai pas de secrets. »

Il lut. Le nom de Melitta se trouvait là plusieurs fois répété avec des noms d'hommes et des dessins barbares. Des phrases tendres, obscènes ou comiques, s'enchevêtraient bizarrement. Des amants se vantaient de leur vigueur, ou détaillaient les charmes de la petite courtisane, ou encore se moquaient de ses bonnes camarades. Tout cela n'était guère intéressant que comme témoignage écrit d'une abjection générale. Mais, vers la fin du panneau de droite, Démétrios eut un sursaut.

« Qui est-ce? Qui est-ce? Dis-moi!

— Mais qui? quoi? où cela? dit l'enfant. Qu'est-ce que tu as?

— Ici. Ce nom-là. Qui a écrit cela? »

Et son doigt s'arrêta sous cette double ligne :

ΜΕΛΙΤΤΑ .Λ. ΧΡΥΣΙΔΑ
ΧΡΥΣΙΣ .Λ. ΜΕΛΙΤΤΑΝ

« Ah! répondit-elle, ça, c'est moi. C'est moi qui l'ai écrit.

— Mais qui est-ce, cette Chrysis?

— C'est ma grande amie.

— Je m'en doute bien. Ce n'est pas cela que je te demande. Quelle Chrysis? Il y en a beaucoup.

— La mienne, c'est la plus belle. Chrysis de Galilée.

— Tu la connais! tu la connais! Mais parle-moi donc! D'où vient-elle? où demeure-t-elle? qui est son amant? dis-moi tout! »

Il s'assit sur le lit de repos et prit la petite sur ses genoux.

« Tu es donc amoureux? dit-elle.

— Peu t'importe. Raconte-moi ce que tu sais, je suis pressé de tout apprendre.

— Oh! je ne sais rien du tout. C'est court. Elle est
venue deux fois chez moi, et tu penses que je ne lui ai
pas demandé de renseignements sur sa famille. J'étais
trop heureuse de l'avoir, et je n'ai pas perdu le temps en
conversations.

— Comment est-elle faite?

— Elle est faite comme une jolie fille, que veux-tu que
je te dise? Faut-il que je te nomme toutes les parties de
son corps en ajoutant que tout est beau? Et puis, c'est
une femme, celle-là; une vraie femme... Quand je pense à
elle, j'ai tout de suite envie de quelqu'un. »

Et elle prit Démétrios par le cou.

« Tu ne sais rien, reprit-il, rien sur elle?

— Je sais... je sais qu'elle vient de Galilée, qu'elle a
presque vingt ans et qu'elle demeure dans le quartier des
Juives, à l'est de la ville, près des jardins. Mais c'est tout.

— Et sur sa vie, sur ses goûts? tu ne peux rien me
dire? Elle aime les femmes puisqu'elle vient chez toi. Mais
est-elle tout à fait lesbienne?

— Certainement non. La première nuit qu'elle a passée
ici, elle avait amené un amant, et je te jure qu'elle ne
simulait rien. Quand une femme est sincère, je le vois à
ses yeux. Cela n'empêche pas qu'elle soit revenue une fois
toute seule... Et elle m'a promis une troisième nuit.

— Tu ne lui connais pas d'autre amie dans les jardins?
Personne?

— Si, une femme de son pays, Chimairis, une pauvre.

— Où demeure-t-elle? Il faut que je la voie.

— Elle couche dans le bois, depuis un an. Elle a vendu
sa maison. Mais je sais où est son trou. Je peux t'y mener,
si tu le désires. Mets-moi mes sandales, veux-tu? »

Démétrios noua d'une main rapide les cordons de cuir
tressé sur les chevilles frêles de Melitta. Puis il tendit sa
robe courte qu'elle prit simplement sur le bras, et ils
sortirent à la hâte.

*

Ils marchèrent longtemps. Le parc était immense. De
loin en loin une fille sous un arbre disait son nom en
ouvrant sa robe, puis se recouchait, les yeux sur sa main.
Melitta en connaissait quelques-unes, qui l'embrassaient
sans l'arrêter. En passant devant un autel fruste, elle
cueillit trois grandes fleurs dans l'herbe et les déposa sur
la pierre.

La nuit n'était pas encore sombre. La lumière intense
des jours d'été a quelque chose de durable qui s'attarde
vaguement dans les lents crépuscules. Les étoiles faibles
et mouillées, à peine plus claires que le fond du ciel,
clignaient d'une palpitation douce, et les ombres des
branches restaient indécises.

« Tiens! dit Melitta. Maman. Voilà maman. »

Une femme seule, vêtue d'une triple mousseline rayée
de bleu, s'avançait d'un pas tranquille. Dès qu'elle aperçut l'enfant, elle courut à elle, la souleva de terre, la prit
dans ses bras, et l'embrassa fortement sur les joues.

« Ma petite fille! mon petit amour, où vas-tu?

— Je conduis quelqu'un qui veut voir Chimairis. Et
toi? Est-ce que tu te promènes?

— Corinna est accouchée. Je suis allée chez elle; j'ai
dîné près de son lit.

— Et qu'est-ce qu'elle a fait? Un garçon?

— Deux jumelles, mon chéri, roses comme des poupées
de cire. Tu peux y aller cette nuit, elle te les montrera.

— Oh! que c'est bien! Deux petites courtisanes.
Comment les appelle-t-on?

— Pannychis toutes les deux, parce qu'elles sont nées
la veille des Aphrodisies. C'est un présage divin. Elles
seront jolies. »

Elle reposa l'enfant sur ses pieds, et s'adressant à Démétrios :

« Comment trouves-tu ma fille? Ai-je le droit d'en être orgueilleuse?

— Vous pouvez être satisfaites l'une de l'autre, dit-il avec calme.

— Embrasse maman », dit Melitta.

Il posa silencieusement un baiser entre les seins. Pythias le lui rendit sur la bouche, et ils se séparèrent.

Démétrios et l'enfant firent encore quelques pas sous les arbres, tandis que la courtisane s'éloignait en retournant la tête. A la fin ils arrivèrent et Melitta dit :

« C'est ici. »

Chimairis était accroupie sur le talon gauche, dans un petit espace gazonné entre deux arbres et un buisson. Elle avait étendu sous elle une sorte de haillon rouge qui était son dernier vêtement pendant le jour et sur lequel elle couchait nue à l'heure où passent les hommes. Démétrios la contemplait avec un intérêt croissant. Elle avait cet aspect fiévreux de certaines brunes amaigries dont le corps fauve semble consumé par une ardeur toujours battante. Ses lèvres musclées, son regard excessif, ses paupières largement livides composaient une expression double, de convoitise sensuelle et d'épuisement. La courbe de son ventre cave et de ses cuisses nerveuses se creusait d'elle-même, comme pour recevoir; et, Chimairis ayant tout vendu, même ses peignes et ses épingles, même ses pinces à épiler, sa chevelure s'était embrouillée dans un désordre inextricable, tandis qu'une pubescence noire ajoutait à sa nudité quelque chose de sauvage, d'impudique et de velu.

Près d'elle, un grand bouc se tenait sur ses pattes raides, attaché à un arbre par une chaîne d'or qui avait autrefois brillé à quatre tours sur la poitrine de sa maîtresse.

« Chimairis, dit Melitta, lève-toi. C'est quelqu'un qui veut te parler. »

La Juive regarda, mais ne bougea point.

Démétrios s'avança.

« Tu connais Chrysis? dit-il.

— Oui.

— Tu la vois souvent?

— Oui.

— Tu peux me parler d'elle?

— Non.

— Comment, non? Comment, tu ne peux pas?

— Non. »

Melitta était stupéfaite :

« Parle-lui, dit-elle. Aie confiance. Il l'aime : il lui veut du bien.

— Je vois clairement qu'il l'aime, répondit Chimairis. S'il l'aime, il lui veut du mal. S'il l'aime, je ne parlerai pas. »

Démétrios eut un frisson de colère, mais se tut.

« Donne-moi ta main, lui dit la Juive. Je verrai là si je me suis trompée. »

Elle prit la main gauche du jeune homme et la tourna vers le clair de lune. Melitta se pencha pour voir, bien qu'elle ne sût pas lire les mystérieuses lignes; mais leur fatalité l'attirait.

« Que vois-tu? dit Démétrios.

— Je vois... puis-je dire ce que je vois? M'en sauras-tu gré? Me croiras-tu, seulement? Je vois d'abord tout le bonheur; mais c'est dans le passé. Je vois aussi tout l'amour, mais cela se perd dans le sang...

— Le mien?

— Le sang d'une femme. Et puis le sang d'une autre femme. Et puis le tien, un peu plus tard. »

Démétrios haussa les épaules. Quand il se retourna il aperçut Melitta fuyant à toutes jambes dans l'allée.

« Elle a eu peur, reprit Chimairis. Pourtant ce n'est pas d'elle qu'il s'agit, ni de moi. Laisse aller les choses puisqu'on ne peut rien arrêter. Dès avant ta naissance, ta destinée était certaine. Va-t'en. Je ne parlerai plus. »

Et elle laissa retomber la main.

III

L'AMOUR ET LA MORT

« Le sang d'une femme. Ensuite le sang d'une autre femme. Ensuite le tien, mais un peu plus tard. »

Démétrios se répétait ces paroles en marchant, et, quoi qu'il en eût, la croyance en elles l'oppressait. Il ne s'était jamais fié aux oracles tirés du corps des victimes ou du mouvement des planètes. De telles affinités lui semblaient trop problématiques. Mais les lignes complexes de la main ont par elles-mêmes un aspect d'horoscope exclusivement individuel qu'il ne regardait pas sans inquiétude. Aussi la prédiction de la chiromantide demeura-t-elle dans son esprit.

A son tour il considéra la paume de sa main gauche où sa vie était résumée en signes secrets et ineffaçables.

Il y vit d'abord, au sommet, une sorte de croissant régulier, dont les pointes étaient tournées vers la naissance des doigts. Au-dessous, une ligne quadruple, noueuse et rosée se creusait, marquée en deux endroits par des points très rouges. Une autre ligne, plus mince, descendait d'abord parallèle, puis virait brusquement vers le poignet. Enfin, une troisième, courte et pure, contournait la base du pouce, qui était entièrement couvert de linéoles effilées.
— Il vit tout cela; mais n'en sachant pas lire le symbole caché, il se passa la main sur les yeux et changea d'objet sa méditation.

Chrysis, Chrysis, Chrysis. Ce nom battait en lui comme une fièvre. La satisfaire, la conquérir, l'enfermer dans ses bras, fuir avec elle ailleurs, en Syrie, en Grèce, à Rome, n'importe où, pourvu que ce fût dans un endroit où lui n'eût pas de maîtresses et elle pas d'amants : voilà ce qu'il fallait faire, et immédiatement, immédiatement!

Des trois cadeaux qu'elle avait demandés, un déjà était pris. Restaient les deux autres : le peigne et le collier.

« Le peigne d'abord », pensa-t-il.

Et il pressa le pas.

Tous les soirs, après le soleil couché, la femme du grand-prêtre s'asseyait sur un banc de marbre adossé à la forêt et d'où l'on voyait toute la mer. Démétrios ne l'ignorait point, car cette femme, comme tant d'autres, avait été amoureuse de lui, et elle lui avait dit une fois que le jour où il voudrait d'elle, ce serait là qu'il la pourrait prendre.

Donc, ce fut là qu'il se rendit.

Elle y était en effet; mais elle ne le vit pas s'avancer; elle se tenait assise les yeux clos, le corps renversé sur le dossier, et les deux bras à l'abandon.

C'était une Égyptienne. Elle se nommait Touni. Elle portait une tunique légère de pourpre vive, sans agrafes ni ceinture, et sans autres broderies que deux étoiles noires pour marquer les pointes de ses seins. La mince étoffe, plissée au fer, s'arrêtait sur les boules délicates de ses genoux, et de petites chaussures de cuir bleu gantaient ses pieds menus et ronds. Sa peau était très bistrée, ses lèvres étaient très épaisses, ses épaules étaient très fines, sa taille fragile et souple semblait fatiguée par le poids de sa gorge pleine. Elle dormait la bouche ouverte, et rêvait doucement.

Démétrios, silencieux, prit place auprès d'elle sur le banc.

Il s'accouda lentement et plus près encore. Une jeune épaule lisse et foncée, effilée au sommet, musculeuse près de l'aisselle et réunie à la poitrine par une ombre de la peau, lui offrait sa délicatesse.

Plus bas, la tunique en mousseline de pourpre ouvrait jusqu'à la hanche sa fente longue et lâche. Démétrios passa lentement la main par cette ouverture flottante, et ses doigts en corbeille touchèrent de leurs extrémités les contours du sein gauche en moiteur. Le mamelon se dressa dans la paume.

Cependant Touni ne s'éveilla point.

Son rêve s'altéra peu à peu, mais sans en être dissipé. Par ses lèvres entrouvertes, sa respiration devint plus rapide, et elle murmura une longue phrase qui n'était pas intelligible. Sa tête, brûlante, retomba.

Démétrios, avec la même douceur, retira sa main attiédie et l'épanouit au souffle du vent.

La mer éternelle frémissait depuis la vague terrasse bleue jusqu'à l'immense scintillation de la nuit. Comme un autre sein d'une autre prêtresse, elle se gonflait vers les étoiles, soulevée par le rêve antique dont elle frissonne encore sous nos yeux attardés et dont les derniers êtres chercheront le mystère avant de s'effacer à la fin des âges. La lune penchait sur elle sa vaste coupe de sang. Au-delà de l'air le plus pur qui eût jamais uni le ciel et la terre, une légère traîne rouge parsemée de veines sombres tremblait à fleur de mer sous la lune montante, comme le frisson d'une caresse à la pulpe d'un sein nocturne demeure après qu'elle a passé...

Touni dormait toujours, la tête inclinée, le corps presque nu dans sa mousseline teinte.

La pourpre de la lune encore sur l'horizon arrivait jusqu'à elle par-dessus la mer. Sa lueur éclatante et fatale la baignait d'une flamme qui semblait immobile; mais lentement le reflet s'élevait sur l'Égyptienne : une à une, ses boucles noires apparurent, et enfin brusquement sorti de l'ombre, le Peigne, le Peigne royal désiré par Chrysis,

le Peigne éclaira sa couronne d'ivoire, atteint par le
rayonnement rouge.

Alors le sculpteur prit entre ses mains le doux visage
de Touni et il le tourna vers le sien. Elle ouvrit ses yeux
qui grandirent :

« Démétrios!... Démétrios!... Toi! »

Et ses deux bras s'abattirent sur lui.

« Oh! murmura-t-elle d'une voix qui chantait avec son
bonheur, oh! tu es venu, tu es là... Est-ce toi, Démétrios,
qui m'éveilles dans tes mains? Est-ce toi, fils de ma déesse,
ô Dieu de mon corps et de ma vie? »

Démétrios fit un mouvement de recul. Elle s'approcha
d'un seul élan.

« Non, disait-elle, que crains-tu? Je ne suis pas pour
toi celle que l'on redoute et que la toute-puissance du
Grand-Prêtre environne. Oublie mon nom, Démétrios. Les
femmes n'ont plus de nom dans les bras des amants. Je
ne suis plus celle que tu crois. Je ne suis rien qu'une
femme qui t'aime et que ton désir emplit jusqu'à l'extrémité des seins. »

Démétrios n'ouvrit pas les lèvres.

« Ecoute encore, reprit-elle. Je sais qui te possède, je
ne veux même pas être une amante et prétendre, si peu
que ce soit, à devenir rivale de ma reine. Non, Démétrios, fais de moi ce que tu veux : prends-moi comme une
petite esclave que l'on saisit un instant et qu'on laisse
avec un souvenir en n'emportant qu'un oubli. Prends-
moi comme la dernière de ces courtisanes pauvres qui
attendent le long du sentier l'aumône d'un amour furtif
et brutal. Au fait, que suis-je de plus qu'elles et que m'ont
donné les Immortels qu'ils n'aient accordé aussi à la plus
servile de toutes mes esclaves? Toi, du moins, tu as la
Beauté, qui dispense autour d'elle l'émanation des
dieux. »

Plus gravement encore, Démétrios la pénétra du regard :

« Et que penses-tu, malheureuse, qui puisse émaner des dieux, sinon...

— L'Amour...

— Ou la Mort. »

Elle se dressa.

« Que veux-tu dire? La Mort... Oui, la Mort... Mais c'est si loin pour moi... Dans soixante ans d'ici, je penserai à elle. Pourquoi me parles-tu de la Mort, Démétrios? »

Il dit simplement :

« La Mort ce soir. »

Par terreur, elle éclata de rire :

« Ce soir... mais non... qui a dit cela? Pourquoi mourrais-je? réponds-moi, parle... quelle horrible raillerie...

— Tu es condamnée.

— Par qui?

— Par ton destin.

— Comment le sais-tu?

— Je le sais, parce que je suis mêlé, Touni, à ton destin.

— Et mon destin veut que je meure?

— Ton destin veut que tu meures, par ma main, sur ce banc. »

Il lui saisit le poignet.

« Démétrios... bégaya-t-elle, épouvantée. Je ne crierai pas, je n'appellerai pas, laisse-moi parler... »

Et elle essuya son front en sueur.

« Si la mort... me vient de toi... la mort... me sera douce... Je l'accepte, je la veux, mais écoute... »

Elle l'entraînait dans la nuit du bois, en chancelant de pierre en pierre.

« Puisque tu as dans les mains, poursuivit-elle, tout ce que nous recevons des dieux... le frisson qui nous donne la vie et celui qui nous l'arrache... ouvre tes deux mains sur mes yeux, Démétrios... celle de l'Amour.., et celle de la Mort... et si tu fais ainsi, je mourrai sans regret. »

Il tourna vers elle un regard sans réponse, mais elle crut y lire le « oui » qu'il n'avait pas prononcé.

Transfigurée pour la seconde fois, elle releva un visage nouveau d'où le désir renaissant chassait la terreur avec une force désespérée.

Elle ne lui parla plus, mais déjà, entre ses lèvres qui ne devaient pas se refermer, chacune de ses haleines chantait à voix basse, comme si elle entrait en amour avant même d'obtenir l'étreinte.

Cette suprême victoire, elle l'obtint pourtant.

Déchirant d'un seul geste sa tunique légère, elle en fit dans sa main une boule de mousseline qu'elle jeta derrière elle avec un sourire à peine attristé. Son corps jeune et fin s'étendit pour toujours dans une félicité trop vive pour ne pas être éternelle, et comme son amant distrait, ou peut-être hésitant et anxieux, achevait le geste de l'Amour sans dessiner celui de la Mort :

« Ah!... cria-t-elle tout à coup. Mais tue-moi donc!... mais tue-moi donc, Démétrios, qu'attends-tu? »

Il se souleva sur le poing, regarda encore Touni qui levait d'en bas vers lui deux larges yeux extasiés, et tirant une des deux longues épingles d'or qui brillaient au-dessus des oreilles, il l'enfonça nettement sous la mamelle gauche.

IV

POURTANT, cette femme lui aurait donné son peigne, et même sa chevelure aussi, par amour.

S'il ne le demanda pas, ce fut par scrupule : Chrysis avait exigé un crime et non pas tel bijou ancien, piqué dans les cheveux d'une jeune femme. Il devait tuer. Il tua.

Il aurait pu considérer encore que les serments qu'on fait aux femmes pendant les accès amoureux peuvent s'oublier dans l'intervalle sans grand dommage pour la valeur morale de l'amant qui les a jurés, et que si jamais cet oubli involontaire devait se couvrir d'une excuse, c'était bien dans la circonstance où la vie d'une autre femme assurément innocente se trouvait dans la balance. Mais Démétrios ne s'arrêta pas à ce raisonnement. L'aventure qu'il poursuivait lui parut trop intéressante pour en escamoter les incidents violents. Il craignit de regretter plus tard d'avoir effacé de l'intrigue une scène courte et cependant nécessaire à l'harmonie de ses proportions. Souvent il ne faudrait qu'une défaillance vertueuse pour réduire une tragédie aux banalités de l'existence normale. La mort de Casandra, se dit-il, n'est pas un fait indispensable au développement de l'*Agamemnon*, mais si elle n'avait pas lieu, toute l'*Orestie* en serait gâtée.

C'est pourquoi, ayant coupé la chevelure de Touni, il serra dans ses vêtements le peigne d'ivoire historié et,

sans réfléchir davantage, il entreprit le troisième des travaux commandés par Chrysis : la prise du collier d'Aphrodite.

Il ne fallait pas songer à entrer au temple par la grande
porte. Les douze hermaphrodites qui gardaient l'entrée
eussent sans doute laissé passer Démétrios, malgré l'inter-
diction qui arrêtait tout profane en l'absence des prêtres;
mais il lui était inutile de prouver aussi naïvement sa
future culpabilité, puisqu'une entrée secrète menait au
sanctuaire.

Démétrios se rendit dans une partie du bois déserte
où se trouvait la nécropole des grands prêtres de la déesse.
Il compta les premiers tombeaux, fit tourner la porte du
septième et la referma derrière lui.

Avec une grande difficulté, car la pierre était lourde, il
souleva la dalle funéraire sous laquelle s'enfonçait un
escalier de marbre, et il descendit marche à marche.

Il savait qu'on pouvait faire soixante pas en ligne
droite, et qu'après, il était nécessaire de suivre le mur à
tâtons pour ne pas se heurter à l'escalier souterrain du
temple.

La grande fraîcheur de la terre profonde le calma peu
à peu.

En quelques instants, il arriva au terme.

Il monta, il ouvrit.

*

La nuit était claire au-dehors et noire dans la divine
enceinte. Lorsque, avec précaution, il eut refermé doucement la porte trop sonore, il se sentit plein de frissons
et comme environné par la froideur des pierres. Il n'osait
pas lever les yeux. Ce silence noir l'effrayait; l'obscurité
se peuplait d'inconnu. Il se mit la main sur le front,
comme un homme qui ne veut pas s'éveiller de peur de
se retrouver vivant. Il regarda enfin.

Dans une grande lumière de lune, la déesse apparaissait sur un piédestal de pierre rose chargé de trésors appendus. Elle était nue, et sexuée, vaguement teintée selon les couleurs de la femme; elle tenait d'une main son miroir dont le manche était un priape, et de l'autre adornait sa beauté d'un collier de perles à sept rangs. Une perle plus grosse que les autres, argentine et allongée, brillait entre ses deux mamelles comme un croissant nocturne entre deux nuages ronds. Et c'étaient les vraies perles saintes, nées des gouttes d'eau qui avaient roulé dans la conque de l'Anadyomène.

Démétrios se perdit dans une adoration ineffable. Il crut en vérité que l'Aphrodite elle-même était là. Il ne reconnut plus son œuvre, tant l'abîme était profond entre ce qu'il avait été et ce qu'il était devenu. Il tendit les bras en avant et murmura les mots mystérieux par lesquels on prie la déesse dans les cérémonies phrygiennes.

Surnaturelle, lumineuse, impalpable, nue et pure, la vision flottait sur la pierre, palpitait moelleusement. Il fixait les yeux sur elle et pourtant il craignait déjà que la caresse de son regard ne fît évaporer dans l'air cette hallucination faible. Il s'avança très doucement, toucha du doigt l'orteil rose, comme pour s'assurer de l'existence de la statue, et, incapable de s'arrêter tant elle l'attirait à soi, il monta debout auprès d'elle et posa les mains sur les épaules blanches en la contemplant dans les yeux.

Il tremblait, il défaillait, il se prit à rire de joie. Ses mains erraient sur les bras nus, pressaient la taille froide et dure, descendaient le long des jambes, caressaient le globe du ventre. De toute sa force il s'étirait contre cette immortalité. Il se regarda dans le miroir, il souleva le collier de perles, l'ôta, le fit briller à la lune et le remit peureusement. Il baisa la main repliée, le cou rond, l'onduleuse gorge, la bouche entrouverte du marbre. Puis il recula jusqu'aux bords du socle, et, se tenant aux bras divins, il regarda tendrement la tête adorable inclinée.

Les cheveux avaient été coiffés à la manière orientale et voilaient le front légèrement. Les yeux à demi fermés se prolongeaient en sourire. Les lèvres restaient séparées, comme évanouies d'un baiser.

Il disposa en silence les sept rangs de perles rondes sur la poitrine éclatante, et descendit jusqu'à terre pour voir l'idole de plus loin.

Alors il lui sembla qu'il se réveillait. Il se rappela ce qu'il était venu faire, ce qu'il avait voulu, failli accomplir : une chose monstrueuse. Il se sentit rougir jusqu'aux tempes.

Le souvenir de Chrysis passa devant sa mémoire comme une apparition grossière. Il énuméra tout ce qui restait douteux dans la beauté de la courtisane : les lèvres épaisses, les cheveux gonflés, la démarche molle. Ce qu'étaient les mains, il l'avait oublié; mais il les imagina larges, pour ajouter un détail odieux à l'image qu'il repoussait. Son état d'esprit devint semblable à celui d'un homme surpris à l'aube par son unique maîtresse dans le lit d'une fille ignoble, et qui ne pourrait pas s'expliquer à lui-même comment il a pu se laisser tenter la veille. Il ne trouvait ni excuse, ni même une raison sérieuse. Evidemment, pendant une journée, il avait subi une sorte de folie passagère, un trouble physique, une maladie. Il se sentait guéri, mais encore ivre d'étourdissement.

Pour achever de revenir à lui, il s'adossa contre le mur du temple, et resta longtemps debout devant la statue. La lumière de la lune continuait de descendre par l'ouverture carrée du toit; Aphrodite resplendissait; et, comme les yeux étaient dans l'ombre, il cherchait leur regard...

... Toute la nuit se passa ainsi. Puis le jour vint et la statue prit tour à tour la lividité rose de l'aube et le reflet doré du soleil.

Démétrios ne pensait plus. Le peigne d'ivoire et le miroir d'argent qu'il portait dans sa tunique avaient disparu de sa mémoire. Il s'abandonnait doucement à la contemplation sereine.

Au-dehors, une tempête de cris d'oiseaux bruissait, sifflait, chantait dans le jardin. On entendait des voix de femmes qui parlaient et qui riaient au pied des murs. L'agitation du matin surgissait de la terre éveillée. Démétrios n'avait en lui que des sentiments bienheureux.

Le soleil était déjà haut et l'ombre du toit s'était déplacée quand il entendit un bruit confus de pas légers fouler les marches extérieures.

C'était sans doute un sacrifice qu'on allait offrir à la déesse, une procession de jeunes femmes qui venaient accomplir des vœux ou en prononcer devant la statue, pour le premier jour des Aphrodisies.

Démétrios voulut fuir.

Le piédestal sacré s'ouvrait par derrière, d'une façon que les prêtres seuls, et le sculpteur, connaissaient. C'était là que se tenait l'hiérophante pour dicter à une jeune fille dont la voix était claire et haute les discours miraculeux qui venaient de la statue le troisième jour de la fête. Par là on pouvait gagner les jardins. Démétrios y pénétra, et s'arrêta devant les ouvertures bordées de bronze, qui perçaient la pierre profonde.

Les deux portes d'or s'ouvrirent lourdement. Puis la procession entra.

V

L'INVITATION

VERS le milieu de la nuit, Chrysis fut réveillée par trois coups frappés à la porte.

Elle avait dormi tout le jour entre les deux Ephésiennes, et sans le bouleversement de leur lit on les eût prises pour trois sœurs ensemble. Rhodis était pelotonnée contre la Galiléenne, dont la cuisse en sueur pesait sur elle. Myrtocleia dormait sur la poitrine, les yeux sur le bras et le dos nu.

Chrysis se dégagea avec précaution, fit trois pas sur le lit, descendit, et ouvrit la porte à moitié.

Un bruit de voix venait de l'entrée.

« Qui est-ce, Djala? qui est-ce? demanda-t-elle.

— C'est Naucratès qui veut te parler. Je lui dis que tu n'es pas libre.

— Mais si, quelle bêtise! certainement si, je suis libre! Entre, Naucratès. Je suis dans ma chambre. »

Et elle se remit au lit.

Naucratès resta quelque temps sur le seuil, comme s'il craignait d'être indiscret. Les deux musiciennes ouvraient des yeux encore pleins de sommeil et ne pouvaient pas s'arracher à leurs rêves.

« Assieds-toi, dit Chrysis. Je n'ai pas de coquetterie à faire entre nous. Je sais que tu ne viens pas pour moi. Que me veux-tu? »

Naucratès était un philosophe connu, qui depuis plus

de vingt ans était l'amant de Bacchis et lui restait fidèle,
plutôt par indolence que par fidélité.

Ses cheveux gris étaient coupés court, sa barbe en
pointe à la Démosthène et ses moustaches au niveau des
lèvres. Il portait un grand vêtement blanc, fait de laine
simple à bande unie.

« Je viens t'inviter, dit-il. Bacchis donne demain un
dîner qui sera suivi d'une fête. Nous serons sept, avec
toi. Ne manque pas de venir.

— Une fête? A quelle occasion?

— Elle affranchit sa plus belle esclave, Aphrodisia. Il
y aura des danseuses et des aulétrides. Je crois que tes
deux amies sont commandées, et même elles ne devraient
pas être ici. On répète chez Bacchis en ce moment.

— Oh! c'est vrai, s'écria Rhodis, nous n'y pensions plus.
Lève-toi, Myrto, nous sommes très en retard. »

Mais Chrysis se récriait.

« Non! pas encore! que tu es méchant de m'enlever
mes femmes. Si je m'étais doutée de cela, je ne t'aurais
pas reçu. Oh!... les voilà déjà prêtes!

— Nos robes ne sont pas compliquées, dit l'enfant. Et
nous ne sommes pas assez belles pour nous habiller longtemps.

— Vous verrai-je au temple, du moins?

— Oui, demain matin, nous portons des colombes. Je
prends une drachme dans ta bourse, Chrysé. Nous n'au-
rions pas de quoi les acheter. A demain. »

Elles sortirent en courant. Naucratès regarda quelque
temps la porte fermée sur elles; puis il se croisa les bras
et dit à voix basse en se retournant vers Chrysis :

« Bien. Tu te conduis bien.

— Comment?

— Une seule ne te suffit plus. Il t'en faut deux, maintenant. Tu les prends jusque dans la rue. C'est d'un bel
exemple. Mais alors, veux-tu me dire, mais qu'est-ce qu'il
nous reste, à nous, nous les hommes? Vous avez toutes des

amies, et en sortant de leurs bras épuisants vous ne donnez
de votre passion que ce qu'elles veulent bien vous laisser.
Crois-tu que cela puisse durer longtemps? Si cela continue
ainsi, nous serons forcés d'aller chez Bathylle...

— Ah! non! s'écria Chrysis. Voilà ce que je n'admet-
trai jamais! Je le sais bien, on fait cette comparaison-là.
Elle n'a pas de sens; et je m'étonne que toi, qui fais
profession de penser, tu ne comprennes pas qu'elle est
absurde.

— Et quelle différence trouves-tu?

— Il ne s'agit pas de différence. Il n'y a aucun rapport
entre l'un et l'autre; c'est clair.

— Je ne dis pas que tu te trompes. Je veux connaître
tes raisons.

— Oh! cela se dit en deux mots; écoute bien. La femme
est, en vue de l'amour, un instrument accompli. Des pieds
à la tête elle est faite uniquement, merveilleusement, pour
l'amour. *Elle seule sait aimer. Elle seule sait être aimée.*
Par conséquent : si un couple amoureux se compose de
deux femmes, il est parfait; s'il n'en a qu'une seule, il est
moitié moins bien; s'il n'en a aucune, il est purement
idiot. J'ai dit.

— Tu es dure pour Platon, ma fille.

— Les grands hommes, pas plus que les dieux, ne sont
grands en toute circonstance. Pallas n'entend rien au
commerce, Sophocle ne savait pas peindre, Platon ne
savait pas aimer. Philosophes, poètes ou rhéteurs, ceux
qui se réclament de lui ne valent pas mieux, et si admirables qu'ils soient en leur art, en amour ce sont des
ignorants. Crois-moi, Naucratès, je sens que j'ai raison. »

Le philosophe fit un geste.

« Tu es un peu irrévérencieuse, dit-il; mais je ne crois
nullement que tu aies tort. Mon indignation n'était pas
réelle. Il y a quelque chose de charmant dans l'union de
deux jeunes femmes, à la condition qu'elles veuillent bien
rester féminines toutes les deux, garder leurs longues chevelures, découvrir leurs seins et ne pas s'affubler d'instru-

ments postiches, comme si, par une inconséquence, elles
enviaient le sexe grossier qu'elles méprisent si joliment.
Oui, leur liaison est remarquable parce que leurs caresses
sont toutes superficielles, et leur volupté d'autant plus
raffinée. Elles ne s'étreignent pas, elles s'effleurent pour
goûter la suprême joie. Leur nuit de noces n'est pas sanglante. Ce sont des vierges, Chrysis. Elles ignorent l'action
brutale; c'est en cela qu'elles sont supérieures à Bathylle,
qui prétend en offrir l'équivalent, oubliant que vous aussi,
et même pour cette piètrerie, vous pourriez lui faire
concurrence. L'amour humain ne se distingue du rut
stupide des animaux que par deux fonctions divines : la
caresse et le baiser. Or ce sont les femmes dont nous parlons ici. Elles les ont même perfectionnées.

— On ne peut mieux, dit Chrysis ahurie. Mais alors
que me reproches-tu?

— Je te reproche d'être cent mille. Déjà un grand
nombre de femmes n'ont de plaisir parfait qu'avec leur
propre sexe. Bientôt vous ne voudrez plus nous recevoir,
même à titre de pis aller. C'est par jalousie que je te
gronde. »

Ici, Naucratès trouva que l'entretien avait assez duré, et,
simplement, il se leva.

« Je puis dire à Bacchis qu'elle compte sur toi? dit-il.

— Je viendrai », répondit Chrysis.

Le philosophe lui baisa les genoux et sortit avec lenteur.

*

Alors elle joignit les mains et parla tout haut, bien
qu'elle fût seule.

« Bacchis... Bacchis... Il vient de chez elle et il ne sait
pas!... Le Miroir est donc toujours là?... Démétrios m'a
oubliée... S'il a hésité le premier jour, je suis perdue, il ne
fera rien... Mais il est possible que tout soit fini! Bacchis
a d'autres miroirs dont elle se sert plus souvent. Sans

doute elle ne sait pas encore... Dieux! Dieux! aucun moyen
d'avoir des nouvelles, et peut-être... Ah! Djala! Djala! »
    L'esclave entra.
    « Donne-moi mes osselets, dit Chrysis. Je veux tirer. »
Et elle jeta en l'air les quatre petits os...

    « Oh!... Oh! Djala, regarde! le coup d'Aphrodite! »

    On appelait ainsi un coup assez rare par lequel les
osselets présentaient tous une face différente. Il y avait
exactement trente-cinq chances contre une pour que cette
disposition ne se produisît pas. C'était le meilleur coup
du jeu.
    Djala observa froidement :
    « Qu'est-ce que tu avais demandé?
    — C'est vrai, dit Chrysis désappointée. J'avais oublié
de faire un vœu. Je pensais bien à quelque chose, mais
je n'ai rien dit. Est-ce que cela compte tout de même?
    — Je ne crois pas; il faut recommencer. »

    Une seconde fois, Chrysis jeta les osselets.
    « Le coup de Midas, maintenant. Qu'est-ce que tu en
penses?
    — On ne sait pas. Bon et mauvais. C'est un coup qui
s'explique par le suivant. Recommence avec un seul os. »
    Une troisième fois Chrysis interrogea le jeu; mais dès
que l'osselet fut retombé, elle bégaya :
    « Le... point de Chios! »
    Et elle éclata en sanglots.

    Djala ne disait rien, inquiète elle-même. Chrysis pleu-
rait sur le lit, les cheveux répandus autour de la tête.
Enfin elle se retourna dans un mouvement de colère.
    « Pourquoi m'as-tu fait recommencer? Je suis sûre que
le premier coup comptait.
    — Si tu as fait vœu, oui. Si tu n'as pas fait vœu, non.
Toi seule le sais, dit Djala.

— D'ailleurs, les osselets ne prouvent rien. C'est un jeu grec. Je n'y crois pas. Je vais essayer autre chose. »

Elle essuya ses larmes et traversa la chambre. Elle prit sur une tablette une boîte de jetons blancs, en compta vingt-deux, puis, avec la pointe d'une agrafe de perles, elle y grava l'une après l'autre les vingt-deux lettres de l'alphabet hébreu. C'étaient les arcanes de la Cabbale qu'elle avait appris en Galilée.

« Voilà en quoi j'ai confiance. Voilà ce qui ne trompe pas, dit-elle. Lève le pan de ta robe; ce sera mon sac. »

Elle jeta les vingt-deux jetons dans la tunique de l'esclave, en répétant mentalement :

« Porterai-je le collier d'Aphrodite? Porterai-je le collier d'Aphrodite? Porterai-je le collier d'Aphrodite? »

Et elle tira le dixième arcane, ce qui nettement voulait dire :

« Oui. »

VI

LA ROSE DE CHRYSIS

C'ÉTAIT une procession blanche, et bleue, et jaune, et rose, et verte. Trente courtisanes s'avançaient, portant des corbeilles de fleurs, des colombes de neige aux pieds rouges, des voiles du plus fragile azur, et des ornements précieux.

Un vieux prêtre, barbu de blanc, enveloppé jusqu'autour de la tête dans une raide étoffe écrue, marchait devant le jeune cortège et guidait vers l'autel de pierre la file des dévotes inclinées.

Elles chantaient, et leur chant traînait comme la mer, soupirait comme le vent du midi, haletait comme une bouche amoureuse. Les deux premières portaient des harpes qu'elles soutenaient au creux de leur main gauche et qui se courbaient en avant comme des faucilles de bois grêle.

*

L'une d'elles s'avança et dit :

« Tryphèra, ô Cypris aimée, t'offre ce voile bleu qu'elle a tissé elle-même, afin que tu continues à lui être bienveillante. »

*

Une autre :

« Mousarion dépose à tes pieds, ô Déesse à la belle couronne, ces couronnes de giroflées et ce bouquet de narcisses penchés. Elle les a portés dans l'orgie et a invoqué ton nom dans l'ivresse de leurs parfums. O Victorieuse, accueille ces dépouilles d'amour. »

*

Une autre encore :

« En offrande à toi, Cythérée d'or, Timo consacre ce bracelet en spirale. Puisses-tu enrouler la vengeance à la gorge de qui tu sais, comme ce serpent d'argent s'enroulait au haut de ses bras nus. »

*

Myrtocleia et Rhodis avancèrent, se tenant par la main.

« Voici deux colombes de Smyrne, aux ailes blanches comme des caresses, aux pieds rouges comme des baisers. O double déesse d'Amathonte, accepte-les de nos mains unies, s'il est vrai que le mol Adônis ne te suffit pas seul et qu'une étreinte encore plus douce retarde parfois ton sommeil. »

*

Une courtisane très jeune suivit :

« Aphrodite Peribasia, reçois ma virginité, avec cette tunique tachée de sang. Je suis Pannychis de Pharos; depuis la nuit dernière, je me suis vouée à toi. »

*

Une autre :

« Dorothea te conjure, ô charitable Epistrophia, d'éloigner de son esprit le désir qu'y a jeté l'Erôs, ou d'enflammer enfin pour elle les yeux de celui qui se refuse. Elle t'offre cette branche de myrte parce que c'est l'arbre que tu préfères. »

Une autre :

« Sur ton autel, ô Paphia, Callistion dépose soixante drachmes d'argent, le superflu de quatre mines qu'elle a reçues de Cléoménès. Donne-lui un amant plus généreux encore, si l'offrande te semble belle. »

*

Il ne restait plus devant l'idole qu'une enfant toute rougissante qui s'était mise la dernière. Elle ne tenait à la main qu'une petite couronne de crocos, et le prêtre la méprisait pour une aussi mince offrande.

Elle dit :
« Je ne suis pas assez riche pour te donner des pièces d'argent, ô brillante Olympienne. D'ailleurs, que pourrais-je te donner que tu ne possèdes pas encore? Voici des fleurs jaunes et vertes, tressées en couronne pour tes pieds. Et maintenant... »
Elle défit les deux boucles de sa tunique et se mit nue, l'étoffe ayant glissé à terre.
« ... Me voici tout entière à toi, déesse aimée. Je voudrais entrer dans tes jardins, mourir courtisane du temple. Je jure de ne désirer que l'amour, je jure de n'aimer qu'à aimer, et je renonce au monde, et je m'enferme en toi. »

*

Le prêtre alors la couvrit de parfums et entoura sa nudité du voile tissé par Tryphèra. Elles sortirent ensemble de la nef par la porte des jardins.

La procession semblait finie, et les autres courtisanes allaient retourner sur leurs pas, quand on vit entrer en retard une dernière femme sur le seuil.

Celle-ci n'avait rien à la main, et on put croire qu'elle aussi ne venait offrir que sa beauté. Ses cheveux semblaient deux flots d'or, deux profondes vagues pleines d'ombre qui engloutissaient les oreilles et se tordaient en sept tours sur la nuque. Le nez était délicat, avec des narines expressives qui palpitaient quelquefois, au-dessus d'une bouche épaisse et peinte, aux coins arrondis et mouvants. La ligne souple du corps ondulait à chaque pas, et s'animait du roulis des hanches ou du balancement des seins libres sous qui la taille pliait.

Ses yeux étaient extraordinaires, bleus, mais foncés et brillants à la fois, changeants comme des pierres lunaires, à demi clos sous les cils couchés. Ils regardaient, ces yeux, comme les sirènes chantent...

Le prêtre se tournait vers elle, attendant qu'elle parlât.

Elle dit :

*

« Chrysis, ô Chryseia, te supplie. Accueille les faibles dons qu'elle pose à tes pieds. Ecoute, exauce, aime et soulage celle qui vit selon ton exemple et pour le culte de ton nom. »

Elle tendit en avant ses mains dorées de bagues et se pencha, les jambes serrées.

Le chant vague recommença. Le murmure des harpes monta vers la statue avec la fumée rapide de l'encens que le prêtre brûlait dans une cassolette frémissante.

Elle se redressa lentement et présenta un miroir de
bronze qui pendait à sa ceinture.

*

« A toi, dit-elle, Astarté de la Nuit, qui mêles les mains
et les lèvres, et dont le symbole est semblable à l'em-
preinte du pied des biches sur la terre pâle de Syrie,
Chrysis consacre son miroir. Il a vu la cernure des paupières, l'éclat des yeux après l'amour, les cheveux collés
sur les tempes par la sueur de tes luttes, ô combattante
aux mains acharnées, qui mêles les corps et les bouches. »

*

Le prêtre posa le miroir aux pieds de la statue. Chrysis
tira de son chignon d'or un long peigne de cuivre rouge,
métal planétaire de la déesse.

*

« A toi, dit-elle, Anadyomène, qui naquis de la sanglante aurore et du sourire écumeux de la mer, à toi,
nudité gouttelante de perles, qui nouais ta chevelure
mouillée avec des rubans d'algues vertes, Chrysis consacre
son peigne. Il a plongé dans ses cheveux bouleversés par
tes mouvements, ô furieuse Adonienne haletante, qui
creuses la cambrure des reins et crispes les genoux raidis. »

Elle donna le peigne au vieillard et pencha la tête à
droite pour ôter son collier d'émeraudes.

*

« A toi, dit-elle, ô Hétaïre, qui dissipes la rougeur des
vierges honteuses et conseilles le rire impudique, à toi,
pour qui nous mettons en vente l'amour ruisselant de nos

entrailles, Chrysis consacre son collier. Il a été donné en
salaire par un homme dont elle ignore le nom, et chaque
émeraude est un baiser où tu as vécu un instant. »

*

Elle s'inclina une dernière fois plus longtemps, mit
le collier dans les mains du prêtre et fit un pas pour
s'en aller.

Le prêtre la retint.

« Que demandes-tu à la déesse pour ces précieuses
offrandes? »

Elle sourit en secouant la tête, et dit :

« Je ne demande rien. »

Puis elle passa le long de la procession, vola une rose
dans une corbeille et la mit à sa bouche en sortant.

Une à une, toutes les femmes suivirent. La porte se
referma sur le temple vide.

*

Démétrios restait seul, caché dans le piédestal de
bronze.

De toute cette scène il n'avait perdu ni un geste ni
une parole, et quand tout fut terminé, il resta longtemps
sans bouger, à nouveau tourmenté, passionné, irrésolu.

Il s'était cru guéri de sa démence de la veille, et il
n'avait pas pensé que rien, désormais, pût le jeter une
seconde fois dans l'ombre ardente de cette inconnue.

Mais il avait compté sans elle.

Femmes! ô femmes! si vous voulez être aimées, mon-
trez-vous, revenez, soyez là! L'émotion qu'il avait sentie
à l'entrée de la courtisane était si totale et si lourde qu'il
ne fallait plus songer à la combattre par un coup de
volonté. Démétrios était lié comme un esclave barbare à
un char de triomphe. S'échapper était illusion. Sans le
savoir, et naturellement, elle avait mis la main sur lui.

Il l'avait vue venir de très loin, car elle portait la
même étoffe jaune qu'à son passage sur la jetée. Elle marchait à pas lents et souples en ondulant les hanches mollement. Elle était venue droit à lui, comme si elle l'avait
deviné derrière la pierre.

Dès le premier instant, il comprit qu'il retombait à
ses pieds. Quand elle tira de sa ceinture le miroir de
bronze poli, elle s'y regarda quelque temps avant de le
donner au prêtre, et l'éclat de ses yeux devint stupéfiant.
Quand, pour prendre son peigne de cuivre, elle passa
la main sur ses cheveux en levant un bras plié, selon le
geste des Charites, toute la belle ligne de son corps se
développa sous l'étoffe, et le soleil alluma dans l'aisselle
une rosée de sueur brillante et menue. Enfin, quand,
pour soulever et défaire son collier de lourdes émeraudes,
elle écarta la soie plissée qui voilait sa double poitrine
jusqu'au doux espace empli d'ombre où l'on ne peut
glisser qu'un bouquet, Démétrios se sentit pris d'une
telle frénésie d'y poser les lèvres et d'arracher toute la
robe... Mais Chrysis se mit à parler.

Elle parla, et chacun de ses mots était une souffrance
pour lui. A plaisir elle semblait insister et s'étendre sur
la prostitution de ce vase de beauté qu'elle était, blanc
comme la statue elle-même, et plein d'or qui ruisselait
en chevelure. Elle disait sa porte ouverte à l'oisiveté des
passants, la contemplation de son corps abandonnée à
des indignes, et le soin de mettre en feu ses joues à des
enfants maladroits. Elle disait la fatigue vénale de ses
yeux, ses lèvres louées à la nuit, ses cheveux confiés à
des mains brutales, sa divinité labourée.

L'excès même des facilités qui entouraient son approche
inclinait Démétrios vers elle, décidé du moins à en user
pour lui seul et à fermer la porte derrière lui. Tant il
est vrai qu'une femme n'est pleinement séduisante que si
l'on a lieu d'en être jaloux.

Aussi lorsque, ayant donné à la déesse son collier vert
en échange de celui qu'elle espérait, Chrysis s'en retourna

vers la ville, — elle emportait une volonté humaine à
sa bouche, comme la petite rose volée dont elle mordil-
lait la queue.

Démétrios attendit qu'il fût laissé seul dans l'enceinte;
puis il sortit de sa retraite.

Il regarda la statue avec trouble, s'attendant à une lutte
en lui. Mais, comme il était incapable de renouveler à si
bref intervalle une émotion très violente, il redevint
étonnamment calme et sans remords prématuré.

Insouciant, il monta doucement près de la statue, souleva sur la nuque inclinée le Collier des Vraies Perles de
l'Anadyomène, et le glissa dans ses vêtements.

VII

Il marchait très rapidement, dans l'espoir de trouver Chrysis encore sur la route qui menait à la ville, craignant, s'il tardait davantage, de retomber sans courage et sans volonté.

La voie blanche de chaleur était si lumineuse que Démétrios fermait les yeux comme au soleil de midi. Il allait ainsi sans regarder devant lui, et faillit se heurter à quatre esclaves noirs qui marchaient en tête d'un nouveau cortège, lorsqu'une petite voix chanteuse dit doucement :

« Bien-Aimé! que je suis contente! »

Il leva la tête : c'était la reine Bérénice accoudée en sa litière.

Elle ordonna :

« Arrêtez, porteurs! »

et tendit les bras à l'amant.

Démétrios ne pouvait se refuser. Il monta d'un air maussade.

Alors la reine Bérénice, folle de joie, se traîna sur les mains jusqu'au fond, et roula parmi les coussins comme une chatte qui veut jouer.

Car cette litière était une chambre, et vingt-quatre esclaves la portaient. Douze femmes pouvaient s'y coucher aisément, au hasard d'un sourd tapis bleu, semé de coussins et d'étoffes; et sa hauteur était telle qu'on n'en pouvait toucher le plafond, même du bout de son éven-

tail. Elle était plus longue que large, fermée en avant et
sur les trois côtés par trois rideaux jaunes très légers, qui
s'éblouissaient de lumière. Le fond était de bois de cèdre,
drapé d'un long voile de soie orangée. Tout en haut de
cette paroi brillante, le vaste épervier d'or d'Egypte
éployait sa raide envergure; plus bas, ciselé d'ivoire et
d'argent, le symbole antique d'Astarté s'ouvrait au-dessus
d'une lampe allumée qui luttait avec le jour en d'insai-
sissables reflets. Au-dessous était couchée la reine Bérénice entre deux esclaves persanes qui agitaient autour
d'elle deux panaches de plumes de paon.

Elle attira des yeux le jeune sculpteur à ses côtés et
répéta :
« Bien-Aimé, je suis contente. »
Elle lui mit la main sur la joue :
« Je te cherchais, Bien-Aimé. Où étais-tu? Je ne t'ai
pas vu depuis avant-hier. Si je ne t'avais pas rencontré,
je serais morte de chagrin tout à l'heure. Toute seule
dans cette grande litière, je m'ennuyais tant. En passant
sur le pont des Hermès, j'ai jeté tous mes bijoux dans
l'eau pour faire des ronds. Tu vois, je n'ai plus ni bagues
ni colliers. J'ai l'air d'une petite pauvre à tes pieds. »

Elle se retourna contre lui et le baisa sur la bouche.
Les deux porteuses d'éventails allèrent s'accroupir un
peu plus loin, et quand la reine Bérénice se mit à parler
tout bas, elles approchèrent leurs doigts de leurs oreilles
pour faire semblant de ne pas entendre.
Mais Démétrios ne répondait pas, écoutait à peine, restait égaré. Il ne voyait de la jeune reine que le sourire
rouge de sa bouche et le coussin noir de ses cheveux
qu'elle coiffait toujours desserrés pour y coucher sa tête
lasse.

Elle disait :
« Bien-Aimé, j'ai pleuré dans la nuit. Mon lit était

froid. Quand je m'éveillais, j'étendais mes bras nus des
deux côtés de mon corps et je ne t'y sentais pas, et ma
main ne trouvait nulle part ta main que j'embrasse aujourd'hui. Je t'attendais au matin, et depuis la pleine
lune tu n'étais pas venu. J'ai envoyé des esclaves dans
tous les quartiers de la ville et je les ai fait mourir moi-
même quand ils sont revenus sans toi. Où étais-tu? tu
étais au temple? Tu n'étais pas dans les jardins, avec ces
femmes étrangères? non, je vois à tes yeux que tu n'as
pas aimé. Alors, que faisais-tu, toujours loin de moi? Tu
étais devant la statue? Oui, j'en suis sûre, tu étais là. Tu
l'aimes plus que moi maintenant. Elle est toute semblable
à moi, elle a mes yeux, ma bouche, mes seins; mais c'est
elle que tu recherches. Moi, je suis une pauvre délaissée.
Tu t'ennuies avec moi, je m'en aperçois bien. Tu penses
à tes marbres et à tes vilaines statues comme si je
n'étais pas plus belle qu'elles toutes, et vivante, du moins,
amoureuse et bonne, prête à ce que tu veux accepter,
résignée à ce que tu refuses. Mais tu ne veux rien. Tu
n'as pas voulu être roi, tu n'as pas voulu être dieu, et
adoré dans un temple à toi. Tu ne veux presque plus
m'aimer. »

Elle ramena ses pieds sous elle et s'appuya sur la main.
« Je ferais tout pour te voir au palais, Bien-Aimé.
Si tu ne m'y cherches plus, dis-moi qui t'attire, elle sera
mon amie. Les... les femmes de ma cour... sont belles. J'en
ai douze qui, depuis leur naissance, sont gardées dans
mon gynécée et ignorent même qu'il y a des hommes...
Elles seront toutes tes maîtresses si tu viens me voir après
elles. Et j'en ai d'autres avec moi qui ont eu plus d'amants
que des courtisanes sacrées et sont expertes à aimer. Dis
un mot, j'ai aussi mille esclaves étrangères : celles que
tu voudras seront délivrées. Je les vêtirai comme moi-
même, de soie jaune et d'or et d'argent.

« Mais non, tu es le plus beau et le plus froid des
hommes. Tu n'aimes personne, tu te laisses aimer, tu te

prêtes, par charité pour celles que tes yeux mettent en
amour. Tu permets que je prenne mon plaisir de toi,
mais comme une bête se laisse traire : en regardant autre
part. Tu es plein de condescendance. Ah! Dieux! Ah!
Dieux! je finirai par me passer de toi, jeune fat que toute
la ville adore et que nulle ne fait pleurer. Je n'ai pas
que des femmes au palais, j'ai des Ethiopiens vigoureux
qui ont des poitrines de bronze et des bras bossués par
les muscles. J'oublierai vite dans leurs étreintes tes jambes
de fille et ta jolie barbe. Le spectacle de leur passion
sera sans doute nouveau pour moi et je me reposerai
d'être amoureuse. Mais le jour où je serai certaine que
ton regard absent ne m'inquiète plus et que je puis rem-
placer ta bouche, alors je t'enverrai du haut du pont
des Hermès rejoindre mes colliers et mes bagues comme
un bijou trop longtemps porté. Ah! être reine! »

Elle se redressa et sembla attendre. Mais Démétrios
restait toujours impassible et ne bougeait pas plus que
s'il n'entendait pas. Elle reprit avec colère :

« Tu n'as pas compris? »

Il s'accouda nonchalamment et dit d'une voix très
naturelle :

« Il m'est venu l'idée d'un conte.

*

« Autrefois, bien avant que la Thrace eût été conquise
par les ancêtres de ton père, elle était habitée par des
animaux sauvages et quelques hommes effrayés.

« Les animaux étaient fort beaux; c'étaient des lions
roux comme le soleil, des tigres rayés comme le soir, et
des ours noirs comme la nuit.

« Les hommes étaient petits et camus, couverts de
vieilles peaux dépoilues, armés de lances grossières et
d'arcs sans beauté. Ils s'enfermaient dans les trous des
montagnes derrière des blocs monstrueux qu'ils roulaient

péniblement. Leur vie se passait à la chasse. Il y avait
du sang dans les forêts.

« Le pays était si lugubre que les dieux l'avaient
déserté. Quand, dans la blancheur du matin, Artémis
quittait l'Olympe, son chemin n'était jamais celui qui
l'aurait menée vers le Nord. Les guerres qui se livraient
là n'inquiétaient pas Arès. L'absence de flûtes et de
cithares en détournait Apollon. La triple Hécate y brillait seule, comme un visage de méduse sur un paysage
pétrifié.

« Or un homme y vint habiter, qui était d'une race
plus heureuse et ne marchait pas vêtu de peaux comme
les sauvages de la montagne.

« Il portait une longue robe blanche qui traînait un
peu derrière lui. Par les molles clairières des bois, il
aimait à errer la nuit dans la lumière de la lune, tenant
à la main une petite carapace de tortue où étaient plan-
tées deux cornes d'aurochs entre lesquelles trois cordes
d'argent se tendaient.

« Quand ses doigts touchaient les cordes, une délicieuse musique y passait, beaucoup plus douce que le
bruit des sources ou que les phrases du vent dans les
arbres, ou que les mouvements des avoines. La première
fois qu'il se mit à jouer, trois tigres couchés s'éveillèrent,
si prodigieusement charmés qu'ils ne lui firent aucun
mal mais s'approchèrent le plus qu'ils purent et se reti-
rèrent quand il cessa. Le lendemain, il y en eut bien
plus encore, et des loups, et des hyènes, des serpents
droits sur leur queue.

« Si bien qu'après fort peu de temps les animaux venaient eux-mêmes le prier de jouer pour eux. Il lui
arrivait souvent qu'un ours vînt seul auprès de lui et
s'en allât content de trois accords merveilleux. En retour
de ses complaisances, les fauves lui donnaient sa nourriture et le protégeaient contre les hommes.

« Mais il se lassa de cette fastidieuse vie. Il devint
tellement sûr de son génie et du plaisir qu'il donnait

aux bêtes qu'il ne chercha plus à bien jouer. Les fauves,
pourvu que ce fût lui, se trouvaient toujours satisfaits.
Bientôt il se refusa même à leur donner ce contentement,
et cessa de jouer, par nonchalance. Toute la forêt fut
triste, mais les morceaux de viande et les fruits savou-
reux ne manquèrent pas pour cela devant le seuil du
musicien. On continua de le nourrir et on l'aima davantage. Le cœur des bêtes est ainsi fait.

« Or, un jour qu'appuyé dans sa porte ouverte il
regardait le soleil descendre derrière les arbres immobiles,
une lionne vint à passer près de là. Il fit un mouvement
pour rentrer, comme s'il craignait des sollicitations
fâcheuses. La lionne ne s'inquiéta pas de lui, et passa
simplement.

« Alors il lui demanda, étonné : « Pourquoi ne me
« pries-tu pas de jouer? » Elle répondit qu'elle ne s'en
souciait pas. Il lui dit : « Tu ne me connais point? »
Elle répondit : « Tu es Orphée. » Il reprit : « Et tu
« ne veux pas m'entendre? » Elle répéta : « Je ne veux
« pas. » — « Oh! s'écria-t-il, oh! que je suis à plaindre.
« C'est justement pour toi que j'aurais voulu jouer. Tu
« es beaucoup plus belle que les autres et tu dois com-
« prendre tellement mieux! Pour que tu m'écoutes une
« heure seulement, je te donnerai tout ce que tu rêve-
« ras. » Elle répondit : « Je demande que tu voles les
« viandes fraîches qui appartiennent aux hommes de la
« plaine. Je demande que tu assassines le premier que
« tu rencontreras. Je demande que tu prennes les victimes
« qu'ils ont offertes à tes dieux, et que tu mettes tout à
« mes pieds. » Il la remercia de ne pas demander plus et
fit ce qu'elle exigeait.

« Une heure durant il joua devant elle; mais après il
brisa sa lyre et vécut comme s'il était mort. »

La reine soupira :

« Je ne comprends jamais les allégories. Explique-
moi, Bien-Aimé. Qu'est-ce que cela veut dire! »

Il se leva.

« Je ne te dis pas cela pour que tu comprennes. Je t'ai conté une histoire pour te calmer un peu. Maintenant il est tard. Adieu, Bérénice. »

Elle se mit à pleurer.

« J'en étais bien sûre! j'en étais bien sûre! »

Il la coucha comme un enfant sur son doux lit d'étoffes moelleuses, mit un baiser souriant sur ses yeux malheureux et descendit avec tranquillité de la grande litière en marche.

LIVRE TROISIÈME

I

L'ARRIVÉE

BACCHIS était courtisane depuis plus de vingt-cinq ans.
C'est dire qu'elle approchait de la quarantaine et que sa
beauté avait changé plusieurs fois de caractère.

Sa mère, qui pendant longtemps avait été la direc-
trice de sa maison et la conseillère de sa vie, lui avait
donné des principes de conduite et d'économie qui lui
avaient fait acquérir peu à peu une fortune considérable,
dont elle pouvait user sans compter, à l'âge où la magnificence du lit supplée à l'éclat du corps.

C'est ainsi qu'au lieu d'acheter fort cher des esclaves
adultes au marché, dépense que tant d'autres jugeaient
nécessaire et qui ruinait les jeunes courtisanes, elle avait
su se contenter pendant dix ans d'une seule négresse, et
parer à l'avenir en la faisant féconder chaque année,
afin de se créer gratuitement une domesticité nombreuse
qui, plus tard, serait une richesse.

Comme elle avait choisi le père avec soin, sept mulâtresses fort belles étaient nées de son esclave, et aussi
trois garçons qu'elle avait fait tuer, parce que les servi-
teurs mâles donnent aux amants jaloux des soupçons
inutiles. Elle avait nommé les sept filles d'après les sept
planètes, et leur avait choisi des attributions diverses, en
rapport, autant que possible, avec le nom qu'elles portaient. Héliope était l'esclave du jour, Séléné l'esclave
de la nuit. Arêtias gardait la porte, Aphrodisia s'occupait

du lit, Hermione faisait les emplettes et Cronomagire la
cuisine. Enfin Diomède, l'intendante, avait la tenue des
comptes et la responsabilité.

Aphrodisia était l'esclave favorite, la plus jolie, la
plus aimée. Elle partageait souvent le lit de sa maîtresse
sur la demande des amants qui s'éprenaient d'elle. Aussi
la dispensait-on de tout travail servile pour lui conserver
des bras délicats et des mains douces. Par une faveur
exceptionnelle, ses cheveux n'étaient pas couverts, si bien
qu'on la prenait souvent pour une femme libre, et ce
soir-là même elle allait s'affranchir au prix énorme de
trente-cinq mines.

Les sept esclaves de Bacchis, toutes de haute taille et
admirablement stylées, étaient pour elle un tel sujet de
fierté qu'elle ne sortait pas sans les avoir à sa suite, au
risque de laisser sa maison vide. C'était à cette impru-
dence que Démétrios avait dû d'entrer si aisément chez
elle; mais elle ignorait encore son malheur quand elle
donna le festin où Chrysis était invitée.

*

Ce soir-là, Chrysis arriva la première.

Elle était vêtue d'une robe verte brochée d'énormes
branches de roses qui venaient s'épanouir sur ses seins.

Arêtias lui ouvrit la porte sans qu'elle eût besoin de
frapper, et suivant la coutume grecque, elle la conduisit
dans une petite pièce à l'écart, lui défit ses chaussures
rouges et lava doucement ses pieds nus. Puis, soulevant la
robe ou l'écartant, selon l'endroit, elle la parfuma partout où il était nécessaire; car on épargnait aux convives
toutes les peines, même celle de faire leur toilette avant
de se rendre à dîner. Ensuite, elle lui présenta un peigne
et des épingles pour corriger sa coiffure, ainsi que des
fards gras et secs pour ses lèvres et ses joues.

Quand Chrysis fut enfin prête :

« Quelles sont les *ombres?* » dit-elle à l'esclave.

On appelait ainsi tous les convives, sauf un seul qui était l'Invité. Celui-ci, en l'honneur de qui le repas était donné, amenait avec lui qui lui plaisait, et les « ombres » n'avaient d'autre soin à prendre que d'apporter leur coussin de lit, et d'être bien élevées.

A la question de Chrysis, Arêtias répondit :

« Naucratès a prié Philodème avec sa maîtresse Faustine qu'il a ramenée d'Italie. Il a prié aussi Phrasilas et Timon, et ton amie Séso de Cnide. »

Au moment même Séso entrait.

« Chrysis!

— Ma chérie! »

Les deux femmes s'embrassèrent et se répandirent en exclamations sur l'heureux hasard qui les réunissait.

« J'avais peur d'être en retard, dit Séso. Ce pauvre Archytas m'a retenue...

— Comment, lui encore?

— C'est toujours la même chose. Quand je vais dîner en ville, il se figure que tout le monde va me passer sur le corps. Alors il veut se venger d'avance, et cela dure! ah! ma chère! S'il me connaissait mieux! Je n'ai guère envie de les tromper, mes amants. J'ai bien assez d'eux.

— Et l'enfant? cela ne se voit pas, tu sais.

— Je l'espère bien! j'en suis au troisième mois. Il pousse, le petit misérable. Mais il ne me gêne pas encore. Dans six semaines je me mettrai à danser; j'espère que cela lui sera très indigeste et qu'il s'en ira bien vite.

— Tu as raison, dit Chrysis. Ne te fais pas déformer la taille. J'ai vu hier Philémation, notre petite amie d'autrefois, qui vit depuis trois ans à Boubaste avec un marchand de grains. Sais-tu ce qu'elle m'a dit? la première chose? « Ah! si tu voyais mes seins! » et elle avait les larmes aux yeux. Je lui ai dit qu'elle était toujours jolie, mais elle répétait : « Si tu voyais mes seins! ah! ah! « si tu voyais mes seins! » en pleurant comme une Byblis. Alors j'ai vu qu'elle avait envie de les montrer et je les

lui ai demandés. Ma chère! deux sacs vides. Et tu sais si
elle les avait beaux. On ne voyait pas la pointe tant ils
étaient blancs. N'abîme pas les tiens, ma Séso. Laisses-les
jeunes et droits comme ils sont. Les deux seins d'une
courtisane valent plus cher que son collier. »

Tout en parlant ainsi, les deux femmes s'habillaient.
Enfin, elles entrèrent ensemble dans la salle du festin,
où Bacchis attendait debout, la taille serrée par des
apodesmes et le cou chargé de colliers d'or qui s'éta-
geaient jusqu'au menton.

« Ah! chères belles, quelle bonne idée a eu Naucratès
de vous réunir ce soir!

— Nous nous félicitons qu'il l'ait fait chez toi », répondit Chrysis sans paraître comprendre l'allusion. Et, pour
dire immédiatement une méchanceté, elle ajouta :

« Comment va Doryclos? »

C'était un jeune amant fort riche qui venait de quitter
Bacchis pour épouser une Sicilienne.

« Je... je l'ai renvoyé, dit Bacchis effrontément.

— Est-il possible?

— Oui; on dit que par dépit il va se marier. Mais je
l'attends le lendemain de ses noces. Il est fou de moi. »

En demandant : « Comment va Doryclos? » Chrysis
avait pensé : « Où est ton miroir? » Mais les yeux de
Bacchis ne la regardaient pas en face, et on n'y pouvait rien
lire qu'un trouble vague et dépourvu de sens. D'ailleurs,
Chrysis avait le temps d'éclaircir cette question, et, malgré
son impatience, elle sut se résigner à attendre une occasion plus favorable.

Elle allait continuer l'entretien quand elle en fut empêchée par l'arrivée de Philodème, de Faustine et de
Naucratès, qui obligea Bacchis à de nouvelles politesses.
On s'extasia sur le vêtement brodé du poète et sur la
robe diaphane de sa maîtresse romaine.

Cette jeune fille, peu au courant des usages alexandrins, avait cru s'helléniser ainsi, ne sachant pas qu'un

pareil costume n'était pas de mise dans un festin où
devaient paraître des danseuses à gages semblablement
dévêtues. Bacchis ne laissa pas voir qu'elle remarquait
cette erreur, et elle trouva des mots aimables pour compli-
menter Faustine de sa lourde chevelure bleue inondée
de parfums brillants, qu'elle portait relevée sur la nuque
avec une épingle d'or pour éviter les taches de myrrhe
sur ses légères étoffes de soie.

On allait se mettre à table, quand le septième convive
entra : c'était Timon, jeune homme chez qui l'absence
de principes était un don naturel, mais qui avait trouvé
dans l'enseignement des philosophes de son temps quelques raisons supérieures d'approuver son caractère.

« J'ai amené quelqu'un, dit-il en riant.

— Qui cela? demanda Bacchis.

— Une certaine Dêmo, qui est de Mendès.

— Dêmo! mais tu n'y penses pas, mon ami, c'est une
fille des rues. On l'a pour une datte.

— Bien, bien. N'insistons pas, dit le jeune homme. Je
viens de faire sa connaissance au coin de la Voie Cano-
pique. Elle m'a demandé de la faire dîner, je l'ai
conduite chez toi. Si tu n'en veux pas...

— Ce Timon est invraisemblable », déclara Bacchis.

Elle appela une esclave :

« Héliope, va dire à ta sœur qu'elle trouvera une
femme à la porte et qu'elle la chasse à coups de bâton
dans le dos. Va. »

Elle se retourna, cherchant du regard :

« Phrasilas n'est pas arrivé? »

II

A ces mots un petit homme chétif, le front gris, les yeux gris, la barbelette grise, s'avança par petits pas et dit en souriant :

« J'étais là. »

Phrasilas était un polygraphe estimé dont on n'aurait su dire au juste s'il était philosophe, grammate, historien ou mythologue, tant il abordait les plus graves études avec une timide ardeur et une curiosité volage. Ecrire un traité, il n'osait. Construire un drame, il ne savait. Son style avait quelque chose d'hypocrite, de méticuleux et de vain. Pour les penseurs, c'était un poète; pour les poètes, c'était un sage; pour la société, c'était un grand homme.

« Eh bien, mettons-nous à table! » dit Bacchis. Et elle s'étendit avec son amant sur le lit qui présidait le festin. A sa droite s'allongèrent Philodème et Faustine avec Phrasilas. A la gauche de Naucratès, Séso, puis Chrysis et le jeune Timon. Chacun des convives se couchait en diagonale, accoudé dans un coussin de soie et la tête ceinte de fleurs. Une esclave apporta les couronnes de roses rouges et de lôtos bleus. Puis le repas commença.

Timon sentit que sa boutade avait jeté un léger froid sur les femmes. Aussi ne parla-t-il pas tout d'abord, mais s'adressant à Philodème, il dit avec un grand sérieux :

« On prétend que tu es l'ami très dévoué de Cicéron. Que penses-tu de lui, Philodème? Est-ce un philosophe éclairé, ou un simple compilateur, sans discernement et sans goût? car j'ai entendu soutenir l'une et l'autre opinion.

— Précisément parce que je suis son ami, je ne puis te répondre, dit Philodème. Je le connais trop bien : donc je le connais mal. Interroge Phrasilas, qui, l'ayant peu lu, le jugera sans erreur.

— Eh bien, qu'en pense Phrasilas?

— C'est un écrivain admirable, dit le petit homme.

— Comment l'entends-tu?

— En ce sens que tous les écrivains, Timon, sont admirables en quelque chose, comme tous les paysages et toutes les âmes. Je ne saurais préférer à la plaine la plus terne le spectacle même de la mer. Ainsi je ne saurais classer dans l'ordre de mes sympathies un traité de Cicéron, une ode de Pindare et une lettre de Chrysis, même si je connaissais le style de notre excellente amie. Je suis satisfait, quand je referme un livre, en emportant le souvenir d'une ligne qui m'ait fait penser. Jusqu'ici, tous ceux que j'ai ouverts contenaient cette ligne-là. Mais aucun ne m'a donné la seconde. Peut-être chacun de nous n'a-t-il qu'une seule chose à dire dans sa vie, et ceux qui ont tenté de parler plus longtemps furent de grands ambitieux. Combien je regrette davantage le silence irréparable des millions d'âmes qui se sont tues!

— Je ne suis pas de ton avis, dit Naucratès, sans lever les yeux. L'univers a été créé pour que trois vérités fussent dites, et notre malchance a voulu que leur certitude fût prouvée cinq siècles avant ce soir. Héraclite a compris le monde; Parménide a démasqué l'âme; Pythagore a mesuré Dieu : nous n'avons plus qu'à nous taire. Je trouve le pois chiche bien hardi. »

Du manche de son éventail, Séso frappa la table à petits coups.

« Timon, dit-elle, mon ami.

— Qu'est-ce?

— Pourquoi poses-tu des questions qui n'ont aucun
intérêt, ni pour moi qui ne sais pas le latin, ni pour
toi qui veux l'oublier? Penses-tu éblouir Faustine de
ton érudition étrangère? Pauvre ami, ce n'est pas moi
que tu tromperas par des paroles. J'ai déshabillé ta grande
âme hier soir sous mes couvertures, et je sais quel est
le pois chiche, Timon, dont elle se soucie.

— Crois-tu? » dit simplement le jeune homme.

Mais Phrasilas commença un deuxième petit couplet,
d'une voix ironique et doucereuse.

« Séso, quand nous aurons le plaisir de t'entendre
juger Timon, soit pour l'applaudir comme il le mérite,
soit pour le blâmer, ce que nous ne saurions, rappelle-toi
que c'est un invisible dont l'âme est particulière. Elle
n'existe pas par elle-même, ou du moins on ne peut la
connaître, mais elle reflète celles qui s'y mirent, et change
d'aspect quand elle change de place. Cette nuit, elle
était toute semblable à toi : je ne m'étonne pas qu'elle
t'ait plu. A l'instant, elle a pris l'image de Philodème;
c'est pourquoi tu viens de dire qu'elle se démentait. Or
elle n'a soin de se démentir puisqu'elle ne s'affirme point.
Tu vois qu'il faut se garder, ma chère, des jugements à
l'étourdie. »

Timon lança un regard irrité dans la direction de
Phrasilas; mais il réserva sa réponse.

« Quoi qu'il en soit, reprit Séso, nous sommes ici
quatre courtisanes et nous entendons diriger la conversation, afin de ne pas ressembler à des enfants roses qui
n'ouvrent la bouche que pour boire du lait. Faustine,
puisque tu es la nouvelle venue, commence.

— Très bien, dit Naucratès. Choisis pour nous, Faustine. De quoi devons-nous parler? »

La jeune Romaine tourna la tête, leva les yeux, rougit,
et, avec une ondulation de tout son corps, elle soupira :

« De l'amour.

— Très joli sujet! » dit Séso, en réprimant une envie de rire.

Mais personne ne prit la parole.

*

La table était pleine de couronnes, d'herbages, de coupes et d'aiguières. Des esclaves apportaient dans des corbeilles tressées des pains légers comme de la neige. Sur des plats de terre peinte, on voyait des anguilles grasses, saupoudrées d'assaisonnements, des alphestes couleur de cire et des callichtys sacrés.

On servit aussi un pompile, poisson pourpre qu'on croyait né de la même écume qu'Aphrodite, des boops, des bébradones, un surmulet flanqué de calmars, des scorpènes multicolores. Pour qu'on pût les manger brûlants, on présenta dans leurs petites casseroles un tronçon de myre, des thynnis replets et des poulpes chauds dont les bras étaient tendres; enfin le ventre d'une torpille blanche, rond comme celui d'une belle femme.

Tel fut le premier service, où les convives choisirent par petites bouchées les bons morceaux de chaque poisson, et laissèrent le reste aux esclaves.

« L'amour, commença Phrasilas, est un mot qui n'a pas de sens ou qui en a trop, car il désigne tour à tour deux sentiments inconciliables : la Volupté et la Passion. Je ne sais dans quel esprit Faustine l'entend.

— Je veux, interrompit Chrysis, la volupté pour ma part et la passion chez mes amants. Il faut parler de l'une et de l'autre, ou tu ne m'intéresseras qu'à demi.

— L'amour, murmura Philodème, ce n'est ni la passion ni la volupté. L'amour c'est bien autre chose...

— Oh! de grâce! s'écria Timon, ayons ce soir, exceptionnellement, un banquet sans philosophies. Nous savons, Phrasilas, que tu peux soutenir avec une éloquence douce et une persuasion toute mielleuse la supériorité du

Plaisir multiple sur la Passion exclusive. Nous savons
aussi qu'après avoir parlé pendant une longue heure sur
une matière aussi hardie, tu serais prêt à soutenir pendant l'heure suivante, avec la même éloquence douce et
la même persuasion mielleuse, les raisons du contradic-
teur. Je ne...

— Permets... dit Phrasilas.

— Je ne nie pas, continua Timon, le charme de ce
petit jeu, ni même l'esprit que tu y mets. Je doute de
sa difficulté, et dès lors, de son intérêt. Le *Banquet*, que
tu as jadis publié au cours d'un récit moins grave, et
aussi les réflexions prêtées par toi récemment à un personnage mythique qui est à la ressemblance de ton idéal,
ont paru nouvelles et rares sous le règne de Ptolémée
Aulète; mais nous vivons depuis trois ans sous la jeune
reine Bérénice, et je ne sais par quelle volte-face la
méthode de pensée que tu avais prise de l'illustre exégète
harmonieux et souriant a soudain vieilli de cent années
sous ta plume, comme la mode des manches closes et
des cheveux teints en jaune. Excellent maître, je le
déplore, car si tes récits manquent un peu de flamme,
si ton expérience du cœur féminin n'est pas telle qu'il
faille s'en troubler, en revanche tu es doué de l'esprit
comique et je te sais gré de m'avoir fait sourire.

— Timon! » s'écria Bacchis indignée.

Phrasilas l'arrêta du geste.

« Laisse, ma chère. Au rebours de la plupart des
hommes, je ne retiens des jugements dont je suis le sujet
que la part d'éloges où l'on me convie. Timon m'a donné
la sienne; d'autres me loueront sur d'autres points. On
ne saurait vivre au milieu d'une approbation unanime,
et la variété même des sentiments que j'éveille est pour
moi un parterre charmant où je veux respirer les roses
sans arracher les euphorbes. »

Chrysis eut un mouvement de lèvres qui indiquait
clairement le peu de cas qu'elle faisait de cet homme si

habile à terminer les discussions. Elle se retourna vers
Timon, qui était son voisin de lit, et lui mit la main
sur le cou.

« Quel est le but de la vie? » demanda-t-elle.

C'était la question qu'elle posait quand elle ne savait
que dire à un philosophe; mais cette fois elle mit une
telle tendresse dans sa voix, que Timon crut entendre
une déclaration d'amour.

Pourtant il répondit avec un certain calme :

« A chacun le sien, ma Chrysis. Il n'y a pas de but
universel à l'existence des êtres. Pour moi, je suis le fils
d'un banquier dont la clientèle comprend toutes les
grandes courtisanes d'Egypte, et mon père ayant amassé
par des moyens ingénieux une fortune considérable, je la
restitue honnêtement aux victimes de ses bénéfices, en
couchant avec elles aussi souvent que me le permet la
force que les dieux m'ont donnée. Mon énergie, ai-je
pensé, n'est susceptible de remplir qu'un seul devoir dans
la vie. Tel est celui dont je fais choix, puisqu'il concilie
les exigences de la vertu la plus rare avec des satisfactions
contraires qu'un autre idéal supporterait moins bien. »

Tout en parlant ainsi, il avait glissé sa jambe droite
derrière celles de Chrysis couchée sur le côté, et il tentait
de séparer les genoux clos de la courtisane comme pour
donner un but précis à son existence de ce soir-là. Mais
Chrysis ne le laissait pas faire.

Il y eut quelques instants de silence; puis Séso reprit
la parole.

« Timon, tu es bien fâcheux d'interrompre dès le début
la seule causerie sérieuse dont le sujet nous puisse toucher. Laisse au moins parler Naucratès, puisque tu as si
mauvais caractère.

— Que dirai-je de l'amour? répondit l'Invité. C'est le
nom qu'on donne à la douleur pour consoler ceux qui
souffrent. Il n'y a que deux manières d'être malheureux :
ou désirer ce qu'on n'a pas, ou posséder ce qu'on désirait.
L'amour commence par la première et c'est par la seconde

qu'il s'achève, dans le cas le plus lamentable c'est-à-dire
dès qu'il réussit. Que les dieux nous sauvent d'aimer!

— Mais posséder par surprise, dit en souriant Philodème, n'est-ce pas là le vrai bonheur?

— Quelle rareté!

— Non pas, — si l'on y prend garde. Ecoute ceci, Naucratès : ne pas désirer, mais faire en sorte que l'occasion
se présente; ne pas aimer, mais chérir de loin quelques
personnes très choisies pour qui l'on pressent qu'à la
longue on pourrait avoir du goût si le hasard et les circonstances faisaient qu'on disposât d'elles; ne jamais
parer une femme des qualités qu'on lui souhaite, ni des
beautés dont elle fait mystère, mais présumer le fade pour
s'étonner de l'exquis, n'est-ce pas le meilleur conseil qu'un
sage puisse donner aux amants? Ceux-là seuls ont vécu
heureux qui ont su ménager parfois dans leur existence
si chère l'inappréciable pureté de quelques jouissances im-
prévues. »

*

Le deuxième service touchait à sa fin. On avait servi
des faisans, des attagas, une magnifique porphyris bleue
et rouge, et un cygne avec toutes ses plumes, qu'on avait
cuit en quarante-huit heures pour ne pas lui roussir les
ailes. On vit, sur des plats recourbés, des phlexides, des
onocrotales, un paon blanc, qui semblait couver dix-huit
spermologues rôtis et lardés, enfin assez de victuailles pour
nourrir cent personnes des reliefs qui furent laissés, quand
les morceaux de choix eurent été mis à part. Mais tout
cela n'était rien auprès du dernier plat.

Ce chef-d'œuvre (depuis longtemps on n'avait rien vu
de tel à Alexandrie) était un jeune porc, dont une moitié
avait été rôtie et l'autre cuite au bouillon. Il était impossible de distinguer par où il avait été tué, ni comment on
lui avait rempli le ventre de tout ce qu'il contenait. En
effet, il était farci de cailles rondes, de ventres de poules,
de mauviettes, de sauces succulentes, de tranches de vulve

et de hachis, toutes choses dont la présence dans l'animal intact paraissait inexplicable.

Il n'y eut qu'un cri d'admiration, et Faustine résolut de demander la recette. Phrasilas émit en souriant des sentences métaphoriques; Philodème improvisa un distique où le mot χοῖρος était pris tour à tour dans les deux sens, ce qui fit rire aux larmes Séso déjà grise; mais Bacchis ayant donné l'ordre de verser à la fois dans sept coupes sept vins rares à chaque convive, la conversation dégénéra.

Timon se tourna vers Bacchis :

« Pourquoi, demanda-t-il, avoir été si dure envers cette pauvre fille que je voulais amener? C'était une collègue cependant. A ta place, j'estimerais davantage une courtisane pauvre qu'une matrone riche.

— Tu es fou, dit Bacchis sans discuter.

— Oui, j'ai souvent remarqué qu'on tient pour aliénés ceux qui hasardent par exception des vérités éclatantes. Les paradoxes trouvent tout le monde d'accord.

— Voyons, mon ami, demande à tes voisins. Quel est l'homme bien né qui prendrait pour maîtresse une fille sans bijoux?

— Je l'ai fait », dit Philodème avec simplicité.

Et les femmes le méprisèrent.

« L'an dernier, continua-t-il, à la fin du printemps, comme l'exil de Cicéron me donnait des raisons de craindre pour ma propre sécurité, je fis un petit voyage. Je me retirai au pied des Alpes, dans un lieu charmant nommé Orobia, qui est sur les bords du petit lac Clisius. C'était un simple village, où il n'y avait pas trois cents femmes, et l'une d'elles s'était faite courtisane afin de protéger la vertu des autres. On connaissait sa maison à un bouquet de fleurs suspendu sur la porte, mais elle-même ne se distinguait pas de ses sœurs ou de ses cousines. Elle ignorait qu'il y eût des fards, des parfums et des cosmétiques, et des voiles transparents et des fers à friser. Elle ne savait

pas soigner sa beauté, en s'épilant avec de la résine
poissée, comme on arrache les mauvaises herbes dans une
cour de marbre blanc. On frémit de penser qu'elle marchait sans bottines, de sorte qu'on ne pouvait baiser ses
pieds nus comme on baise ceux de Faustine, plus doux
que des mains. Et pourtant je lui trouvais tant de charmes,
que près de son corps brun j'oubliai tout un mois Rome,
et l'heureuse Tyr, et Alexandrie. »

Naucratès approuva d'un signe de tête et dit après
avoir bu :

« Le grand événement de l'amour est l'instant où la
nudité se révèle. Les courtisanes devraient le savoir et
nous ménager des surprises. Or il semble au contraire
qu'elles mettent tous leurs efforts à nous désillusionner.
Y a-t-il rien de plus pénible qu'une chevelure flottante où
l'on voit les traces du fer chaud? rien de plus désagréable
que des joues peintes dont le fard s'attache au baiser?
rien de plus piteux qu'un œil crayonné dont le charbon
s'efface de travers? A la rigueur, j'aurais compris que les
femmes honnêtes usassent de ces moyens illusoires : toute
femme aime à s'entourer d'un cercle d'hommes amoureux,
et celles-là du moins ne s'exposent pas à des familiarités
qui démasqueraient leur naturel. Mais que des courtisanes, qui ont le lit pour but et pour ressource, ne crai-
gnent pas de s'y montrer moins belles que dans la rue,
voilà qui est inconcevable.

— Tu n'y connais rien, Naucratès, dit Chrysis avec un
sourire. Je sais qu'on ne retient pas un amant sur vingt;
mais on ne séduit pas un homme sur cinq cents, et avant
de plaire au lit, il faut plaire dans la rue. Personne ne
nous verrait passer si nous ne mettions ni rouge ni noir.
La petite paysanne dont parle Philodème n'a pas eu de
peine à l'attirer puisqu'elle était seule dans son village;
il y a quinze mille courtisanes ici, c'est une autre concurrence.

— Ne sais-tu pas que la beauté pure n'a besoin d'aucun
ornement et se suffit à elle-même?

— Oui. Eh bien, fais concourir une beauté pure, comme tu dis, et Gnathène qui est laide et vieille. Mets la première en tunique trouée aux derniers gradins du théâtre et la seconde dans sa robe d'étoiles aux places retenues par ses esclaves, et note leurs prix à la sortie : on donnera huit oboles à la beauté pure et deux mines à Gnathène.

— Les hommes sont bêtes, conclut Séso.

— Non, mais simplement paresseux. Ils ne se donnent pas la peine de choisir leurs maîtresses. Les plus aimées sont les plus menteuses.

— Que si, insinua Phrasilas, que si d'une part je louerais volontiers... »

Et il soutint avec un grand charme deux thèses dépourvues de tout intérêt.

*

Une à une, douze danseuses parurent, les deux premières jouant de la flûte et la dernière du tambourin, les autres claquant des crotales. Elles assurèrent leurs bandelettes, frottèrent de résine blanche leurs petites sandales, attendirent, les bras étendus, que la musique commençât... Une note... deux notes... une gamme lydienne... et sur un rythme léger les douze jeunes filles s'élancèrent.

Leur danse était voluptueuse, molle et sans ordre apparent, bien que toutes les figures en fussent réglées d'avance. Elles évoluaient dans un petit espace; elles se mêlaient comme des flots. Bientôt, elles se formèrent par couples, et, sans interrompre leur pas, elles dénouèrent leurs ceintures et laissèrent choir leurs tuniques roses. Une odeur de femmes nues se répandit autour des hommes, dominant le parfum des fleurs et le fumet des viandes entrouvertes. Elles se renversaient avec des mouvements brusques, le ventre tendu, les bras sur les yeux. Puis elles se redressaient en creusant les reins, et leurs corps se touchaient en passant, du bout de leurs poitrines

secouées. Timon eut la main caressée par une cuisse fugi-
tive et chaude.

« Qu'en pense notre ami? dit Phrasilas de sa voix frêle.

— Je me sens parfaitement heureux, répondit Timon.
Je n'ai jamais compris si clairement que ce soir la mission
suprême de la femme.

— Et quelle est-elle?

— Se prostituer, avec ou sans art.

— C'est une opinion.

— Phrasilas, encore un coup, nous savons qu'on ne
peut rien prouver; bien plus, nous savons que rien n'existe
et que cela même n'est pas certain. Ceci dit pour mémoire et afin de satisfaire à ta célèbre manie, permets-moi
d'avoir une thèse à la fois contestable et rebattue, comme
elles le sont toutes, mais intéressante pour moi, qui l'affirme, et pour la majorité des hommes, qui la nie. En
matière de pensée, l'originalité est un idéal encore plus
chimérique que la certitude. Tu n'ignores pas cela.

— Donne-moi du vin de Lesbos, dit Séso à l'esclave. Il
est plus fort que l'autre.

— Je prétends, reprit Timon, que la femme mariée, en
se dévouant à un homme qui la trompe, en se refusant
à tout autre (ou en ne s'accordant que de rares adultères,
ce qui revient au même), en donnant le jour à des enfants
qui la déforment avant de naître et l'accaparent quand
ils sont nés, — je prétends qu'en vivant ainsi une femme
perd sa vie sans mérite, et que le jour de son mariage la
jeune fille fait un marché de dupe.

— Elle croit obéir à un devoir, dit Naucratès sans
conviction.

— Un devoir? et envers qui? N'est-elle pas libre de
régler elle-même une question qui la regarde seule? Elle
est femme, et en tant que femme elle est généralement peu
sensible aux plaisirs intellectuels : et non contente de
rester étrangère à la moitié des joies humaines, elle s'interdit par le mariage l'autre face de la volupté! Ainsi une

jeune fille peut se dire, à l'âge où elle est toute ardeur :
« Je connaîtrai mon mari, plus dix amants, peut-être
douze », et croire qu'elle mourra sans avoir rien regretté?
Trois mille femmes pour moi ce ne sera pas assez, le jour
où je quitterai la vie.

— Tu es ambitieux, dit Chrysis.

— Mais de quel encens, de quels vers dorés, s'écria le
doux Philodème, ne devons-nous pas louer à jamais les
bienfaisantes courtisanes! Grâce à elles nous échappons
aux précautions compliquées, aux jalousies, aux strata-
gèmes, aux battements de cœur de l'adultère. Ce sont elles
qui épargnent les attentes sous la pluie, les échelles bran-
lantes, les portes secrètes, les rendez-vous interrompus et
les lettres interceptées et les signaux mal compris. O chères
têtes, que je vous aime! Avec vous, point de siège à faire :
pour quelques petites pièces de monnaie vous nous donnez,
et au-delà, ce qu'une autre saurait mal nous accorder
comme une grâce après les trois semaines de rigueur.
Pour vos âmes éclairées, l'amour n'est pas un sacrifice,
c'est une faveur égale qu'échangent deux amants; aussi
les sommes qu'on vous confie ne servent pas à compenser
vos inappréciables tendresses, mais à payer au juste prix
le luxe multiple et charmant dont, par une suprême
complaisance, vous consentez à prendre soin, et où vous
endormez chaque soir nos exigeantes voluptés. Comme
vous êtes innombrables, nous trouvons toujours parmi vous
et le rêve de notre vie et le caprice de notre soirée, toutes
les femmes au jour le jour, des cheveux de toutes les
nuances, des prunelles de toutes les teintes, des lèvres de
toutes les saveurs. Il n'y a pas d'amour sous le ciel, si
pur que vous ne sachiez feindre, ni si rebutant que vous
n'osiez proposer. Vous êtes douces aux disgracieux, conso-
latrices aux affligés, hospitalières à tous, et belles, et
belles! C'est pourquoi je vous le dis, Chrysis, Bacchis, Séso,
Faustine, c'est une juste loi des dieux qui décerne aux
courtisanes l'éternel désir des amants, et l'éternelle envie
des épouses vertueuses. »

Les danseuses ne dansaient plus.

Une jeune acrobate venait d'entrer, qui jonglait avec des poignards et marchait sur les mains entre des lames dressées.

Comme l'attention des convives était tout entière attirée par le jeu dangereux de l'enfant, Timon regarda Chrysis, et peu à peu, sans être vu, il s'allongea derrière elle jusqu'à la toucher des pieds et de la bouche.

« Non, disait Chrysis à voix basse, non, mon ami. »

Mais il avait glissé son bras autour d'elle par la fente large de sa robe, et il caressait avec soin la belle peau brûlante et fine de la courtisane couchée.

« Attends, supplia-t-elle. Ils nous découvriront. Bacchis se fâchera. »

Un regard suffit au jeune homme pour le convaincre qu'on ne l'observait pas. Il s'enhardit jusqu'à une caresse après laquelle les femmes résistent rarement quand elles ont permis qu'on aille jusque-là. Puis, pour éteindre par un argument décisif les derniers scrupules de la pudeur mourante, il mit sa bourse dans la main qui se trouvait, par hasard, ouverte.

Chrysis ne se défendit plus.

Cependant, la jeune acrobate continuait ses tours subtils et périlleux. Elle marchait sur les mains, la jupe retournée, les pieds pendants en avant de la tête, entre des épées tranchantes et de longues pointes aiguës. L'effort de sa posture scabreuse et peut-être aussi la peur des blessures faisaient affluer sous ses joues un sang chaleureux et foncé qui exaltait encore l'éclat de ses yeux ouverts. Sa taille se pliait et se redressait. Ses jambes s'écartaient comme des bras de danseuse. Une respiration inquiète animait sa poitrine nue.

« Assez, dit Chrysis d'une voix brève; tu m'as énervée, rien de plus. Laisse-moi. Laisse-moi. »

Et, au moment où les deux Ephésiennes se levaient pour jouer, selon la tradition, la *Fable d'Hermaphrodite*, elle se laissa glisser du lit et sortit fébrilement.

III

La porte à peine refermée, Chrysis appuya la main sur le centre enflammé de son désir comme on presse un point douloureux pour atténuer des élancements. Puis elle s'épaula contre une colonne et tordit ses doigts en criant tout bas.

Elle ne saurait donc jamais rien!

À mesure que les heures passaient, l'improbabilité de sa réussite augmentait, éclatait pour elle. Demander brusquement le miroir, c'était un moyen bien osé de connaître la vérité. Au cas où il eût été pris, elle attirait tous les soupçons sur elle, et se perdait. D'autre part, elle ne pouvait plus rester là sans parler; c'était par impatience qu'elle avait quitté la salle.

Les maladresses de Timon n'avaient fait qu'exaspérer sa rage muette jusqu'à une surexcitation tremblante qui la força d'appliquer son corps contre la fraîche colonne lisse et monstrueuse.

Elle pressentit une crise et eut peur.

Elle appela l'esclave Arêtias :

« Garde-moi mes bijoux; je sors. »

Et elle descendit les sept marches.

La nuit était chaude. Pas un souffle dans l'air n'éven-

tait sur son front ses lourdes gouttes de sueur. La désil-
lusion qu'elle en eut accrut son malaise et la fit chan-
celer.

Elle marcha en suivant la rue.

La maison de Bacchis était située à l'extrémité de
Brouchion, sur la limite de la ville indigène, Rhacotis,
énorme bouge de matelots et d'Egyptiennes. Les pêcheurs,
qui dormaient sur les vaisseaux à l'ancre pendant l'acca-
blante chaleur du jour, venaient passer là leurs nuits
jusqu'à l'aube et laissaient pour une ivresse double, aux
filles et aux vendeurs de vin, le prix des poissons de la
veille.

Chrysis s'engagea dans les ruelles de cette Suburre
alexandrine, pleine de voix, de mouvement et de musique
barbare. Elle regardait furtivement, par les portes ouvertes, les salles empestées par la fumée des lampes, où
s'unissaient des couples nus. Aux carrefours, sur des tré-
teaux bas rangés devant les maisons, des paillasses multicolores criaient et fluctuaient dans l'ombre, sous un double
poids humain. Chrysis marchait avec trouble. Une femme
sans amant la sollicita. Un vieillard lui tâta le sein. Une
mère lui offrit sa fille. Un paysan béat lui baisa la nuque.
Elle fuyait, dans une sorte de crainte rougissante.

Cette ville étrangère dans la ville grecque était, pour
Chrysis, pleine de nuit et de dangers. Elle en connaissait
mal l'étrange labyrinthe, la complexité des rues, le secret
de certaines maisons. Quand elle s'y hasardait, de loin en
loin, elle suivait toujours le même chemin direct vers une
petite porte rouge; et là, elle oubliait ses amants ordi-
naires dans l'étreinte infatigable d'un jeune ânier aux
longs muscles qu'elle avait la joie de payer à son tour.

Mais ce soir-là, sans même avoir tourné la tête, elle se
sentit suivre par un double pas.

Elle pressa vivement sa marche. Le double pas se pressa
de même. Elle se mit à courir; on courut derrière elle;

alors, affolée, elle prit une autre ruelle, puis une autre
en sens contraire, puis une longue voie qui montait dans
une direction inconnue.

La gorge sèche, les tempes gonflées, soutenue par le vin
de Bacchis, elle fuyait ainsi, tournait de droite à gauche,
toute pâle, égarée.

Enfin un mur lui barra la route : elle était dans une
impasse. A la hâte elle voulut retourner en arrière, mais
deux matelots aux mains brunes lui barrèrent le passage.

« Où vas-tu, fléchette d'or? dit l'un d'eux en riant.

— Laissez-moi passer!

— Hein? tu es perdue, jeune fille, tu ne connais pas
bien Rhacotis, dis donc? Nous allons te montrer la ville. »

Et ils la prirent tous les deux par la ceinture. Elle cria,
se débattit, lança un coup de poing, mais le second matelot lui saisit les deux mains à la fois dans sa main gauche
et dit seulement :

« Tiens-toi tranquille. Tu sais qu'on n'aime pas les
Grecs ici; personne ne viendra t'aider.

— Je ne suis pas Grecque!

— Tu mens, tu as la peau blanche et le nez droit.
Laisse-toi faire si tu crains le bâton. »

Chrysis regarda celui qui parlait, et soudain lui sauta
au cou.

« Je t'aime toi, je te suivrai, dit-elle.

— Tu nous suivras tous les deux. Mon ami en aura sa
part. Marche avec nous; tu ne t'ennuieras pas. »

Où la conduisaient-ils? Elle n'en savait rien; mais ce
second matelot lui plaisait par sa rudesse, par sa tête
de brute. Elle le considérait du regard imperturbable
qu'ont les jeunes chiennes devant la viande. Elle pliait son
corps vers lui, pour le toucher en marchant.

D'un pas rapide, ils parcoururent des quartiers étranges,
sans vie, sans lumières. Chrysis ne comprenait pas comment ils trouvaient leur chemin dans ce dédale nocturne

d'où elle n'aurait pu sortir seule, tant les ruelles en étaient bizarrement compliquées. Les portes closes, les fenêtres vides, l'ombre immobile l'effrayaient. Au-dessus d'elle, entre les maisons rapprochées, s'étendait un ruban de ciel pâle, envahi par le clair de lune.

Enfin ils rentrèrent dans la vie. A un tournant de rue, subitement, huit, dix, onze lumières apparurent, portes éclairées où se tenaient accroupies de jeunes femmes Nabatéennes, entre deux lampes rouges qui éclairaient d'en bas leurs têtes chaperonnées d'or.

Dans le lointain, ils entendaient grandir un murmure d'abord, puis un retentissement de chariots, de ballots jetés, de pas d'ânes et de voix humaines. C'était la place de Rhacotis, où se concentraient, pendant le sommeil d'Alexandrie, toutes les provisions amassées pour la nourriture de neuf cent mille bouches en un jour.

Ils longèrent les maisons de la place, entre des monceaux verts, légumes, racines de lôtos, fèves luisantes, paniers d'olives. Chrysis, dans un tas violet, prit une poignée de mûres et les mangea sans s'arrêter. Enfin ils s'arrêtèrent devant une porte basse, et les matelots descendirent avec celle pour qui on avait volé les Vraies Perles de l'Anadyomène.

Une salle immense était là. Cinq cents hommes du peuple, en attendant le jour, buvaient des tasses de bière jaune, mangeaient des figues, des lentilles, des gâteaux de sésame, du pain d'olyra. Au milieu d'eux grouillaient une cohue de femmes glapissantes, tout un champ de cheveux noirs et de fleurs multicolores dans une atmosphère de feu. C'étaient de pauvres filles sans foyer, qui appartenaient à tous. Elles venaient là mendier des restes, pieds nus, seins nus, à peine couvertes d'une loque rouge ou bleue sur le ventre, et la plupart portant dans le bras gauche un enfant enveloppé de chiffons. Là aussi, il y avait des danseuses, six Egyptiennes sur une estrade, avec un orchestre de trois musiciens dont les deux premiers frappaient des tambourins de peau avec des baguettes, tandis que le troisième agitait un grand sistre d'airain sonore.

« Oh! des bonbons de myxaire! » dit Chrysis avec joie.

Et elle en acheta pour deux chalques à une petite fille vendeuse.

Mais soudain elle défaillit, tant l'odeur de ce bouge était insoutenable, et les matelots l'emportèrent sur leurs bras.

A l'air extérieur, elle se remit un peu :

« Où allons-nous? supplia-t-elle. Faisons vite; je ne puis plus marcher. Je ne vous résiste pas, vous le voyez, je suis bonne. Mais trouvons un lit le plus tôt possible, ou sinon je vais tomber dans la rue. »

IV

QUAND elle se retrouva devant la porte de Bacchis, elle
était envahie de la sensation délicieuse que donnent le
répit du désir et le silence de la chair. Son front s'était
allégé. Sa bouche s'était adoucie. Seule, une douleur
intermittente errait encore au creux de ses reins. Elle
monta les marches et passa le seuil.

Depuis que Chrysis avait quitté la salle, l'orgie s'était
développée comme une flamme.

D'autres amis étaient rentrés, pour qui les douze danseuses nues avaient été une proie facile. Quarante couronnes meurtries jonchaient de fleurs le sol. Une outre
de vin de Syracuse s'était répandue dans un coin, fleuve
doré qui gagnait la table.

Philodème, auprès de Faustine, dont il déchirait la
robe, lui récitait en chantant les vers qu'il avait faits sur
elle :

« O pieds, disait-il, ô cuisses douces, reins profonds,
croupe ronde, figure fendue, hanches, épaules, seins,
nuque mobile, ô vous qui m'affolez, mains chaudes, mouvements experts, langue active! Tu es Romaine, tu es
trop brune et tu ne chantes pas les vers de Sapphô; mais
Persée lui aussi a été l'amant de l'Indienne Andromède (1). »

(1) Philodème, AP. V. 132.

Cependant, Séso, sur la table, couchée à plat ventre au milieu des fruits écroulés et complètement égarée par les vapeurs du vin d'Egypte, trempait le bout de son sein droit dans un sorbet à la neige et répétait avec un attendrissement comique :

« Bois, mon petit. Tu as soif. Bois, mon petit. Bois. Bois. Bois. »

Aphrodisia, encore esclave, triomphait dans un cercle d'hommes et fêtait sa dernière nuit de servitude par une débauche désordonnée. Pour obéir à la tradition de toutes les orgies alexandrines, elle s'était livrée tout d'abord, à trois amants à la fois; mais sa tâche ne se bornait pas là, et jusqu'à la fin de la nuit, selon la loi des esclaves qui devenaient courtisanes, elle devait prouver par un zèle incessant que sa nouvelle dignité n'était point usurpée.

Seuls, debout derrière une colonne, Naucratès et Phrasilas discutaient avec courtoisie sur la valeur respective d'Arcésilas et de Carnéade.

A l'autre extrémité de la salle, Myrtocleia protégeait Rhodis contre un convive trop pressant.

Dès qu'elles virent entrer Chrysis, les deux Ephésiennes coururent à elle.

« Allons-nous-en, ma Chrysé. Théano reste; mais nous partons.

— Je reste aussi », dit la courtisane.

Et elle s'étendit à la renverse sur un grand lit couvert de roses.

Un bruit de voix et de pièces jetées attira son attention : c'était Théano qui, pour parodier sa sœur, avait imaginé, au milieu des rires et des cris, de jouer par dérision la *Fable de Danaé* en affectant une volupté folle à chaque pièce d'or qui la pénétrait. L'impiété provocante de l'enfant couchée amusait tous les convives, car on n'était plus au temps où la foudre eût exterminé les railleurs de l'Immortel. Mais le jeu se dévoya, comme on pouvait le craindre. Un maladroit blessa la pauvre petite, qui se mit à pleurer bruyamment.

Pour la consoler, il fallut inventer un nouveau divertissement. Deux danseuses firent glisser au milieu de la salle un vaste cratère de vermeil rempli de vin jusqu'aux bords, et quelqu'un saisissant Théano par les pieds la fit boire, la tête en bas, secouée par un éclat de rire qu'elle ne pouvait plus calmer.

Cette idée eut un tel succès que tout le monde se rapprocha, et quand la joueuse de flûte fut remise debout, quand on vit son petit visage enflammé par la congestion et ruisselant de gouttes de vin, une gaieté si générale gagna tous les assistants que Bacchis dit à Séléné :

« Un miroir! un miroir! qu'elle se voie ainsi! »

L'esclave apporta un miroir de bronze.

« Non! pas celui-là. Le miroir de Rhodopis! Elle en vaut la peine. »

D'un seul bond, Chrysis s'était redressée.

Un flot de sang lui monta aux joues, puis redescendit, et elle resta parfaitement pâle, la poitrine heurtée par des battements de cœur, les yeux fixés sur la porte par où l'esclave était sortie.

Cet instant décidait de toute sa vie. La dernière espérance qui lui fût restée allait s'évanouir ou se réaliser.

Autour d'elle, la fête continuait. Une couronne d'iris, lancée on ne savait d'où, vint s'appliquer sur sa bouche et lui laissa aux lèvres l'âcre goût du pollen. Un homme répandit sur ses cheveux une petite fiole de parfum qui coula trop vite en lui mouillant l'épaule. Les éclaboussures d'une coupe pleine où l'on jeta une grenade tachèrent sa tunique de soie et pénétrèrent jusqu'à sa peau. Elle portait magnifiquement toutes les souillures de l'orgie.

L'esclave sortie ne revenait pas.

Chrysis gardait sa pâleur de pierre et ne bougeait pas

plus qu'une déesse sculptée. La plainte rythmique et monotone d'une femme en amour non loin de là lui mesurait le temps écoulé. Il lui sembla que cette femme gémissait depuis la veille. Elle aurait voulu tordre quelque chose, se casser les doigts, crier.

Enfin Séléné rentra, les mains vides.

« Le miroir? demanda Bacchis.

— Il est... il n'est plus là... il est... il est... volé », balbutia la servante

Bacchis poussa un cri si aigu que tous se turent, et un silence effrayant suspendit brusquement le tumulte.

De tous les points de la vaste salle, hommes et femmes se rapprochèrent : il n'y eut plus qu'un petit espace vide où se tenait Bacchis égarée devant l'esclave tombée à genoux.

« Tu dis!... tu dis!... » hurla-t-elle.

Et comme Séléné ne répondait pas, elle la prit violemment par le cou :

« C'est toi qui l'as volé, n'est-ce pas? c'est toi? mais réponds donc! Je te ferai parler à coups de fouet, misérable petite chienne! »

Alors il se passa une chose terrible. L'enfant, effarée par la peur, la peur de souffrir, la peur de mourir, l'effroi le plus présent qu'elle eût jamais connu, dit d'une voix précipitée :

« C'est Aphrodisia! Ce n'est pas moi! ce n'est pas moi.

— Ta sœur!

— Oui! oui! dirent les mulâtresses, c'est Aphrodisia qui l'a pris! »

Et elles traînèrent à Bacchis leur sœur qui venait de s'évanouir.

V

LA CRUCIFIÉE

Toutes ensemble, elles répétèrent :

« C'est Aphrodisia qui l'a pris! Chienne! Chienne! Pourriture! Voleuse! »

Leur haine pour la sœur préférée se doublait de leurs craintes personnelles.

Arêtias la frappa du pied dans la poitrine.

« Où est-il? reprit Bacchis. Où l'as-tu mis?

— Elle l'a donné à son amant.

— Qui est-ce?

— Un matelot opique.

— Où est son navire?

— Il est reparti ce soir pour Rome. Tu ne le reverras plus, le miroir. Il faut la crucifier, la bête sanglante!

— Ah! Dieux! Dieux! » pleura Bacchis

Puis sa douleur se changea en une grande colère affolée.

Aphrodisia était revenue à elle, mais, paralysée par l'effroi et ne comprenant rien à ce qui se passait, elle restait sans voix et sans larmes.

Bacchis l'empoigna par les cheveux, la traîna sur le sol souillé, dans les fleurs et les flaques de vin, et cria :

« En croix! en croix! cherchez les clous! cherchez le marteau!

— Oh! dit Séso à sa voisine. Je n'ai jamais vu cela. Suivons-les. »

Tous suivirent en se pressant. Et Chrysis suivit elle

aussi, qui seule connaissait le coupable, et seule était
cause de tout.

Bacchis alla directement dans la chambre des esclaves,
salle carrée, meublée de trois matelas où elles dormaient
deux à deux à partir de la fin des nuits. Au fond s'élevait,
comme une menace toujours présente, une croix en forme
de T, qui jusqu'alors n'avait pas servi.

Au milieu du murmure confus des jeunes femmes et
des hommes, quatre esclaves haussèrent la martyre au
niveau des branches de la croix.

Encore pas un son n'était sorti de sa bouche, mais
quand elle sentit contre son dos nu le froid de la poutre
rugueuse, ses longs yeux s'écarquillèrent, et il lui prit un
gémissement saccadé qui ne cessa plus jusqu'à la fin.

Elles la mirent à cheval sur un piquet de bois qui était
fiché au milieu du tronc et qui servait à supporter le
corps pour éviter le déchirement des mains.

Puis on lui ouvrit les bras.

Chrysis regardait, et se taisait. Que pouvait-elle dire?
Elle n'aurait pu disculper l'esclave qu'en accusant Démétrios, qui était hors de toute poursuite, et se serait cruel-
lement vengé, pensait-elle. D'ailleurs, une esclave était
une richesse, et l'ancienne rancune de Chrysis se plaisait
à constater que son ennemie allait ainsi détruire de ses
propres mains une valeur de trois mille drachmes aussi
complètement que si elle eût jeté les pièces d'argent dans
l'Eunoste. Et puis la vie d'un être servile valait-elle qu'on
s'en occupât?

Héliope tendit à Bacchis le premier clou avec le marteau, et le supplice commença.

L'ivresse, le dépit, la colère, toutes les passions à la
fois, même cet instinct de cruauté qui séjourne au cœur
de la femme, agitaient l'âme de Bacchis au moment où elle
frappa, et elle poussa un cri presque aussi perçant que
celui d'Aphrodisia quand, dans la paume ouverte, le clou
se tordit.

Elle cloua la deuxième main. Elle cloua les pieds l'un sur l'autre. Puis, excitée par les sources de sang qui s'échappaient des trois blessures, elle s'écria :

« Ce n'est pas assez! Tiens! voleuse! truie! fille à matelots! »

Elle enlevait l'une après l'autre les longues épingles de ses cheveux et les plantait avec violence dans la chair des seins, du ventre et des cuisses. Quand elle n'eut plus d'armes dans les mains, elle souffleta la malheureuse et lui cracha sur la peau.

Quelque temps elle considéra l'œuvre de sa vengeance accomplie, puis elle rentra dans la grande salle avec tous les invités.

Phrasilias et Timon, seuls, ne la suivirent pas.

*

Après un instant de recueillement, Phrasilas toussa quelque peu, mit sa main droite dans sa main gauche, leva la tête, haussa les sourcils et s'approcha de la crucifiée que secouait sans interruption un tremblement épouvantable.

« Bien que je sois, lui dit-il, en maintes circonstances, opposé aux théories qui veulent se dire absolues, je ne saurais méconnaître que tu gagnerais, dans la conjoncture où tu te trouves surprise, à être familiarisée d'une façon plus sérieuse avec les maximes stoïciennes. Zénon, qui ne semble pas avoir eu en toutes choses un esprit exempt d'erreur, nous a laissé quelques sophismes sans grande portée générale, mais dont tu pourrais tirer profit dans le dessein particulier de calmer tes derniers moments. La douleur, disait-il, est un mot vide de sens, puisque notre volonté surpasse les imperfections de notre corps périssable. Il est vrai que Zénon mourut à quatre-vingt-dix-huit ans, sans avoir eu, disent les biographes, aucune maladie, même légère; mais ce n'est pas une objection dont on puisse arguer contre lui, car du fait qu'il sut garder une

santé inaltérable, nous ne pouvons conclure logiquement
qu'il eût manqué de caractère s'il se fût trouvé malade.
D'ailleurs ce serait un abus que d'astreindre les philosophes à pratiquer personnellement les règles de vie qu'ils
proposent, et à cultiver sans répit les vertus qu'ils jugent
supérieures. Bref, et pour ne pas développer outre mesure
un discours qui risquerait de durer plus que toi-même,
efforce-toi d'élever ton âme, autant qu'il est en elle, ma
chère, au-dessus de tes souffrances physiques. Quelque
tristes, quelque cruelles que tu les puisses ressentir, je te
prie d'être persuadée que j'y prends une part véritable.
Elles touchent à leur fin; prends patience, oublie. Entre
les diverses doctrines qui nous attribuent l'immortalité,
voici l'heure où tu peux choisir celle qui endormira le
mieux ton regret de disparaître. Si elles disent vrai, tu
auras éclairé même les affres du passage. Si elles mentent,
que t'importe? tu ne sauras jamais que tu t'es trompée. »

    Ayant parlé ainsi, Phrasilas rejusta le pli de son vête-
ment sur l'épaule et s'esquiva, d'un pas troublé.

    Timon resta seul dans la chambre avec l'agonisante en
croix.
    Le souvenir d'une nuit passée sur les seins de cette
malheureuse ne quittait plus sa mémoire, mêlé à l'idée
atroce de la pourriture imminente où allait fondre ce
beau corps qui avait brûlé dans ses bras.
    Il pressait la main sur ses yeux pour ne pas voir la
suppliciée, mais sans relâche il *entendait* le tremblement
du corps sur la croix.
    A la fin il regarda. De grands réseaux de filets sanglants
s'entrecroisaient sur la peau depuis les épingles de la
poitrine jusqu'aux orteils recroquevillés. La tête tournait
perpétuellement. Toute la chevelure pendait du côté
gauche, mouillée de sang, de sueur et de parfum.
    « Aphrodisia! m'entends-tu? me reconnais-tu? c'est moi,
Timon; Timon. »

Un regard presque aveugle déjà l'atteignit pour un instant. Mais la tête tournait toujours. Le corps ne cessait pas de trembler.

Doucement, comme s'il craignait que le bruit de ses pas lui fît mal, le jeune homme s'avança jusqu'au pied de la croix. Il tendit les bras en avant, il prit avec précaution la tête sans force et tournoyante entre ses deux mains fraternelles, écarta pieusement le long des joues les cheveux collés par les larmes et posa sur les lèvres chaudes un baiser d'une tendresse infinie.

Aphrodisia ferma les yeux. Reconnut-elle celui qui venait enchanter son horrible fin par ce mouvement de pitié aimante? Un sourire inexprimable allongea ses paupières bleues, et dans un soupir elle rendit l'esprit.

VI

ENTHOUSIASME

Ainsi, la chose était faite. Chrysis en avait la preuve.

Si Démétrios s'était résolu à commettre le premier crime, les deux autres avaient dû suivre sans délai. Un homme de son rang devait considérer le meurtre et même le sacrilège comme moins déshonorants que le vol.

Il avait obéi, donc il était captif. Cet homme libre, impassible, froid, subissait lui aussi l'esclavage, et sa maîtresse, sa dominatrice, c'était elle, Chrysis, Sarah du pays de Génézareth.

Ah! songer à cela, le répéter, le dire tout haut, être seule! Chrysis se précipita hors de la maison retentissante et courut vivement, droit devant elle, désaltérée en plein visage par la brise enfin rafraîchie du matin.

Elle suivit jusqu'à l'Agora la rue qui menait à la mer et au bout de laquelle se pressaient comme des épis gigantesques les mâtures de huit cents vaisseaux. Puis elle tourna à droite, devant l'immense avenue du Drôme où se trouvait la demeure de Démétrios. Un frisson d'orgueil l'enveloppa quand elle passa devant les fenêtres de son futur amant; mais elle n'eut pas la maladresse de chercher à le voir la première. Elle parcourut la longue voie jusqu'à la porte de Canope et se jeta sur la terre entre deux aloès.

Il avait fait cela. Il avait fait tout pour elle, plus qu'aucun amant n'avait fait pour aucune femme, sans doute. Elle ne se lassait pas de le redire et d'affirmer son triomphe. Démétrios, le Bien-Aimé, le rêve impossible et inespéré de tant de cœurs féminins, s'était exposé pour elle à tous les périls, à toutes les hontes, à tous les remords, volontiers. Même il avait renié l'idéal de sa pensée, il avait dépouillé son œuvre du collier miraculeux, et ce jour-là, dont l'aube se levait, verrait l'amant de la déesse aux pieds de sa nouvelle idole.

« Prends-moi! prends-moi! » s'écria-t-elle. Elle l'adorait maintenant. Elle l'appelait, elle le souhaitait. Les trois crimes, dans son esprit, se métamorphosaient en actions héroïques, pour lesquelles jamais, en retour, elle n'aurait assez de tendresses, assez de passion à donner. De quelle incomparable flamme brûlerait donc cet amour unique de deux êtres également jeunes, également beaux, également aimés l'un par l'autre et réunis pour toujours après tant d'obstacles franchis!

Tous les deux ils s'en iraient, ils quitteraient la ville de la Reine, ils feraient voile pour des pays mystérieux, pour Amathonte, pour Epidaure, ou même pour cette Rome inconnue qui était la seconde ville du monde après l'immense Alexandrie, et qui entreprenait de conquérir la Terre. Que ne feraient-ils pas, où qu'ils fussent! Quelle joie leur serait étrangère, quelle félicité humaine n'envierait pas la leur et ne pâlirait point devant leur passage enchanté!

Chrysis se releva dans un éblouissement. Elle étira les bras, serra les épaules, tendit son buste en avant. Une sensation de langueur et de joie grandissante gonflait sa poitrine durcie. Elle se remit en marche pour rentrer.

En ouvrant la porte de sa chambre, elle eut un mouvement de surprise à voir que rien, depuis la veille, n'avait changé sous son toit. Les menus objets de sa toilette, de

sa table, de ses étagères lui parurent insuffisants pour
entourer sa nouvelle vie. Elle en cassa quelques-uns qui
lui rappelaient trop directement d'anciens amants inutiles
et qu'elle prit en haine subite. Si elle épargna les autres,
ce ne fut pas qu'elle y tînt davantage, mais elle appré-
hendait de dégarnir sa chambre au cas où Démétrios eût
formé le projet d'y passer la nuit.

Elle se déshabilla lentement. Les vestiges de l'orgie
tombaient de sa tunique, miettes de gâteaux, cheveux,
feuilles de roses.

Elle assouplit avec la main sa taille desserrée de la
ceinture et plongea les doigts dans ses cheveux pour en
alléger l'épaisseur. Mais avant de se mettre au lit, il lui
prit une envie de se reposer un instant sur les tapis de
la terrasse, où la fraîcheur de l'air était si délicieuse.

Elle monta.

Le soleil était levé depuis quelques instants à peine. Il
reposait sur l'horizon comme une vaste orange élargie.

Un grand palmier au tronc courbe laissait retomber
par-dessus la bordure son massif de feuilles vertes. Chrysis
y réfugia sa nudité chatouilleuse et frissonna, les seins dans
les mains.

Ses yeux erraient sur la ville qui blanchissait peu à
peu. Les vapeurs violettes de l'aube s'élevaient des rues
silencieuses et s'évanouissaient dans l'air lucide.

Tout à coup, une idée jaillit dans son esprit, s'accrut,
s'imposa, la rendit folle : Démétrios, lui qui avait tant
fait déjà, pourquoi ne tuerait-il pas la reine, lui qui pouvait être le roi?

Et alors...

*

Et alors, cet océan monumental de maisons, de palais, de temples, de portiques, de colonnades, qui flottait devant ses yeux depuis la Nécropole de l'Ouest jusqu'aux jardins de la Déesse : Brouchion, la ville hellénique, éclatante et régulière; Rhacotis, la ville égyptienne devant laquelle se dressait comme une montagne acropolite le Paneion couvert de clarté; le Grand-Temple de Sérapis, dont la façade était cornue de deux longs obélisques roses; le Grand-Temple de l'Aphrodite environné par les murmures de trois cent mille palmiers et des flots innombrables; le Temple de Perséphone et le Temple d'Arsinoé, les deux sanctuaires de Poséidon, les trois tours d'Isis Pharis, les sept colonnes d'Isis Lochias, et le Théâtre et l'Hippodrome et le Stade où avait couru Psittacos contre Nicosthène, et le tombeau de Stratonice et le tombeau du dieu Alexandre, — Alexandrie! Alexandrie! la mer, les hommes, le colossal Phare de marbre dont le miroir sauvait les hommes de la mer; Alexandrie! la ville de Bérénice et des onze rois Ptolémées, le Physcon, le Philo-métor, l'Epiphane, le Philadelphe; Alexandrie, l'aboutissement de tous les rêves, la couronne de toutes les gloires conquises depuis trois mille ans dans Memphis, Thèbes, Athènes, Corinthe, par le ciseau, par le roseau, par le compas et par l'épée! — plus loin encore le Delta fendu par les sept langues du Nil, Saïs, Boubaste, Héliopolis; puis, en remontant vers le sud, le ruban de terre féconde, l'Heptanome où s'échelonnaient le long des berges du fleuve douze cents temples à tous les dieux; et, plus loin, la Thébaïde, Diospolis, l'île Eléphantine, les cataractes infranchissables, l'île d'Argo... Méroë... l'inconnu; et même, s'il était permis de croire aux traditions des Egyptiens, le pays des lacs fabuleux d'où s'échappe le Nil antique, si vastes qu'on perd l'horizon en traversant leurs flots de pourpre, et si élevés sur les montagnes que les

étoiles rapprochées s'y reflètent comme des fruits d'or,
— tout cela, tout, serait le royaume, le domaine, la pro-
priété de la courtisane Chrysis.

Elle éleva les bras en suffoquant, comme si elle pensait
pouvoir toucher le ciel.

Et dans ce mouvement elle vit passer, avec lenteur,
à sa gauche, un vaste oiseau aux ailes noires, qui s'en
allait vers la haute mer.

VII

CLÉOPÂTRE

La reine Bérénice avait une jeune sœur nommée Cléopâtre. Beaucoup d'autres princesses d'Egypte s'étaient
appelées du même nom, mais celle-ci fut plus tard la
grande Cléopâtre, qui assassina son empire et se tua sur
le cadavre.

Elle avait alors douze ans; et nul ne pouvait dire quelle
serait sa beauté. Son corps maigre et long, dans une
famille où toutes les femmes étaient grasses, déconcertait.
Elle mûrissait comme un fruit bâtard, de souches étrangères, obscures, surgreffées. Certains de ses traits étaient
violents comme ceux des Macédoniens; d'autres lui
semblaient venus du fond de la Nubie douce et brune,
car sa mère avait été une femme de race inférieure et
son origine restait douteuse. Sous un nez courbe, assez fin,
on s'étonnait de lui voir des lèvres presque épaisses. Ses
tout jeunes seins, très ronds, très petits et très séparés se
couronnaient de grosses aréoles en boule : par là elle était
fille du Nil.

La petite princesse habitait une chambre spacieuse,
ouverte sur la vaste mer, et unie à celle de la reine par
un vestibule à colonnes.

Elle y passait les heures nocturnes sur un lit de soie
bleuâtre où la peau de ses jeunes membres, déjà finement
teintée, prenait une coloration encore plus sombre.

Or dans la nuit où éclatèrent, très loin d'elle et de
ses pensées, tous les événements qu'on vient de lire,
Cléopâtre se leva bien avant l'aurore. Elle avait mal et
peu dormi, inquiète de sa puberté récente, dans l'extrême
chaleur de l'air.

Sans éveiller ses gardiennes, elle posa doucement ses
pieds sur le sol, y attacha des anneaux d'or, ceignit son
petit ventre brun avec un rang d'énormes perles et, ainsi
vêtue, sortit de la pièce.

Dans le vestibule monumental, les gardes, eux aussi,
dormaient, sauf un qui faisait sentinelle à la porte de
la reine.

Celui-là tomba sur les genoux et murmura en pleine
épouvante, comme s'il ne s'était jamais trouvé aux prises
avec un pareil conflit de devoirs et de périls :

« Princesse Cléopâtre, pardonne-moi... Je ne peux pas
te laisser passer. »

La petite se redressa, fronça violemment les sourcils,
donna un coup de poing sourd à la tempe du soldat et
lui dit à voix basse, mais avec une espèce de férocité :

« Toi, si tu me touches, je crie au viol et je te fais
couper en quatre! »

Puis elle entra, silencieuse, dans la chambre de la reine.

*

Bérénice dormait, la tête sur le bras, et la main pendante. Une lampe suspendue au-dessus du grand lit rouge
mêlait sa lueur faible à celle de la lune que réfléchissait
la blancheur des murs. La souple nudité de la jeune
femme baignait ses contours lumineux et vagues dans
une ombre légère, entre deux clartés.

Svelte et droite, Cléopâtre s'assit au bord du lit. Elle
prit le visage de sa sœur entre ses petites mains, l'éveilla
du geste et de la voix, disant :

« Pourquoi ton amant n'est-il pas avec toi? »

Bérénice ouvrit en sursaut des yeux admirables :

« Cléopâtre... Que fais-tu là?... Que me veux-tu? »

La petite répéta plus vivement :

« Pourquoi ton amant n'est-il pas avec toi?

— Il n'est pas...

— Mais non, tu le sais bien.

— C'est vrai... Il n'est jamais là... Oh! Cléopâtre, que tu es cruelle de m'éveiller et de me le dire.

— Et pourquoi n'est-il jamais là? »

Bérénice poussa un soupir de douleur :

« Je le vois quand il le veut... le jour... un instant.

— Tu ne l'as pas vu hier?

— Si... Je l'ai rencontré sur le chemin... J'étais dans ma litière. Il y est monté.

— Pas jusqu'au Palais.

— Non... pas tout à fait; mais presque à la porte je le voyais encore....

— Et tu lui as dit...

— Oh! j'étais furieuse... Je lui ai dit les choses les plus méchantes... oui, ma chérie.

— Vraiment? fit la petite avec ironie.

— Trop méchantes, sans doute, il ne m'a pas répondu... Au moment où j'étais toute rouge de colère, il m'a raconté une longue fable et, comme je ne l'ai pas bien comprise, je n'ai pas su comment lui répondre à mon tour... Il s'était glissé hors de la litière quand j'ai pensé à le retenir.

— Tu ne l'as pas fait rappeler?

— De peur de lui déplaire. »

Cléopâtre, soulevée d'indignation, prit sa sœur par les deux épaules, et lui parla, les yeux dans les yeux :

« Comment! tu es reine, tu es déesse d'un peuple, tu possèdes une moitié du monde, tout ce qui n'est pas Rome est à toi, tu règnes sur le Nil et sur toute la mer, tu règnes même sur le ciel puisque tu parles aux dieux de plus près que personne, et tu ne peux pas régner sur l'homme que tu aimes?

— Régner... dit Bérénice en baissant la tête, c'est facile à dire, mais, vois-tu, on ne règne pas sur un amant comme sur un esclave.

— Et pourquoi pas?

— Parce que... mais tu ne peux pas comprendre... Aimer, c'est préférer le bonheur d'un autre à celui que jadis on voulait pour soi-même... Si Démétrios est content je le serai, même en larmes, et loin de lui... Je ne puis pas désirer une joie qui ne soit pas en même temps la sienne, et je me sens bienheureuse de tout ce que je lui donne.

— Tu ne sais pas aimer », dit l'enfant.

Bérénice lui jeta un sourire attristé, puis elle étendit ses deux bras raidis de chaque côté de sa couche et gonfla sa poitrine en cambrant les reins :

« Ah! petite vierge présomptueuse! soupira-t-elle. Quand tu te seras évanouie pour la première fois au milieu d'une étreinte aimante, alors tu comprendras pourquoi on n'est jamais la reine de l'homme qui vous la donne.

— On l'est quand on le veut.

— Mais on ne peut plus vouloir.

— Moi je le peux bien! pourquoi ne pourrais-tu pas, toi qui es mon aînée? »

Bérénice sourit de nouveau.

« Et sur qui, ma petite fille, exerces-tu ton énergie? sur laquelle de tes poupées?

— Sur mon amant! » dit Cléopâtre.

Puis, sans attendre que la stupéfaction de sa sœur eût trouvé des mots pour s'exprimer, elle reprit avec une exaltation croissante :

« Oui! J'ai un amant! oui! j'ai un amant! Pourquoi n'aurais-je pas un amant comme tout le monde, comme toi, comme ma mère et mes tantes, comme la dernière des Égyptiennes? Pourquoi n'aurais-je pas un amant, puisque je suis femme depuis six mois et que tu ne me donnes pas de mari? Oui j'ai un amant, Bérénice, je ne suis plus une petite fille, je sais! je sais!... Tais-toi, je sais mieux que toi-même... Moi aussi, j'ai serré mes bras à les briser sur le dos nu d'un homme qui se croyait mon maître. Moi aussi, j'ai crispé mes orteils sur le vide, avec le sentiment de lâcher prise dans la vie, et je suis morte cent fois comme tu t'évanouis, mais aussitôt après, Bérénice, j'étais debout!... Tais-toi! Je suis honteuse de t'avoir pour souveraine, toi qui es l'esclave de quelqu'un! »

La petite Cléopâtre, toute droite, se faisait aussi haute que possible, et elle se prenait la tête dans les mains comme une reine d'Asie qui essaie une tiare.

Sa grande sœur, qui l'écoutait, assise sur le lit et les pieds ramenés, se mit à genoux pour se rapprocher d'elle et posa les deux mains sur ses épaules.

« Tu as un amant, Cléopâtre? »

Elle parlait maintenant avec timidité, presque avec respect.

La petite répondit sèchement :

« Si tu ne me crois pas, regarde. »

Bérénice soupira :

« Et quand le vois-tu?

— Trois fois par jour.

— Où cela?

— Tu veux que je te le dise?

— Oui. »

Cléopâtre à son tour interrogea :

« Comment ne le savais-tu pas?

— J'ignore tout, même ce qui se passe au Palais. Démétrios est le seul sujet dont j'entende que l'on m'entretienne. Je ne t'ai pas surveillée, c'est ma faute, mon enfant.

— Surveille-moi si tu veux. Le jour où je ne pourrai plus faire ce qui est ma volonté, je me tuerai. Donc, tout m'est égal. »

En secouant la tête, Bérénice répondit :

« Tu es libre... D'ailleurs il serait trop tard pour que

tu ne le fusses plus... Mais... réponds-moi, ma chérie...
Tu as un amant.. et tu le gardes?

— J'ai ma façon de le garder.

— Qui te l'a apprise?

— Oh! moi seule. On sait cela d'instinct ou on ne le
sait jamais. A six ans, je savais déjà comment je garderais
mon amant plus tard.

— Et tu ne veux pas me le dire?

— Suis-moi. »

Bérénice se leva lentement, mit une tunique et un
manteau, aéra ses lourds cheveux collés par la sueur du
lit, et ensemble toutes deux sortirent de la chambre.

D'abord la jeune fille traversa le vestibule et alla droit
au lit qu'elle venait de quitter. Là, sous le matelas de
byssos frais et sec, elle prit une clef ciselée à neuf. Puis,
se retournant :

« Suis-moi. C'est loin », dit-elle.

Au milieu du vestibule elle monta un escalier, suivit
une longue colonnade, ouvrit des portes, marcha sur les
tapis, les dalles, le marbre pâle et vingt mosaïques de
vingt salles vides et silencieuses. Elle redescendit un escalier de pierre, franchit des seuils obscurs, des portes
retentissantes. De place en place il y avait sur des nattes
deux gardes endormis, leurs lances à la main. Longtemps
après, elle traversa une cour illuminée par la pleine
lune, et l'ombre d'un palmier lui caressa la hanche.
Bérénice suivait toujours, enveloppée dans son manteau
bleu.

Enfin elles arrivèrent à une porte épaisse, bardée de fer
comme un torse guerrier. Cléopâtre glissa la clef dans la
serrure, tourna deux fois, poussa la porte : un homme,
un géant dans l'ombre se leva tout entier au fond de sa
prison.

Bérénice regarda, eut une émotion, et penchant le col,
dit très doucement :

« C'est toi, mon enfant, qui ne sais pas aimer... Du
moins pas encore... J'avais bien raison de te le dire.

— Amour pour amour, j'aime mieux le mien, dit la petite. Celui-là du moins ne donne que de la joie. »

Puis, toute droite au seuil de la chambre et sans faire un pas en avant, elle dit à l'homme debout dans l'ombre :

« Viens baiser mes pieds, fils de chien. »

Quand il eut fait, elle lui baisa les lèvres.

LIVRE QUATRIÈME

I

Or, avec le miroir, le peigne et le collier, Démétrios étant rentré chez lui, un rêve le visita pendant son sommeil, et tel fut son rêve :

Il va vers la jetée, mêlé à la foule, par une étrange nuit sans lune, sans étoiles, sans nuages, et qui brille d'elle-même.

Sans qu'il sache pourquoi, ni qui l'attire, il est pressé d'arriver, d'être *là* le plus tôt qu'il pourra, mais il marche avec effort, et l'air oppose à ses jambes d'inexplicables résistances, comme une eau profonde entrave chaque pas.

Il tremble, il croit qu'il n'arrivera jamais, qu'il ne saura jamais vers qui, dans cette claire obscurité, il marche ainsi, haletant et inquiet.

Par moments la foule disparaît tout entière, soit qu'elle s'évanouisse réellement, soit qu'il cesse de sentir sa présence. Puis elle se bouscule de nouveau plus importune, et tous d'aller, aller, aller, d'un pas rapide et sonore, en avant, plus vite que lui...

Puis la masse humaine se resserre; Démétrios pâlit; un homme le pousse de l'épaule; une agrafe de femme déchire sa tunique; une jeune fille pressée par la multitude est si étroitement refoulée contre lui qu'il sent contre sa poitrine se froisser les boutons des seins, et elle lui repousse la figure avec ses deux mains effrayées...

Tout à coup il se trouve seul, le premier, sur la jetée. Et comme il se retourne en arrière, il aperçoit dans le lointain un fourmillement blanc qui est toute la foule, soudain reculée jusqu'à l'Agora.

Et il comprend qu'elle n'avancera plus.

La jetée s'étend blanche et droite, comme l'amorce d'une route inachevée qui aurait entrepris de traverser la mer.

Il veut aller jusqu'au Phare et il marche. Ses jambes sont devenues subitement légères. Le vent qui souffle des solitudes sablonneuses l'entraîne avec précipitation vers les solitudes ondoyantes où s'aventure la jetée. Mais à mesure qu'il avance, le Phare recule devant lui; la jetée s'allonge interminablement. Bientôt la haute tour de marbre où flamboie un bûcher de pourpre touche à l'horizon livide, palpite, baisse, diminue, et se couche comme une autre lune.

Démétrios marche encore.

Des jours et des nuits semblent avoir passé depuis qu'il a laissé dans le lointain le grand quai d'Alexandrie, et il n'ose retourner la tête de peur de ne plus rien voir que le chemin parcouru : une ligne blanche jusqu'à l'infini — et la mer.

Et cependant il se retourne.

Une île est derrière lui, couverte de grands arbres, et d'où retombent d'énormes fleurs.

L'a-t-il traversée en aveugle, ou surgit-elle au même instant, devenue mystérieusement visible? Il ne songe pas à se le demander, il accepte comme un événement naturel l'impossible...

Une femme est dans l'île. Elle se tient debout devant la porte de l'unique maison, les yeux à demi fermés et le visage penché sur la fleur d'un iris monstrueux qui croît à la hauteur de ses lèvres. Elle a les cheveux profonds, de la couleur de l'or mat, et d'une longueur qu'on peut supposer merveilleuse, à la masse du chignon gonflé qui charge sa nuque languissante. Une tunique noire couvre cette femme, et une robe plus noire encore se drape sur la tunique, et l'iris qu'elle respire en abaissant les paupières a la même teinte que la nuit.

Sur cet appareil de deuil, Démétrios ne voit que les cheveux, comme un vase d'or sur une colonne d'ébène. Il reconnaît Chrysis.

Le souvenir et du miroir et du collier revient à lui vaguement; mais il n'y croit pas, et dans ce rêve singulier la réalité seule lui semble rêverie...

« Viens, dit Chrysis. Entre sur mes pas. »

Il la suit. Elle monte avec lenteur un escalier couvert de peaux blanches. Son bras se pend à la rampe. Ses talons nus flottent sous sa jupe.

« Il y a quatre chambres, dit-elle. Quand tu les auras vues, tu n'en sortiras plus. Veux-tu me suivre? As-tu confiance? »

Mais il la suivrait partout. Elle ouvre la première porte et la referme sur lui.

Cette pièce est étroite et longue. Une seule fenêtre l'éclaire, où s'encadre toute la mer. A droite et à gauche, deux petites tablettes portent une douzaine de volumes roulés.

Voici les livres que tu aimes, dit Chrysis, il n'y en a pas d'autres. »

Démétrios les ouvre : ce sont *L'Oïneus* de Chérémon, *Le Retour* d'Alexis, *Le Miroir de Laïs* d'Aristippe, *La Magicienne*, *Le Cyclope* et *Le Boucolisque* de Théocrite, *Œdipe à Colone*, les *Odes* de Sapphô et quelques autres petits ouvrages. Au milieu de cette bibliothèque idéale, une jeune fille nue, couchée sur des coussins se tait.

« Maintenant, murmure Chrysis en tirant d'un long étui d'or un manuscrit d'une seule feuille, voici la page des vers antiques que tu ne lis jamais seul sans pleurer. »

Le jeune homme lit au hasard :

Οἳ μὲν ἄρ’ ἐθρήνεον, ἐπὶ δὲ στενάχοντο γυναῖκες.
Τῆσιν δ’ Ἀνδρομάχη λευκώλενος ἦρχε γόοιο,
Ἕκτορος ἀνδροφόνοιο κάρη μετὰ χερσὶν ἔχουσα·
Ἄνερ, ἀπ’ αἰῶνος νέος ὤλεο, κὰδ’ δέ με χήρην
Λείπεις ἐν μεγάροισι· παῖς δ’ ἔτι νήπιος αὕτως,
Ὃν τέκομεν σύ τ’ ἐγώ τε δυσάμμοροι...

Il s'arrête, jetant sur Chrysis un regard attendri et
surprise :

« Toi? lui dit-il. C'est toi qui me montres ceci?

— Ah! tu n'as pas tout vu. Suis-moi. Suis-moi vite! »
Ils ouvrent une autre porte.

La seconde chambre est carrée. Une seule fenêtre
l'éclaire, où s'encadre toute la nature. Au milieu, un chevalet de bois porte une motte d'argile rouge, et dans
un coin, sur une chaise courbe, une jeune fille nue se
tait.

« C'est ici que tu modèleras Andromède, Zagreus, et
les Chevaux du Soleil. Comme tu les créeras pour toi
seul, tu les briseras avant ta mort.

— C'est la Maison du Bonheur », dit tout bas Démétrios.

Et il laissa tomber son front dans sa main.

Mais Chrysis ouvre une autre porte.

La troisième chambre est vaste et ronde. Une seule
fenêtre l'éclaire où s'encadre tout le ciel bleu. Ses murs
sont des grilles de bronze, croisées en losanges réguliers
à travers lesquels se glisse une musique de flûtes et de
cithares jouée sur un mode mélancolique par des musiciennes invisibles. Et contre la muraille du fond, sur un
trône de marbre vert, une jeune fille nue se tait.

« Viens! viens! » répète Chrysis.

Ils ouvrent une autre porte.

La quatrième chambre est basse, sombre, hermétique-
ment close et de forme triangulaire. Des tapis sourds et
des fourrures l'habillent si mollement, du sol au plafond,

que la nudité n'y étonne point, tant les amants peuvent
s'imaginer avoir jeté dans tous les sens leurs vêtements
sur les parois. Quand la porte s'est refermée, on ne sait
plus où elle était. Il n'y a pas de fenêtre. C'est un monde
étroit, hors du monde. Quelques mèches de poils noirs
qui pendent laissent glisser des larmes de parfums dans
l'air. Et cette chambre est éclairée par sept vitraux myr-
rhins qui colorent diversement la lumière incompréhen-
sible de sept lampes souterraines.

« Vois-tu, explique la jeune fille d'une voix affectueuse
et tranquille, il y a trois lits différents dans les trois
coins de *notre* chambre... »

Démétrios ne répond pas. Et il se demande en lui-
même :

« Est-ce bien là un dernier terme? Est-ce vraiment
un but de l'existence humaine? N'ai-je donc parcouru
les trois autres chambres que pour m'arrêter dans celle-ci?
Et pourrai-je, pourrai-je en sortir si je m'y couche toute
une nuit dans l'attitude de l'amour qui est l'allongement
du tombeau? »

Mais Chrysis parle...

*

« Bien-Aimé, tu m'as demandée, je suis venue, regarde-
moi bien... »

Elle lève les deux bras ensemble, repose ses mains sur
ses cheveux, et, les coudes en avant, sourit.

« Bien-Aimé, je suis à toi... Oh! pas encore tout de
suite. Je t'ai promis de chanter, je chanterai d'abord. »

Et il ne pense plus qu'à elle et il se couche à ses
pieds. Elle a de petites sandales noires. Quatre fils de
perles bleuâtres passent entre les orteils menus dont
chaque ongle a été peint d'un croissant de lune de carmin.

La tête inclinée sur l'épaule, elle bat du bout des
doigts la paume de sa main gauche avec l'autre main en
ondulant les hanches à peine.

Sur mon lit, pendant la nuit,
J'ai cherché celui que mon cœur aime,
Je l'ai cherché, je ne l'ai point trouvé...
Je vous conjure, filles d'Iérouschalaïm,
Si vous trouvez mon amant,
Dites-lui
Que je suis malade d'amour.

« Ah! c'est le chant des chants, Démétrios! C'est le
cantique nuptial des filles de mon pays.

J'étais endormie, mais mon cœur veillait,
C'est la voix de mon bien-aimé...
Il a frappé à ma porte.
Le voici, il vient
Sautant sur les montagnes
Semblable au chevreuil
Ou au faon des biches.

Mon bien-aimé parle et me dit :
« Ouvre-moi, ma sœur, mon amie.
Ma tête est pleine de rosée.
Mes cheveux sont pleins des gouttes de la nuit.
Lève-toi, mon amie;
Viens, belle fille.
Voici que l'hiver est passé
Et que la pluie s'en est allée.
Les fleurs naissent sur la terre.
Le temps de chanter est arrivé,
On entend la tourterelle.
Lève-toi, mon amie;
Viens, belle fille! »

Elle jette son voile loin d'elle et reste debout dans
une étoffe étroite qui serre les jambes et les hanches.

J'ai ôté ma chemise;
Comment la remettrai-je?
J'ai lavé mes pieds;
Comment les souillerai-je?

Mon bien-aimé a passé la main par la serrure
Et mon ventre en a frissonné.
Je me suis levée pour ouvrir à mon amant.
Mes mains dégouttaient de myrrhe,
La myrrhe de mes doigts s'est répandue
Sur la poignée du verrou.
Ah! qu'il me baise des baisers de sa bouche!

Elle renverse la tête en fermant à demi les paupières.

Soutenez-moi, guérissez-moi.
Car je suis malade d'amour.
Que sa main gauche soit sous ma nuque
Et que sa droite m'étreigne.
— Tu m'as pris, ma sœur, avec un de tes yeux,
Avec une des chaînettes de ton cou.
Que ton amour est bon!
Que tes caresses sont bonnes!
Meilleures que le vin.
Ton odeur me plaît mieux que tous les aromates,
Tes lèvres sont toutes mouillées :
Il y a du miel et du lait sous ta langue,
L'odeur de tes vêtements est celle du Liban.
Tu es, ô sœur, un jardin secret,
Une source close, une fontaine scellée.
Lève-toi, vent du nord!
Accours, vent du sud!
Soufflez sur mon jardin
Pour que ses parfums s'écoulent.

Elle arrondit les bras, et tend la bouche.

Que mon amant entre dans son jardin
Et mange de ses fruits excellents.
— Oui, j'entre en mon jardin,
O ma sœur, mon aimée,
Je cueille ma myrrhe et mes aromates,
Je mange mon miel avec son rayon,
Je bois mon vin avec ma crème.

METS-MOI COMME UN SCEAU SUR TON CŒUR,
COMME UN SCEAU SUR TON BRAS,
CAR L'AMOUR EST FORT COMME LA MORT (1).

Sans remuer les pieds, sans fléchir les genoux serrés, elle fait tourner lentement son torse sur ses hanches immobiles. Son visage et ses deux seins, au-dessus du fourreau de ses jambes, semblent trois grandes fleurs presque roses dans un porte-bouquet d'étoffe.

Elle danse gravement, des épaules et de la tête et de ses beaux bras mélangés. Elle semble souffrir dans sa gaine et révéler toujours davantage la blancheur de son corps à demi délivré. Sa respiration gonfle sa poitrine. Sa bouche ne peut plus se fermer. Ses paupières ne peuvent plus s'ouvrir. Un feu grandissant fait rougir ses joues.

Parfois ses dix doigts croisés s'unissent devant son visage. Parfois, elle lève les bras. Elle s'étire délicieusement. Un long sillon fugitif sépare ses épaules haussées. Enfin, d'un seul tour de chevelure enveloppant sa face haletante comme on enroule le voile des noces, elle détache en tremblant l'agrafe sculptée qui retenait l'étoffe à ses reins et fait glisser jusqu'au tapis tout le mystère de sa grâce.

Démétrios et Chrysis...

Leur première étreinte avant l'amour est immédiatement si parfaite, si harmonieuse, qu'ils la gardent immobile, pour en connaître pleinement la multiple volupté. Un des seins de Chrysis se moule sous le bras qui l'accole avec force. Une de ses cuisses est brûlante entre deux jambes resserrées, et l'autre, ramenée par-dessus, se fait pesante et s'élargit. Ils restent ainsi sans mouvement, liés ensemble mais non pénétrés, dans l'exaltation croissante d'un inflexible désir qu'ils ne veulent pas satisfaire. Leurs

(1) *Cantique des Cantiques.*

bouches seules, d'abord, se sont prises. Ils s'enivrent·l'un de l'autre en affrontant sans les guérir leurs virginités douloureuses.

On ne regarde rien d'aussi près que le visage de la femme aimée. Vus dans le rapprochement excessif du baiser, les yeux de Chrysis semblent énormes. Quand elle les ferme, deux plis parallèles subsistent sur chaque paupière, et une teinte uniformément terne s'étend depuis les sourcils brillants jusqu'à la naissance des joues. Quand elle les ouvre, un anneau vert, mince comme un fil de soie, éclaire d'une couronne l'insondable prunelle noire qui s'agrandit outre mesure sous les longs cils recourbés. La petite chair rouge d'où coulent les larmes a des palpitations soudaines.

Ce baiser ne finira plus. Il semble qu'il y ait sous la langue de Chrysis, non pas du miel et du lait comme il est dit dans l'Ecriture, mais une eau vivante, mobile, enchantée. Et cette langue elle-même, multiforme, qui se creuse et qui s'enroule, qui se retire et qui s'étire, plus caressante que la main, plus expressive que les yeux, fleur qui s'arrondit en pistil ou s'amincit en pétale, chair qui se raidit pour frémir ou s'amollit pour lécher, Chrysis l'anime de toute sa tendresse et de sa fantaisie passionnée... Puis ce sont des caresses qu'elle prolonge et qui tournent. Le bout de ses doigts suffit à étreindre dans un réseau de crampes frissonnantes qui s'éveillent le long des côtes et ne s'évanouissent pas tout entières. Elle n'est heureuse, a-t-elle dit, que secouée par le désir ou énervée par l'épuisement : la transition l'effraie comme une souffrance. Dès que son amant l'y invite, elle l'écarte de ses bras tendus; ses genoux se serrent, ses lèvres deviennent suppliantes. Démétrios l'y contraint par la force.

... Aucun spectacle de la nature, ni les flammes occidentales, ni la tempête dans les palmiers, ni la foudre, ni le mirage, ni les grands soulèvements des eaux ne

semblent dignes d'étonnement à ceux qui ont vu dans
leurs bras la transfiguration de la femme. Chrysis devient
prodigieuse. Tour à tour cambrée ou retombante, un
coude relevé sur les coussins, elle saisit le coin d'un
oreiller, s'y cramponne comme une moribonde et suffoque,
la tête en arrière. Ses yeux éclairés de reconnaissance
fixent dans le coin des paupières le vertige de leur
regard. Ses joues sont resplendissantes. La courbe de sa
chevelure est d'un mouvement qui déconcerte. Deux
lignes musculaires admirables, descendant de l'oreille à
l'épaule, viennent s'unir sous le sein droit qu'elles portent
comme un fruit.

Démétrios contemple avec une sorte de crainte religieuse cette fureur de la déesse dans le corps féminin,
ce transport de tout un être, cette convulsion surhumaine
dont il est la cause directe, qu'il exalte ou réprime librement, et qui, pour la millième fois, le confond.

Sous ses yeux, toutes les puissances de la vie s'efforcent
et se magnifient pour créer. Les mamelles ont déjà pris
jusqu'à leurs bouts exagérés la majesté maternelle. Le
ventre sacré de la femme accomplit la conception...

Et ces plaintes, ces plaintes lamentables qui pleurent
d'avance l'accouchement!

II

LA lune, par-dessus la mer et les Jardins de la Déesse, penchait ses montagnes de clarté.

Melitta, la petite fille si frêle et si menue que Démétrios avait prise un instant et qui s'était offerte à le mener en personne près de Chimairis la Chiromantide, Melitta était restée là, seule avec la devineresse toujours farouche et accroupie.

« Ne suis pas cet homme, lui dit Chimairis.

— Oh! mais je ne lui ai même pas demandé si je le reverrais... Laisse-moi courir après lui, l'embrasser, et je reviens...

— Non, tu ne le reverras pas. Et cela vaut mieux, ma fille. Celles qui le voient une fois connaissent la douleur. Celles qui le voient deux fois jouent avec la mort.

— Pourquoi dis-tu cela? Moi qui viens de le voir, je n'ai joué qu'avec le plaisir dans son bras.

— Tu lui as dû le plaisir parce que tu ne sais pas ce qu'est la volupté, ma toute petite. Oublie-le comme un camarade et félicite-toi de n'avoir pas douze ans.

— On est donc bien malheureuse quand on est grande? dit l'enfant. Toutes les femmes d'ici parlent sans cesse de leurs peines, et moi qui ne pleure guère, j'en vois tant pleurer. »

Chimairis s'enfonça les deux mains dans sa chevelure

et poussa un gémissement. Le bouc secoua son collier
d'or en tournant la tête vers elle, mais elle ne le regarda
point.

Melitta reprit avec intention :

« Pourtant je connais une femme heureuse. C'est ma
grande amie, c'est Chrysis... Celle-là ne pleure pas, j'en
suis bien sûre.

— Elle pleurera, dit Chimairis.

— Oh! prophétesse de malheur! retire ce que tu as
dit, vieille folle, ou je te déteste! »

Mais, devant le geste de la petite, le bouc noir se
cabra tout droit, les pattes repliées, les cornes en avant.

Mélitta s'enfuit au hasard.

A vingt pas de là elle éclatait de rire devant un couple
ridicule aperçu entre deux buissons. Et cela suffit à
changer le cours de ses jeunes méditations.

Elle prit par le plus long pour rentrer dans sa case;
puis elle se résolut à ne pas rentrer du tout? Le clair
de lune était magnifique, la nuit chaude, les jardins
pleins de voix, de rires et de chants. Satisfaite de ce
qu'elle avait gagné en recevant Démétrios, elle eut l'envie
soudaine de vagabonder comme une fille de chemins et
de buissons, en plein bois, avec les passants pauvres.
Ainsi fut-elle prise deux ou trois fois contre un arbre,
une stèle ou un banc; elle s'en amusa comme d'un jeu
nouveau dont le décor suffisait à changer la méthode. Un
soldat debout au milieu d'un sentier la souleva dans ses
bras robustes et se montra identique au Dieu des Jardins
qui s'unit aux jardinières sans avoir besoin de leur faire
toucher le sol. Alors elle eut un cri de triomphe.

Echappée de nouveau et reprenant sa course à travers
une colonnade de palmiers, elle rencontra un jeune garçon
appelé Mikyllos qui semblait perdu dans la forêt. Elle
s'offrit de lui servir de guide, mais elle l'égara délibéré-
ment pour le conserver tout à elle. Mikyllos n'ignora
longtemps ni les desseins de Melitta, ni ses minuscules

capacités. Bientôt camarades plutôt qu'amants, ils coururent côte à côte dans un isolement de plus en plus silencieux et tout à coup découvrirent la mer.

L'endroit où ils étaient parvenus se trouvait fort éloigné des régions où les courtisanes remplissaient à l'ordinaire leur religieuse profession. Pourquoi choisissaient-elles d'autres rendez-vous que celui-ci, admirable entre tous, elles n'auraient su le dire. Les bois où se mêle la foule connaissent vite leur allée centrale et constituent une fois pour toutes leurs réseaux de sentiers, d'étoiles et de carrefours. Aux alentours, et quels que soient le charme ou la beauté des sites, il se fait un vide éternel où dominent en paix les végétations.

Mikyllos et Melitta arrivèrent ainsi la main dans la main à la limite du bois public, à la courte haie d'aloès qui dessinait une démarcation inutile entre les jardins d'Aphrodite et les jardins de son grand-prêtre.

Encouragés par le silence, par la solitude de ce désert fleuri, tous deux franchirent sans peine la muraille irrégulière des plantes grasses et biscornues. A leurs pieds, la mer Méditerranée battait doucement le rivage, par petits flots légers comme les franges d'un fleuve. Les deux enfants s'y plongèrent jusqu'à la moitié du corps et se poursuivirent en riant pour essayer dans l'eau des unions difficiles qu'ils interrompaient vite comme des jeux mal connus. Puis, lumineux et ruisselants, secouant au clair de lune leurs jambes de grenouilles, ils sautèrent sur la berge obscure.

Une trace de pas sur le sable les conduisait en avant. Ils suivirent.

La nuit brillait avec un éclat extraordinaire. Ils marchaient, couraient, luttaient du bout des doigts : leurs ombres nettes et noires résumaient derrière eux la silhouette de leur couple. Jusqu'où iraient-ils de la sorte?

Ils ne voyaient plus qu'eux seuls dans l'immense horizon bleui...

Mais soudain Melitta cria :

« Ah!... regarde...

— Qu'y a-t-il?

— Une femme...

— Une courtisane... Oh! l'impudique! elle s'est endormie sur la place... »

Melitta secoua la tête :

« Non... Oh! non; je n'ose pas m'approcher, Mikyllos... ce n'est pas une courtisane celle-ci.

— Je l'aurais cru.

— Non, Mikyllos, non, non, ce n'est pas l'une de nous... C'est Touni, la femme du grand-prêtre... Et regarde-la bien... Elle n'est pas endormie... Oh! Je n'ose pas m'approcher..., elle a les yeux ouverts... allons-nous-en... j'ai peur... j'ai peur... »

Mikyllos fit trois pas sur la pointe du pied :

« Tu as raison, elle ne dort pas, Melitta, elle est morte, la pauvre femme.

— Morte?

— Une épingle dans le cœur. »

Il avança la main pour la lui retirer, mais Melitta s'épouvantait :

« Non! non! ne la touche pas... c'est une personne sacrée... Reste auprès d'elle. Garde-la, protège-la... Je vais appeler... je vais le dire aux autres. »

Et elle s'enfuit à toutes jambes dans la grande ombre des arbres noirs.

Mikyllos erra quelque temps seul et tremblant devant le jeune cadavre. Il toucha du doigt le sein transpercé. Puis, soit que la mort le terrifiât, soit qu'il craignît surtout d'être pris pour complice du meurtre, il détala tout à coup, mais sans dessein de prévenir personne.

La nudité froide de Touni resta comme auparavant, abandonnée dans la clarté.

*

Et longtemps après, le bois autour d'elle s'emplit d'une rumeur effrayante parce qu'elle était presque imperceptible.

De tous côtés, entre les troncs, entre les touffes, mille courtisanes pressées comme des brebis peureuses s'avançaient lentement et leur masse immense ondulait d'un seul frisson.

Par un mouvement régulier comme celui de la mer qui battait le rivage, constamment le premier rang cédait la place à un autre, et il semblait que personne ne voulût être là pour découvrir la morte et la montrer d'abord.

Un grand cri, poussé aussitôt par mille bouches jusque dans le lointain, salua le pauvre cadavre aperçu au pied d'un arbre.

Mille bras nus s'élevèrent, mille autres ensuite, et l'on entendit des voix qui pleuraient :

« Déesse! pas sur nous! Déesse, pas sur nous! Déesse, si tu te venges, épargne nos vies! »

Une voix désespérée convoqua :

« Au Temple! »

Et toutes répétèrent :

« Au Temple! Au Temple! »

Alors, un nouveau remous bouleversa la multitude. Sans plus oser regarder la morte qui gisait le dos sur la terre et les bras révulsés derrière le regard, toutes en foule, toutes les courtisanes, et les blanches et les noires, et celles de l'Orient et celles de l'Occident, et les robes somptueuses et les vagues nudités, s'échappèrent entre les arbres, gagnèrent les clairières, les sentiers, les routes, envahirent les vastes places, montèrent l'énorme escalier rose qui rougissait dans l'aube levante, et avec leurs frêles poings fermés heurtant les hautes portes de bronze, elles vagirent comme des enfants :

« Ouvrez-nous! Ouvrez-nous! »

III

LA FOULE

Dans la matinée où prit fin la bacchanale chez Bacchis, il y eut un événement à Alexandrie : la pluie tomba.

Aussitôt, contrairement à ce qui se passe d'ordinaire dans les pays moins africains, tout le monde fut dehors pour recevoir l'ondée.

Le phénomène n'avait rien de torrentiel ni d'orageux. De larges gouttes tièdes, du haut d'un nuage violet, traversaient l'air. Les femmes les sentaient mouiller leurs poitrines et leurs cheveux hâtivement noués. Les hommes regardaient le ciel avec intérêt. Des petits enfants riaient aux éclats en traînant leurs pieds nus dans la boue superficielle.

Puis le nuage s'évanouit parmi la lumière; le ciel resta implacablement pur, et peu de temps après midi la boue était redevenue poussière sous le soleil.

Mais cette averse passagère avait suffi. La ville en était égayée. Les hommes demeurèrent ensemble sur les dalles de l'Agora, et les femmes se mêlèrent par groupes en croisant leurs voix éclatantes.

Les courtisanes seules étaient là, car le troisième jour des Aphrodisies étant réservé à la dévotion exclusive des femmes mariées, celles-ci venaient de se rendre en grande théorie sur la route de l'Astartéïon, et il n'y avait plus sur la place que des robes à fleurs et des yeux noirs de fard.

Comme Myrtocleia passait, une jeune fille nommée Philotis, qui causait avec beaucoup d'autres, la tira par le nœud de sa manche.

« Hé, petite! tu as joué chez Bacchis, hier! Qu'est-ce qui s'est passé? qu'est-ce qu'on y a fait? Bacchis a-t-elle ajouté un nouveau collier à plaques pour cacher les vallées de son cou? Porte-t-elle des seins en bois, ou en cuivre? Avait-elle oublié de teindre ses petits cheveux blancs des tempes avant de mettre sa perruque? Allons, parle, poisson frit!

— Si tu crois que je l'ai regardée! Je suis arrivée après le repas, j'ai joué ma scène, j'ai reçu mon prix et je suis partie en courant.

— Oh! je sais que tu ne te débauches pas!

— Pour tacher ma robe et recevoir des coups, non, Philotis. Il n'y a que les femmes riches qui puissent faire l'orgie. Les petites joueuses de flûte n'y gagnent que des larmes.

— Quand on ne veut pas tacher sa robe, on la laisse dans l'antichambre. Quand on reçoit des coups de poing, on se fait payer double. C'est élémentaire. Ainsi tu n'as rien à nous apprendre? pas une aventure, pas une plaisanterie, pas un scandale? Nous bâillons comme des ibis. Invente quelque chose si tu ne sais rien.

— Mon amie Théano est restée après moi. Quand je me suis réveillée, tout à l'heure, elle n'était pas encore rentrée. La fête dure peut-être toujours.

— C'est fini, dit une femme. Théano est là-bas, contre le mur Céramique. »

Les courtisanes y coururent, mais à quelques pas elles s'arrêtèrent avec un sourire de pitié.

Théano, dans le vertige de l'ivresse la plus ingénue, tirait avec obstination une rose presque défleurie dont les épines s'accrochaient à ses cheveux. Sa tunique jaune était souillée de rouge et blanc comme si toute l'orgie avait passé sur elle. L'agrafe de bronze qui retenait sur

l'épaule gauche les plis convergents de l'étoffe pendait
plus bas que la ceinture et découvrait la boule mouvante
d'un jeune sein déjà trop mûr, qui gardait deux stigmates
de pourpre.

Dès qu'elle aperçut Myrtocleia, elle partit brusquement
de cet éclat de rire singulier que tout le monde connaissait à Alexandrie et qui l'avait fait surnommer la Poule.
C'était un interminable gloussement de pondeuse, une
cascade de gaieté qui redescendait à l'essouffler, puis repre-
nait par un cri suraigu, et ainsi de suite, d'une façon
rythmée, dans une joie de volaille triomphante.

« Un œuf! un œuf! » dit Philotis.

Mais Myrtocleia fit un geste :

« Viens, Théano. Il faut te coucher. Tu n'es pas bien.
Viens avec moi.

— Ah! ah!... Ah! ah!... » riait l'enfant.

Et elle prit son sein dans sa petite main en criant d'une
voix altérée :

« Ah! ah!.., le miroir...

— Viens! répétait Myrto impatientée.

— Le miroir... il est volé, volé, volé! Ah! haaaa! je ne
rirai jamais tant quand je vivrais plus que Cronos. Volé,
volé, le miroir d'argent! »

La chanteuse voulait l'entraîner, mais Philotis avait
compris.

« Ohé! cria-t-elle aux autres en levant les deux bras en
l'air. Accourez donc! on apprend des nouvelles! Le miroir
de Bacchis est volé! »

Et toutes s'exclamèrent :

« Papaïe! le miroir de Bacchis! »

En un instant, trente femmes se pressèrent autour de la
joueuse de flûte.

« Qu'est-ce qui se passe?

— Comment?

— On a volé le miroir de Bacchis; c'est Théano qui
vient de le dire.

« — Mais quand cela?

— Qui est-ce qui l'a pris? »

L'enfant haussa les épaules.

« Est-ce que je sais!

— Tu as passé la nuit là-bas. Tu dois savoir. Ce n'est pas possible. Qui est entré chez elle? On te l'a dit sans doute. Rappelle-toi, Théano.

— Est-ce que je sais? Ils étaient plus de vingt dans la salle... Ils m'avaient louée comme joueuse de flûte, mais ils m'ont empêchée de jouer parce qu'ils n'aiment pas la musique. Ils m'ont demandé de mimer la figure de Danaë, et ils jetaient des pièces d'or sur moi, et Bacchis me les prenait toutes... Et quoi encore? C'étaient des fous. Ils m'ont fait boire la tête en bas dans un cratère beaucoup trop plein où ils avaient versé sept coupes parce qu'il y avait sept vins sur la table. J'avais la figure toute mouillée. Même mes cheveux trempaient, et mes roses.

— Oui, interrompit Myrto, tu es une fort vilaine fille. Mais le miroir? Qui est-ce qui l'a pris?

— Justement! quand on m'a remise sur pieds, j'avais le sang à la tête et du vin jusqu'aux oreilles. Ha! ha! il n'y était plus. Quelqu'un l'avait pris.

— Qui? on te demande qui?

— Ce n'est pas moi, voilà ce que je sais. On ne pouvait pas me fouiller : j'étais toute nue. Je ne cacherais pas un miroir comme une drachme sous ma paupière. Ce n'est pas moi, voilà ce que je sais. Elle a mis une esclave en croix, c'est peut-être à cause de cela... Quand j'ai vu qu'on ne me regardait plus, j'ai ramassé les pièces de Danaë. Tiens, Myrto, j'en ai cinq, tu achèteras des robes pour nous trois. »

*

Le bruit du vol s'était répandu peu à peu sur toute la place. Les courtisanes ne cachaient pas leur satisfaction envieuse. Une curiosité bruyante animait les groupes en mouvement.

« C'est une femme, disait Philotis, c'est une femme qui a fait ce coup-là.

— Oui, le miroir était bien caché. Un voleur aurait pu tout emporter dans la chambre et tout bouleverser sans trouver la pierre.

— Bacchis avait des ennemies, ses anciennes amies surtout. Celles-là savaient tous ses secrets. L'une d'elles l'aura fait attirer quelque part et sera entrée chez elle à l'heure où le soleil est chaud et les rues presque désertes.

— Oh! elle l'a peut-être fait vendre, son miroir, pour payer ses dettes.

— Si c'était un de ses amants? On dit qu'elle prend des portefaix, maintenant.

— Non, c'est une femme, j'en suis sûre.

— Par les deux déesses! c'est bien fait! »

Tout à coup, une cohue plus houleuse encore se poussa vers un point de l'Agora, suivie d'une rumeur croissante qui attira tous les passants.

« Qu'y a-t-il? qu'y a-t-il? »

Et une voix aiguë dominant le tumulte cria par-dessus les têtes anxieuses :

« On a tué la femme du grand-prêtre! »

Une émotion violente s'empara de toute la foule. On n'y croyait pas. On ne voulait pas penser qu'au milieu des Aphrodisies un tel meurtre était venu jeter le courroux des dieux sur la ville. Mais de toutes parts la même phrase se répétait de bouche en bouche :
« On a tué la femme du grand-prêtre! la fête du temple est suspendue! »

Rapidement les nouvelles arrivaient. Le corps avait été trouvé, couché sur un banc de marbre rose, dans un lieu

écarté, au sommet des jardins. Une longue aiguille d'or
traversait le sein gauche; la blessure n'avait pas saigné;
mais l'assassin avait coupé tous les cheveux de la jeune
femme, et emporté le peigne antique de la reine Nitaoucrît.

Après les premiers cris d'angoisse, une stupeur profonde plana. La multitude grossissait d'instant en instant.
La ville entière était là, mer de têtes nues et de cha-
peaux de femmes, troupeau immense qui débouchait à la
fois de toutes les rues pleines d'ombre bleue dans la lumière éclatante de l'Agora d'Alexandrie. On n'avait pas
vu pareille affluence depuis le jour où Ptolémée Aulète
avait été chassé du trône par les partisans de Bérénice.
Encore les révolutions politiques paraissaient-elles moins
terribles que ce crime de lèse-religion, dont le salut de la
cité pouvait dépendre. Les hommes s'écrasaient autour des
témoins. On interrogeait en criant. On émettait des conjec-
tures. Des femmes apprenaient aux nouveaux arrivants le
vol du célèbre miroir. Les plus avisés affirmaient que ces
deux crimes simultanés s'étaient faits par la même main.
Mais laquelle? Des filles, qui avaient déposé la veille leur
offrande pour l'année suivante, craignirent que la déesse
ne leur en tînt plus compte, et sanglotèrent assises, la
tête dans leur robe.

Une superstition ancienne voulait que deux événements
semblables fussent suivis d'un troisième plus grave. La
foule attendait celui-là. Après le miroir et le peigne,
qu'avait pris le mystérieux larron? Une atmosphère étouf-
fante, enflammée par le vent du sud et pleine de sable en
poussière, pesait sur la foule immobile.

Insensiblement, comme si cette masse humaine eût été
un seul être, elle fut prise d'un frisson qui s'accrut par
degrés jusqu'à la terreur panique, et tous les yeux se
fixèrent vers un même point de l'horizon.

C'était à l'extrémité lointaine de la grande avenue rec-

tiligne qui, de la porte de Canope, traversait Alexandrie
et menait du Temple à l'Agora. Là, au plus haut point
de la côte douce, où la voie s'ouvrait sur le ciel, une
seconde multitude effarée venait d'apparaître et courait
en descendant vers la première.

« Les courtisanes! les courtisanes sacrées! »

Personne ne bougea. On n'osait pas aller à leur rencontre, de peur d'apprendre un nouveau désastre. Elles
arrivaient comme une inondation vivante, précédées du
bruit sourd de leur course sur le sol. Elles levaient les
bras, elles se bousculaient, elles semblaient fuir une armée.
On les reconnaissait, à présent. On distinguait leurs robes,
leurs ceintures, leurs cheveux. Des rayons de lumière frappaient les bijoux d'or. Elles étaient toutes proches. Elles
ouvraient la bouche... Le silence se fit.

« On a volé le collier de la Déesse, les Vraies Perles de
l'Anadyomène! »

Une clameur désespérée accueillit la fatale parole. La
foule se retira d'abord comme une vague, puis s'engouffra
en avant, battant les murs, emplissant la voie, refoulant
les femmes effrayées, dans la longue avenue du Drôme,
vers la sainte Immortelle perdue.

IV

LA RÉPONSE

ET l'Agora demeura vide, comme une plage après la marée.

Vide, non pas complètement : un homme et une femme restèrent, ceux-là seuls qui savaient le secret de la grande émotion publique, et qui, l'un par l'autre, l'avaient causée : Chrysis et Démétrios.

Le jeune homme était assis sur un bloc de marbre près du port. La jeune femme était debout à l'autre extrémité de la place. Ils ne pouvaient se reconnaître, mais ils se devinèrent mutuellement; Chrysis courut sous le soleil, ivre d'orgueil et enfin de désir.

« Tu l'as fait! s'écria-t-elle. Tu l'as donc fait!

— Oui, dit simplement le jeune homme. Tu es obéie. »

Elle se jeta sur ses genoux et l'embrassa dans une étreinte délirante.

« Je t'aime! je t'aime! Jamais je n'ai senti ce que je sens. Dieux! je sais donc ce que c'est que d'être amoureuse! Tu le vois, mon aimé, je te donne plus, moi, que je ne t'avais promis avant-hier. Moi qui n'ai jamais désiré personne, je ne pouvais pas penser que je changerais si vite. Je ne t'avais vendu que mon corps sur le lit, maintenant je te donne tout ce que j'ai de bon, tout ce que j'ai de pur, de sincère et de passionné, toute mon âme, qui est vierge, Démétrios, songes-y! Viens avec moi, quittons cette ville pour un temps, allons dans un lieu caché, où il n'y

ait que toi et moi. Nous aurons là des jours comme il n'y
en eut pas avant nous sur la terre. Jamais un amant n'a
fait ce que tu viens de faire pour moi. Jamais une femme
n'a aimé comme j'aime; ce n'est pas possible! ce n'est pas
possible! Je ne peux presque pas parler, tellement j'ai la
gorge étouffée. Tu vois, je pleure. Je sais aussi, maintenant, ce que c'est que pleurer : c'est être trop heureuse...
Mais tu ne réponds pas! tu ne dis rien! Embrasse-moi... »

Démétrios allongea la jambe droite, afin d'abaisser son
genou qui se fatiguait un peu. Puis il fit lever la jeune
femme, se leva lui-même, secoua son vêtement pour aérer
les plis, et dit doucement :

« Non... Adieu. »

Et il s'en alla d'un pas tranquille.

Chrysis, au comble de la stupeur, restait la bouche
ouverte et la main pendante.

« Quoi... quoi?... qu'est-ce que tu dis?

— Je te dis : adieu, articula-t-il sans élever la voix.

— Mais... mais ce n'est donc pas toi qui...

— Si. Je te l'avais promis.

— Alors... je ne comprends plus.

— Ma chère, que tu comprennes ou non, c'est assez
indifférent. Je laisse ce petit mystère à tes méditations. Si
ce que tu m'as dit est vrai, elles menacent d'être pro-
longées. Voilà qui vient à point pour les occuper. Adieu.

— Démétrios! qu'est-ce que j'entends? D'où t'est venu
ce ton-là? Est-ce bien toi qui parles? Explique-moi! Je
t'en conjure! Qu'est-il arrivé entre nous? C'est à se briser
la tête contre les murailles...

— Faut-il répéter cent fois les mêmes choses! Oui, j'ai
pris le miroir; oui, j'ai tué la prêtresse Touni pour avoir
le peigne antique; oui, j'ai enlevé du col de la déesse le
grand collier de perles à sept rangs. Je devais te remettre

les trois cadeaux en échange d'un seul sacrifice de ta part.
C'était l'estimer, n'est-il pas vrai? Or, j'ai cessé de lui
attribuer cette valeur considérable et je ne te demande
plus rien. Agis de même à ton tour et quittons-nous.
J'admire que tu ne comprennes point une situation dont
la simplicité est si éclatante.

— Mais garde-les, tes cadeaux! Est-ce que j'y pense!
Est-ce que je te les demande, tes cadeaux? Qu'est-ce que
tu veux que j'en fasse? C'est toi que je veux, toi seul...

— Oui, je le sais. Mais encore une fois, je ne veux
plus, de mon côté; et comme, pour qu'il y ait rendez-
vous, il est indispensable d'obtenir à la fois le consente-
ment des deux amants, notre union risque fort de ne pas
se réaliser si je persiste dans ma manière de voir. C'est ce
que j'essaie de te faire entendre avec toute la clarté de
parole dont je suis susceptible. Je vois qu'elle est insuf-
fisante; mais comme il ne m'appartient pas de la rendre
plus parfaite, je te prie de vouloir bien accepter de bonne
grâce le fait accompli, sans pénétrer ce qu'il a pour toi
d'obscur, puisque tu n'admets pas qu'il soit vraisemblable.
Je désirerais vivement clore cet entretien qui ne peut
avoir aucun résultat et qui m'entraînerait peut-être à des
phrases désobligeantes.

— On t'a parlé de moi!

— Non.

— Oh! je le devine! On t'a parlé de moi, ne dis pas
non! On t'a dit du mal de moi! J'ai des ennemies terribles,
Démétrios! Il ne faut pas les écouter. Je te jure par les
dieux, elles mentent!

— Je ne les connais pas.

— Crois-moi! crois-moi, Bien-Aimé! Quel intérêt aurais-
je à te tromper, puisque je n'attends rien de toi que toi-
même? Tu es le premier à qui je parle ainsi... »

Démétrios la regarda dans les yeux.

« Il est trop tard, dit-il. Je t'ai eue.

— Tu délires... Quand cela? Où? Comment?

— Je dis vrai. Je t'ai eue malgré toi. Ce que j'attendais de tes complaisances, tu me l'as donné à ton insu. Le pays où tu voulais aller, tu m'y as mené en songe, cette nuit, et tu étais belle... ah! que tu étais belle, Chrysis! Je suis revenu de ce pays-là. Aucune volonté humaine ne me forcera plus à le revoir. On n'a jamais le bonheur deux fois avec le même événement. Je ne suis pas insensé au point de gâter un souvenir heureux. Je te dois celui-ci, diras-tu? mais comme je n'ai aimé que ton ombre, tu me dispenseras, chère tête, de remercier ta réalité. »

Chrysis se prit les tempes dans les mains.

« C'est abominable! c'est abominable! Et il ose le dire! Et il s'en contente!

— Tu précises bien vite. Je t'ai dit que j'avais rêvé : es-tu sûre que je fusse endormi? Je t'ai dit que j'avais été heureux : est-ce que le bonheur, pour toi, consiste exclusivement dans ce grossier frisson physique que tu provoques si bien, m'as-tu dit, mais que tu n'as pas le pouvoir de diversifier, puisqu'il est sensiblement le même auprès de toutes les femmes qui se donnent? Non, c'est toi-même que tu diminues en prenant cette allure inconvenante. Tu ne me parais pas bien connaître toutes les félicités qui naissent de tes pas. Ce qui fait que les maîtresses diffèrent, c'est qu'elles ont chacune des façons personnelles de préparer et de conclure un événement en somme aussi monotone qu'il est nécessaire, et dont la recherche ne vaudrait pas, si l'on n'avait que lui en perspective, toute la peine que nous prenons pour trouver une maîtresse parfaite. En cette préparation et en cette conclusion, parmi toutes les femmes, tu excelles. Du moins, j'ai eu plaisir à me figurer, et peut-être m'accorderas-tu qu'après avoir rêvé l'Aphrodite du Temple, mon imagination n'a pas eu grand-peine à se représenter la femme que tu es? Encore une fois, je ne te dirai pas s'il s'agit d'un songe nocturne ou d'une erreur éveillée. Qu'il te suffise de savoir que rêvée ou conçue, ton image

m'est apparue dans un cadre extraordinaire. Illusion; mais,
sur toutes choses, je t'empêcherai, Chrysis, de me désillusionner.

— Et moi, dans tout cela, que fais-tu de moi, moi qui
t'aime encore malgré les horreurs que j'entends de ta
bouche? Ai-je eu conscience de ton odieux rêve? Ai-je
été de moitié dans ce bonheur dont tu parles, et que tu
m'as volé, volé! A-t-on jamais ouï dire qu'un amant eût
un égoïsme assez épouvantable pour prendre son plaisir
de la femme qui l'aime sans le lui faire partager?... Cela
confond la pensée. J'en deviendrai folle. »

Ici, Démétrios quitta son ton de raillerie, et dit, d'une
voix légèrement tremblante :

« T'inquiétais-tu de moi quand tu profitais de ma passion soudaine pour exiger, dans un instant d'égarement,
trois actes qui auraient pu briser mon existence et qui
laisseront toujours en moi le souvenir d'une triple honte?

— Si je l'ai fait, c'était pour t'attacher. Je ne t'aurais
pas eu si je m'étais donnée.

— Bien. Tu as été satisfaite. Tu m'as tenu, pas pour
longtemps, mais tu m'as tenu, néanmoins, dans l'esclavage
que tu voulais. Souffre qu'aujourd'hui je me délivre!

— Il n'y a d'esclave que moi, Démétrios.

— Oui, toi ou moi, mais l'un de nous deux s'il aime
l'autre. L'Esclavage! L'Esclavage! voilà le vrai nom de
la passion. Vous n'avez toutes qu'un seul rêve, qu'une seule
idée au cerveau : faire que votre faiblesse rompe la force
de l'homme et que votre futilité gouverne son intelligence! Ce que vous voulez, dès que les seins vous poussent,
ce n'est pas aimer ni être aimée, c'est lier un homme à
vos chevilles, l'abaisser, lui ployer la tête et mettre vos
sandales dessus. Alors vous pouvez, selon votre ambition,
nous arracher l'épée, le ciseau ou le compas, briser tout ce
qui vous dépasse, émasculer tout ce qui vous fait peur,
prendre Héraclès par les naseaux et lui faire filer la
laine! Mais quand vous n'avez pu fléchir ni son front ni

son caractère, vous adorez le poing qui vous bat, le genou qui vous terrasse, la bouche même qui vous insulte! L'homme qui a refusé de baiser vos pieds nus, s'il vous viole, comble vos désirs. Celui qui n'a pas pleuré quand vous quittiez sa maison peut vous y traîner par les cheveux : votre amour renaîtra de vos larmes, car une seule chose vous console de ne pas imposer l'esclavage, femmes amoureuses! c'est de le subir!

— Ah! bats-moi, si tu veux! mais aime-moi après. »

Et elle l'étreignit si brusquement qu'il n'eut pas le temps d'écarter ses lèvres. Il se dégagea des deux bras à la fois.

« Je te déteste. Adieu », dit-il.

Mais Chrysis s'accrocha à son manteau :

« Ne mens pas. Tu m'adores. Tu as l'âme toute pleine de moi; mais tu as honte d'avoir cédé. Ecoute, écoute, Bien-Aimé! S'il ne te faut que cela pour consoler ton orgueil, je suis prête à donner, pour t'avoir, plus encore que je ne t'ai demandé. Quelque sacrifice que je te fasse, après notre réunion je ne me plaindrai pas de la vie. »

Démétrios la regarda curieusement; et comme elle, l'avant-veille, sur la jetée, il lui dit :

« Quel serment fais-tu?
— Par l'Aphrodite aussi.
— Tu ne crois pas à l'Aphrodite. Jure par Iahveh Çabaoth. »

La Galiléenne pâlit.

« On ne jure pas par Iahveh.
— Tu refuses?
— C'est un serment terrible.
— C'est celui qu'il me faut. »

Elle hésita quelque temps, puis dit à voix basse :

« J'en fais le serment par Iahveh. Que demandes-tu de moi, Démétrios? »

Le jeune homme se tut.

« Parle, Bien-Aimé! dit Chrysis. Dis-moi vite. J'ai peur.

— Oh! c'est peu de chose.

— Mais quoi encore!

— Je ne veux pas te demander de me donner à ton tour trois cadeaux, fussent-ils aussi simples que les premiers étaient rares. Ce serait contre les usages. Mais je peux te demander d'en recevoir, n'est-ce pas?

— Assurément, dit Chrysis joyeuse.

— Ce miroir, ce peigne, ce collier, que tu m'as fait prendre pour toi, tu n'espérais pas en user, n'est-ce pas? Un miroir volé, le peigne d'une victime et le collier de la déesse, ce ne sont pas des bijoux dont on puisse faire étalage.

— Quelle idée!

— Non. Je le pensais bien. C'est donc par pure cruauté que tu m'as poussé à les ravir au prix des trois crimes dont la ville entière est bouleversée aujourd'hui? Eh bien, tu vas les porter.

— Quoi!

— Tu vas aller dans le petit jardin clos où se trouve la statue d'Hermès Stygien. Cet endroit est toujours désert et tu ne risques pas d'y être troublée. Tu enlèveras le talon gauche du dieu. La pierre est brisée, tu verras. Là, dans l'intérieur du socle, tu trouveras le miroir de Bacchis et tu le prendras à la main : tu trouveras le grand peigne de Nitaoucrît et tu l'enfonceras dans tes cheveux; tu trouveras les sept colliers de perles de la déesse Aphrodite, et tu les mettras à ton cou. Ainsi parée, belle Chrysis, tu t'en iras par la ville. La foule va te livrer aux soldats de la reine; mais tu auras ce que tu souhaitais et j'irai te voir dans ta prison avant le lever du soleil. »

V

LE JARDIN D'HERMANUBIS

Le premier mouvement de Chrysis fut de hausser les épaules. Elle ne serait pas si naïve que de tenir son serment.

Le second fut d'aller voir.

Une curiosité croissante la poussait vers le mystérieux endroit où Démétrios avait caché les trois dépouilles criminelles. Elle voulait les prendre, les toucher de la main, les faire briller au soleil, les posséder un instant. Il lui semblait que sa victoire ne serait tout à fait complète tant qu'elle n'aurait pas saisi le butin de ses ambitions.

Quant à Démétrios, elle saurait bien le reprendre par une manœuvre ultérieure. Comment croire qu'il s'était détaché d'elle à jamais? La passion qu'elle lui supposait n'était pas de celles qui s'éteignent sans retour dans le cœur de l'homme. Les femmes qu'on a beaucoup aimées forment dans la mémoire une famille d'élection, et la rencontre d'une ancienne maîtresse, même haïe, même oubliée, éveille un trouble inattendu d'où peut rejaillir l'amour nouveau. Chrysis n'ignorait pas cela. Si ardente qu'elle fût elle-même, si pressée de conquérir ce premier homme qu'elle eût aimé, elle n'était pas assez folle pour

l'acheter du prix de sa vie quand elle voyait tant d'autres
moyens de le séduire plus simplement.

Et cependant... quelle fin bienheureuse il lui avait pro-
posée!

Sous les yeux d'une foule innombrable, porter le miroir
antique où Sapphô s'était mirée, le peigne qui avait
assemblé les cheveux royaux de Nitaoucrît, le collier des
perles marines qui avaient roulé dans la conque de la
déesse Anadyomène... Puis du soir au matin connaître
éperdument tout ce que l'amour le plus emporté peut faire
éprouver à une femme... et vers le milieu du jour, mourir
sans effort... Quel incomparable destin!

Elle ferma les yeux...

Mais non; elle ne voulait pas se laisser tenter.

Elle monta en droite ligne, à travers Rhacotis, la rue
qui menait au Grand Serapeion. Cette voie, percée par
les Grecs, avait quelque chose de disparate dans ce quartier de ruelles angulaires. Les deux populations s'y mêlaient bizarrement, dans une promiscuité encore un peu
haineuse. Entre les Egyptiens vêtus de chemises bleues,
les tuniques écrues des Hellènes faisaient des passages de
blancheurs. Chrysis montait d'un pas rapide, sans écouter
les conversations où le peuple s'entretenait des crimes
commis pour elle.

Devant les marches du monument, elle tourna à droite,
prit une rue obscure, puis une autre dont les maisons se
touchaient presque par les terrasses, traversa une petite
place en étoile où, près d'une tache de soleil, deux
fillettes très brunes jouaient dans une fontaine, et enfin
elle s'arrêta.

*

Le jardin d'Hermès Anubis était une petite nécropole
depuis longtemps abandonnée, une sorte de terrain vague
où les parents ne venaient plus porter les libations aux
morts et que les passants évitaient d'approcher. Au milieu

des tombes croulantes, Chrysis s'avança dans le plus grand
silence, peureuse à chaque pierre qui craquait sous ses
pas. Le vent, toujours chargé de sable fin, agitait ses cheveux sur les tempes, et gonflait son voile de soie écarlate
vers les feuilles blanches des sycomores.

Elle découvrit la statue entre trois monuments funèbres
qui la cachaient de tous côtés et l'enfermaient dans un
triangle. L'endroit était bien choisi pour enfouir un secret
mortel.

Chrysis se glissa comme elle put dans le passage étroit
et pierreux : en voyant la statue, elle pâlit légèrement. Le
dieu à tête de chacal était debout, la jambe droite en
avant, la coiffure tombante et percée de deux trous d'où
sortaient les bras. La tête se penchait du haut du corps
rigide, suivant le mouvement des mains qui faisaient le
geste de l'embaumeur. Le pied était descellé.

D'un regard lent et craintif, Chrysis s'assura qu'elle
était bien seule. Un petit bruit derrière elle la fit fris-
sonner; mais ce n'était qu'un lézard vert qui fuyait dans
une fissure de marbre.

Alors elle osa prendre enfin le pied cassé de la statue.

Elle le souleva obliquement et non sans quelque peine,
car il entraînait avec lui une partie du socle évidé qui
reposait sur le piédestal.

Et sous la pierre elle vit briller tout à coup les énormes
pierres.

Elle tira le collier tout entier. Qu'il était lourd! elle
n'aurait pas pensé que des perles presque sans monture
pussent peser un tel poids à la main. Les globes de nacre
étaient tous d'une merveilleuse rondeur et d'un orient
presque lunaire. Les sept rangs se succédaient, l'un après
l'autre, en s'élargissant comme des moires circulaires sur
une eau pleine d'étoiles.

Elle le mit à son cou.

D'une main elle l'étagea, les yeux fermés pour mieux sentir le froid des perles sur la peau. Elle disposa les sept rangs avec régularité le long de sa poitrine nue et fit descendre le dernier dans l'intervalle chaud des seins.

Ensuite elle prit le peigne d'ivoire, le considéra quelque temps, caressa la figurine blanche qui était sculptée dans la mince couronne, et plongea le bijou dans ses cheveux plusieurs fois avant de le fixer où elle le voulait.

Puis elle tira du socle le miroir d'argent, s'y regarda, y vit son triomphe, ses yeux éclairés d'orgueil, ses épaules parées des dépouilles des dieux...

Et s'enveloppant même les cheveux dans sa grande cyclas écarlate, elle sortit de la nécropole sans quitter les bijoux terribles.

VI

QUAND, de la bouche des hiérodoules, le peuple eut appris pour la seconde fois la certitude du sacrilège, il s'écoula lentement à travers les jardins.

Les courtisanes du temple se pressaient par centaines le long des chemins d'oliviers noirs. Quelques-unes répandaient de la cendre sur leur tête. D'autres frottaient leur front dans la poussière, ou tiraient leurs cheveux, ou se griffaient les seins, en signe de calamité. Les yeux sur le bras, beaucoup sanglotèrent.

La foule redescendit en silence, dans la ville, par le Drôme et par les quais. Un deuil universel consternait les rues. Les boutiquiers avaient rentré précipitamment, par frayeur, leurs étalages multicolores, et des auvents de bois fixés par des barres se succédaient comme une palissade monotone au rez-de-chaussée des maisons aveugles.

La vie du port était arrêtée. Les matelots assis sur les bords de pierre restaient immobiles, les joues dans les mains. Les vaisseaux prêts à partir avaient fait relever leurs longues rames et carguer leurs voiles aiguës le long des mâts balancés par le vent. Ceux qui voulaient entrer en rade attendaient au large les signaux, et quelques-uns de leurs passagers qui avaient des parents au palais de la reine, croyant à une révolution sanglante, sacrifiaient aux dieux infernaux.

Au coin de l'île du Phare et de la jetée, Rhodis, dans
la multitude, reconnut Chrysis auprès d'elle.

« Ah! Chrysé! garde-moi, j'ai peur. Myrto est là; mais
la foule est si grande... j'ai peur qu'on nous sépare.
Prends-nous par la main.

— Tu sais, dit Myrtocleia, tu sais ce qui se passe?
Connaît-on le coupable? Est-il à la torture? Depuis
Hérostrate on n'a rien vu de tel. Les Olympiens nous
abandonnent. Que va-t-il advenir de nous? »

Chrysis ne répondit pas.

« Nous avions donné des colombes, dit la petite joueuse
de flûte. La déesse s'en souviendra-t-elle? La déesse doit
être irritée. Et toi, et toi, ma pauvre Chrysé! toi qui devais être aujourd'hui ou très heureuse ou très puissante...

— Tout est fait, dit la courtisane.

— Comment dis-tu! »

Chrysis fit deux pas en arrière et leva la main droite
près de la bouche.

« Regarde bien, ma Rhodis; regarde, Myrtocleia. Ce que
vous verrez aujourd'hui, les yeux humains ne l'ont jamais
vu, depuis le jour où la déesse est descendue sur l'Ida.
Et jusqu'à la fin du monde on ne le reverra plus sur la
terre. »

Les deux amies, stupéfaites, se reculèrent, la croyant
folle. Mais Chrysis, perdue dans son rêve, marcha jusqu'au monstrueux Phare, montagne de marbre flamboyant
à huit étages hexagonaux. Elle poussa la porte de bronze,
et profitant de l'inattention publique, elle la referma de
l'intérieur en abaissant les barres sonores.

Quelques instants s'écoulèrent.

La foule grondait perpétuellement. La houle vivante
ajoutait sa rumeur aux bouleversements des eaux.

Tout à coup, un cri s'éleva, répété par cent mille poitrines :

« Aphrodite!!

— Aphrodite!!! »

Un tonnerre de cris éclata. La joie, l'enthousiasme de tout un peuple chantait dans un indescriptible tumulte d'allégresse au pied des murailles du Phare.

La cohue qui couvrait la jetée afflua violemment dans l'île, envahit les rochers, monta sur les mâts de signaux, sur les tours fortifiées. L'île était pleine, et la foule arrivait toujours plus compacte, dans une poussée de fleuve débordé, qui rejetait à la mer de longues rangées humaines, du haut de la falaise abrupte.

On ne voyait pas la fin de cette inondation d'hommes. Depuis le Palais des Ptolémées jusqu'à la muraille du Canal, les rives du Port Royal, du Grand Port et de l'Eunoste regorgeaient d'une masse serrée qui se nourrissait indéfiniment par les embouchures des rues. Au-dessus de cet océan, agité de remous immenses, écumeux de bras et de visages, flottait comme une barque en péril la litière aux voiles jaunes de la reine Bérénice. Et, d'instant en instant s'augmentant de bouches nouvelles, le bruit devenait formidable.

Ni Hélène sur les portes Scées, ni Phryné dans les flots d'Eleusis, ni Thaïs faisant allumer l'incendie de Persépolis n'ont connu ce qu'est le triomphe.

*

Chrysis était apparue par la porte de l'Occident, sur la première terrasse du monument rouge.

Elle était nue comme la déesse, elle tenait des deux mains les coins de son voile écarlate que le vent enlevait sur le ciel du soir, et de la main droite le miroir où se reflétait le soleil couchant.

Avec lenteur, la tête penchée, par un mouvement d'une grâce et d'une majesté infinies, elle monta la rampe extérieure qui ceignait d'une spirale la haute tour vermeille.

Son voile frissonnait comme une flamme. Le crépuscule embrasé rougissait le collier de perles comme une rivière de rubis. Elle montait, et dans cette gloire, sa peau éclatante arborait toute la magnificence de la chair, le sang, le feu, le carmin bleuâtre, le rouge velouté, le rose vif, et tournant avec les grandes murailles de pourpre, elle s'en allait vers le ciel.

LIVRE CINQUIÈME

I

LA SUPRÊME NUIT

« Tu es aimée des dieux, dit le vieux geôlier. Si moi, pauvre esclave, j'avais fait la centième partie de tes crimes, je me serais vu lier sur un chevalet, pendu par les pieds, déchiré de coups, écorché avec des pinces. On m'aurait versé du vinaigre dans les narines, on m'aurait chargé de briques jusqu'à m'étouffer, et si j'étais mort de douleur, mon corps nourrirait déjà les chacals des plaines brûlées. Mais toi qui as tout volé, tout tué, tout profané, on te réserve la ciguë douce et on te prête une bonne chambre dans l'intervalle. Zeus me foudroie si je sais pourquoi! Tu dois connaître quelqu'un au palais.

— Donne-moi des figues, dit Chrysis. J'ai la bouche sèche. »

Le vieil esclave lui apporta dans une corbeille verte une douzaine de figues blettes à point.

Chrysis resta seule.

Elle s'assit et se releva, elle fit le tour de sa chambre, elle frappa les murs avec la paume de la main sans penser à quoi que ce fût. Elle déroula ses cheveux pour les rafraîchir, puis les renoua presque aussitôt.

On lui avait fait mettre un long vêtement de laine blanche. L'étoffe était chaude. Chrysis se sentit toute baignée de sueur. Elle étira les bras, bâilla, et s'accouda sur la haute fenêtre.

Au-dehors, la lune éclatante luisait dans un ciel d'une

pureté liquide, un ciel si pâle et si clair qu'on n'y voyait pas une étoile.

C'était par une semblable nuit que, sept ans auparavant, Chrysis avait quitté la terre de Genezareth.

Elle se rappela... Ils étaient cinq. C'étaient des vendeurs d'ivoire... Ils paraient des chevaux à longue queue avec des houppes bigarrées. Ils avaient abordé l'enfant au bord d'une citerne ronde...

Et avant cela, le lac bleuâtre, le ciel transparent, l'air léger du pays de Gâlil...

La maison était environnée de lins roses et de tamaris. Des câpriers épineux piquaient les doigts qui allaient saisir les phalènes... On croyait voir la couleur du vent dans les ondulations des fines graminées.

Les petites filles se baignaient dans un ruisseau limpide où l'on trouvait des coquillages rouges sous des touffes de lauriers en fleurs; et il y avait des fleurs sur l'eau et des fleurs dans toute la prairie et de grands lis sur les montagnes, et la ligne des montagnes était celle d'un jeune sein...

Chrysis ferma les yeux avec un faible sourire qui s'éteignit tout à coup. L'idée de la mort venait de la saisir. Et elle sentit qu'elle ne pourrait plus, jusqu'à la fin, cesser de penser.

« Ah! se dit-elle, qu'ai-je fait! Pourquoi ai-je rencontré cet homme? Pourquoi me suis-je laissé prendre, à mon tour? Pourquoi faut-il que, même maintenant, je ne regrette rien!

« Ne pas aimer ou ne pas vivre : voilà quel choix Dieu m'a donné. Qu'ai-je donc fait pour être punie? »

Et il lui revint à la mémoire des fragments de versets sacrés qu'elle avait entendu citer dans son enfance. Depuis sept ans, elle n'y pensait plus. Mais ils revenaient, l'un après l'autre, avec une précision implacable, s'appliquer à sa vie et lui prédire sa peine.

Elle murmura :

« Il est écrit :

Je me souviens de ton amour lorsque tu étais jeune...
Tu as dès longtemps brisé ton joug,
Rompu tes liens.
Et tu as dit : « Je ne veux plus être esclave. »
Mais sous toute colline élevée
Et sous tout arbre vert
Tu t'es courbée, comme une prostituée (1).

« Il est écrit :

J'irai après mes amants
Qui me donnent mon pain et mon eau
Et ma laine et mon lin
Et mon huile et mon vin (2).

« Il est écrit :

Comment diras-tu : « Je ne suis point souillée? »
Regarde tes pas dans la vallée,
Reconnais ce que tu as fait,
Chamelle vagabonde, ânesse sauvage,
Haletante et toujours en chaleur,
Qui t'aurait empêchée de satisfaire ton désir (3)?

« Il est écrit :

Elle a été courtisane en Egypte,
Elle s'est enflammée pour des impudiques
Dont le membre est comme celui des ânes
Et la semence comme celle des chevaux.
Tu t'es souvenue des crimes de ta jeunesse en Egypte,
Quand on pressait tes seins parce qu'ils étaient jeunes (4).

(1) Jérémie, II, 2, 20.
(2) Osée, II, 7.
(3) Jérémie, II, 23, 24.
(4) Ezéchiel, XXIII, 20, 21.

« Oh! s'écria-t-elle. C'est moi! c'est moi!
« Et il est écrit encore :

Tu t'es prostituée à de nombreux amants
Et tu reviendrais à moi! dit l'Eternel (1).

« Mais mon châtiment aussi est écrit!

Voici : j'excite contre toi tes amants,
Ils te jugeront selon leurs lois.
Ils te couperont le nez et les oreilles
Et ce qui reste de toi tombera par l'épée (2).

« Et encore :

C'en est fait : elle est mise à nu, elle est emmenée,
Ses servantes gémissent comme des colombes
Et se frappent la poitrine (3).

« Mais sait-on ce que dit l'Ecriture? ajouta-t-elle pour
se consoler. N'est-il pas écrit ailleurs :

Je ne punirai pas vos filles parce qu'elles se prostituent (4).

« Et ailleurs l'Ecriture ne conseille-t-elle pas :

Va, mange et bois, car dès longtemps Dieu te fait réussir.
Qu'en tout temps tes vêtements soient blancs et que l'huile
parfumée ne manque pas sur ta tête. *Jouis de la vie* avec la
femme que tu aimes, pendant tous les jours de ta vie de vanité
que Dieu t'a donnés sous le soleil, car il n'y a ni œuvre, ni
pensée, ni science, ni sagesse, dans le séjour des morts, où tu
vas (5). »

(1) Jérémie III, 1.
(2) Ezéchiel XXIII, 22, 25.
(3) Nahum, II, 8.
(4) Osée, IV, 14.
(5) Ecclésiaste, IX, 7-10.

Elle eut un frémissement, et se répéta à voix basse :

« Car il n'y ni œuvre, ni pensée, ni science, ni sagesse dans le séjour des morts *où tu vas.*

« La lumière est douce. Ah! qu'il est agréable de voir le soleil (1)!

« Jeune homme, réjouis-toi dans ta jeunesse, livre ton cœur à la joie, marche dans les voies de ton cœur et selon les visions de tes yeux, avant que tu ne t'en ailles vers ta demeure éternelle et que les pleureurs parcourent la rue; avant que la corde d'argent se rompe, que la lampe d'or se brise, que la cruche casse sur la fontaine, et que la roue casse au puits, avant que la poussière retourne à la terre, d'où elle a été tirée (2). »

Avec un nouveau frisson elle se redit plus lentement :

« ... Avant que la poussière retourne à la terre, d'où elle a été tirée... »

Et comme elle se prenait la tête dans les mains, afin de réprimer sa pensée, elle sentit tout à coup, sans l'avoir prévue, la forme mortuaire de son crâne à travers la peau vivante : les tempes vides, les orbites énormes, le nez camard sous le cartilage et les maxillaires en saillie.

Horreur! c'était donc cela qu'elle allait devenir! Avec une lucidité effrayante elle eut la vision de son cadavre, et elle fit traîner ses mains sur son corps pour aller jusqu'au fond de cette idée si simple, qui jusqu'ici ne lui était pas venue, — qu'elle portait *son squelette en elle,* que ce n'était pas un résultat de la mort, une métamorphose, un aboutissement, mais une chose que l'on promène, un spectre inséparable de la forme humaine, — et que la charpente de la vie est déjà le symbole du tombeau.

Un furieux désir de vivre, de tout revoir, de tout

(1) Ecclésiaste, XI, 7.
(2) Id., XII, 1, 8-9.

recommencer, de tout refaire, la souleva subitement. C'était une révolte en face de la mort; l'impossibilité d'admettre qu'elle ne verrait pas le soir de ce matin qui naissait; l'impossibilité de comprendre comment cette beauté, ce corps, cette pensée active, cette vie luxuriante de sa chair allaient, en pleine ardeur, cesser d'être, et pourrir.

La porte s'ouvrit tranquillement.
Démétrios entra.

II

LA POUSSIÈRE RETOURNE A LA TERRE

« DÉMÉTRIOS! » s'écria-t-elle.
Et elle se précipita...

Mais après avoir soigneusement refermé la serrure de bois, le jeune homme n'avait plus bougé, et il gardait dans le regard une tranquillité si profonde que Chrysis en fut soudainement glacée.

Elle espérait un élan, un mouvement des bras, des lèvres, quelque chose, une main tendue...
Démétrios ne bougea pas.

Il attendit un instant en silence, avec une correction parfaite, comme s'il voulait établir clairement sa disponibilité.
Puis, voyant qu'on ne lui demandait rien, il fit quatre pas jusqu'à la fenêtre, et s'adossa dans l'ouverture en regardant le jour se lever.

Chrysis était assise sur le lit très bas, le regard fixe et presque hébété.

Alors Démétrios se parla en lui-même.
« Il vaut mieux, se dit-il, qu'il en soit ainsi. De tels jeux au moment de la mort seraient en somme assez lugubres. J'admire seulement qu'elle n'en ait pas eu, dès le

début, le pressentiment, et qu'elle m'ait accueilli avec cet enthousiasme. Pour moi, c'est une aventure terminée. Je regrette un peu qu'elle s'achève ainsi, car, à tout prendre, Chrysis n'a eu d'autre tort que d'exprimer très franchement une ambition qui eût été celle de la plupart des femmes, sans doute, et s'il ne fallait pas jeter une victime à l'indignation du peuple, je me contenterais de faire bannir cette jeune fille trop ardente, afin de me délivrer d'elle tout en lui laissant les joies de la vie. Mais il y a eu scandale et nul n'y peut plus rien. Tels sont les effets de la passion. La volupté sans pensée, ou le contraire, l'idée sans jouissance, n'ont pas de ces funestes suites. Il faut avoir beaucoup de maîtresses, mais se garder, avec l'aide des dieux, d'oublier que les bouches se ressemblent. »

Ayant ainsi résumé par un audacieux aphorisme une de ses théories morales, il reprit avec aisance le cours normal de ses idées.

Il se rappela vaguement une invitation à dîner qu'il avait acceptée pour la veille, puis oubliée dans le tourbillon des événements, et il se promit de s'excuser.

Il réfléchit sur la question de savoir s'il devait mettre en vente son esclave tailleur, vieillard qui restait attaché aux traditions de coupe du règne précédent et ne réussissait qu'imparfaitement les plis à godets des nouvelles tuniques.

Il avait même l'esprit si libre qu'il dessina sur le mur avec la pointe de son ébauchoir une étude hâtive pour son groupe de *Zagreus et les Titans,* une variante qui modifiait le mouvement du bras droit chez le principal personnage.

A peine était-elle achevée, qu'on frappa doucement à la porte.

Démétrios ouvrit sans hâte. Le vieil exécuteur entra, suivi de deux hoplites casqués.

« J'apporte la petite coupe », dit-il avec un sourire obséquieux à l'adresse de l'amant royal.

Démétrios garda le silence.

Chrysis égarée leva la tête.

« Allons, ma fille, reprit le geôlier. C'est le moment. La ciguë est toute broyée. Il n'y a plus vraiment qu'à la prendre. N'aie pas peur. On ne souffre point. »
Chrysis regarda Démétrios, qui ne détourna pas les yeux.
Ne cessant plus de fixer sur lui ses larges prunelles noires entourées de lumière verte, Chrysis tendit la main à droite, prit la coupe, et lentement, la porta à sa bouche.
Elle y trempa les lèvres. L'amertume du poison et aussi les douleurs de l'empoisonnement avaient été tempérés par un narcotique miellé.
Elle but la moitié de la coupe, puis, soit qu'elle eût vu faire ce geste au théâtre, dans le *Thyestès* d'Agathon, soit qu'il fût vraiment issu d'un sentiment spontané, elle tendit le reste à Démétrios... Mais le jeune homme déclina de la main cette proposition indiscrète.
Alors la Galiléenne prit la fin du breuvage jusqu'à la purée verte qui demeura au fond. Et il lui vint aux joues un sourire déchirant où il y avait bien un peu de mépris.

« Que faut-il faire? dit-elle au geôlier.
— Promène-toi dans la chambre, ma fille, jusqu'à ce que tu sentes tes jambes lourdes. Alors tu te coucheras sur le dos, et le poison agira tout seul. »
Chrysis marcha jusqu'à la fenêtre, appuya sa main sur le mur, sa tempe sur sa main, et jeta vers l'aurore violette un dernier regard de jeunesse perdue.

L'Orient était noyé dans un lac de couleur. Une longue
bande, livide comme une feuille d'eau, enveloppait l'horizon d'une ceinture olivâtre. Au-dessus, plusieurs teintes
naissaient l'une de l'autre, nappes liquides de ciel glauque,
irisé, ou lilas, qui se fondaient insensiblement dans l'azur
plombé du ciel supérieur. Puis, ces étages de nuances se
soulevèrent avec lenteur, une ligne d'or apparut, monta,
s'élargit; un mince fil de pourpre éclaira cette aube morose, et dans un flot de sang le soleil naquit.

« Il est écrit :

La lumière est douce... »

Elle resta ainsi debout, tant que ses jambes purent la
soutenir. Les hoplites furent obligés de la porter sur le
lit quand elle fit signe qu'elle chancelait.

Là, le vieillard disposa les plis blancs de la robe le long
des membres allongés. Puis il toucha les pieds et lui demanda :

« As-tu senti? »

Elle répondit :

« Non. »

Il lui toucha encore les genoux et lui demanda :

« As-tu senti? »

Elle fit signe que non, et subitement, d'un mouvement
de bouche et d'épaules (car ses mains mêmes étaient
mortes), reprise d'une ardeur suprême, et peut-être du
regret de cette heure stérile, elle se souleva vers Démétrios... mais avant qu'il eût pu répondre, elle retomba
sans vie, les deux yeux éteints pour toujours.

Alors l'exécuteur ramena sur le visage les plis supérieurs du vêtement; et l'un des soldats assistants, supposant qu'un passé plus tendre avait un jour réuni ce jeune homme et cette jeune femme, trancha du bout de son épée l'extrême boucle de la chevelure sur les dalles.

Démétrios toucha cela dans sa main, et, en vérité, c'était Chrysis tout entière, l'or survivant de sa beauté, le prétexte même de son nom...

Il prit la mèche tiède entre le pouce et les doigts, l'éparpilla lentement, peu à peu, et sous la semelle de sa chaussure il la mêla dans la poussière.

III

CHRYSIS IMMORTELLE

Quand Démétrios se retrouva seul dans son atelier rouge
encombré de marbres, de maquettes, de chevalets et d'écha-
faudages, il voulut se remettre au travail.

Le ciseau dans la main gauche et le maillet au poing
droit, il reprit, mais sans ardeur, une ébauche interrompue.
C'était l'encolure d'un cheval gigantesque destiné au
temple de Poseidôn. Sous la crinière coupée en brosse,
la peau du cou, plissée par un mouvement de la tête,
s'incurvait géométriquement comme une vasque marine
onduleuse.

Trois jours auparavant, le détail de cette musculature
régulière concentrait dans l'esprit de Démétrios tout
l'intérêt de la vie quotidienne; mais le matin de la mort
de Chrysis l'aspect des choses sembla changé. Moins calme
qu'il ne voulait l'être, Démétrios n'arrivait pas à fixer sa
pensée occupée ailleurs. Une sorte de voile insoulevable
s'interposait entre le marbre et lui. Il jeta son maillet et
se mit à marcher le long des piédestaux poudreux.

Soudain, il traversa la cour, appela un esclave et lui
dit :

« Prépare la piscine et les aromates. Tu me parfumeras
après m'avoir baigné, tu me donneras mes vêtements
blancs et tu allumeras les cassolettes rondes. »

Quand il eut achevé sa toilette, il fit venir deux autres
esclaves :

« Allez, dit-il, à la prison de la Reine; remettez au

geôlier cette motte de terre glaise et faites-la-lui porter dans la chambre où est morte la courtisane Chrysis. Si le corps n'est pas jeté déjà dans la basse-fosse, vous direz qu'on s'abstienne de rien exécuter avant que j'en aie donné l'ordre. Courez en avant. Allez. »

Il mit un ébauchoir dans le pli de sa ceinture et ouvrit la porte principale sur l'avenue déserte du Drôme.

Soudain il s'arrêta sur le seuil, stupéfié par la lumière immense des midis de la terre africaine.

La rue devait être blanche et les maisons blanches aussi, mais la flamme du soleil perpendiculaire lavait les surfaces éclatantes avec une telle furie de reflets, que les murs de chaux et les dalles réverbéraient à la fois des incandescences prodigieuses de bleu d'ombre, de rouge et de vert, d'ocre brutal et d'hyacinthe. De grandes couleurs frémissantes semblaient se déplacer dans l'air et ne couvrir que par transparence l'ondoiement des façades en feu. Les lignes elles-mêmes se déformaient derrière cet éblouissement; la muraille droite de la rue s'arrondissait dans le vague, flottait comme une toile, et à certains endroits devenait invisible. Un chien couché près d'une borne était réellement cramoisi.

Enthousiasmé d'admiration, Démétrios vit dans ce spectacle un symbole de sa nouvelle existence. Assez longtemps il avait vécu dans la nuit solitaire, dans le silence et dans la paix. Assez longtemps il avait pris pour lumière le clair de lune, et pour idéal la ligne nonchalante d'un mouvement trop délicat. Son œuvre n'était pas virile. Sur la peau de ses statues il y avait un frisson glacé.

Pendant l'aventure tragique qui venait de bouleverser son intelligence, il avait senti pour la première fois le grand souffle de la vie enfler sa poitrine. S'il redoutait une seconde épreuve, si, sorti victorieux de la lutte, il se jurait avant toutes choses de ne plus s'exposer à fléchir sa belle attitude prise en face d'autrui, du moins venait-il de comprendre que cela seul vaut la peine d'être imaginé,

qui atteint par le marbre, la couleur ou la phrase, une des
profondeurs de l'émotion humaine, — et que la beauté
formelle n'est qu'une matière indécise, susceptible d'être
toujours, par l'expression de la douleur ou de la joie,
transfigurée.

Comme il achevait ainsi la suite de ses pensées, il arriva
devant la porte de la prison criminelle.

Ses deux esclaves l'attendaient là.

« Nous avons porté la motte de terre rouge, dirent-ils.
Le corps est sur le lit. On n'y a pas touché. Le geôlier te
salue et se recommande à toi. »

Le jeune homme entra en silence, suivit le long couloir,
monta quelques marches et pénétra dans la chambre de la
morte, où il s'enferma soigneusement.

Le cadavre était étendu, la tête basse et couverte d'un
voile, les mains allongées, les pieds réunis. Les doigts
étaient chargés de bagues; deux périscélis d'argent s'en-
roulaient sur les chevilles pâles, et les ongles de chaque
orteil étaient encore rouges de poudre.

Démétrios porta la main au voile afin de le relever;
mais à peine l'avait-il saisi qu'une douzaine de mouches
rapides s'échappèrent de l'ouverture.

Il eut un frisson jusqu'aux pieds... Pourtant il écarta
le tissu de laine blanche, et le plissa autour des cheveux.

Le visage de Chrysis s'était éclairé peu à peu de cette
expression éternelle que la mort dispense aux paupières
et aux chevelures des cadavres. Dans la blancheur bleuâtre
des joues, quelques veinules azurées donnaient à la tête
immobile une apparence de marbre froid. Des narines
diaphanes s'ouvraient au-dessus des lèvres fines. La fragilité
des oreilles avait quelque chose d'immatériel. Jamais, dans
aucune lumière, pas même celle de son rêve, Démétrios
n'avait vu cette beauté plus qu'humaine et ce rayonnement de la peau qui s'éteint.

*

Et alors il se rappelle les paroles dites par Chrysis pendant leur première entrevue : « Tu ne connais pas mon visage. Tu ne sais pas comme je suis belle! » Une émotion intense l'étouffe subitement. Il veut connaître enfin. Il le peut.

De ses trois jours de passion, il veut garder un souvenir qui durera plus que lui-même, — mettre à nu l'attitude violente où il l'a vue en songe, et créer d'après le cadavre la statue de la Vie Immortelle.

Il détache l'agrafe et le nœud. Il ouvre l'étoffe. Le corps pèse. Il le soulève. La tête se renverse en arrière. Les seins tremblent. Les bras s'affaissent. Il tire la robe tout entière et la jette au milieu de la chambre. Lourdement, le corps retombe.

De ses deux mains sous les aisselles fraîches, Démétrios fait glisser la morte jusqu'au haut du lit. Il tourne la tête sur la joue gauche, rassemble et répand la chevelure splendidement sous le dos couché. Puis il relève le bras droit, plie l'avant-bras au-dessus du front, fait crisper les doigts encore mous sur l'étoffe d'un coussin : deux lignes musculaires admirables, descendant de l'oreille et du coude, viennent s'unir sous le sein droit qu'elles portent comme un fruit.

Ensuite il dispose les jambes, l'une étendue roidement de côté, l'autre le genou dressé et le talon touchant presque la croupe. Il rectifie quelques détails, plie la taille à gauche, allonge le pied droit et enlève les bracelets, les colliers et les bagues, afin de ne pas troubler par une seule dissonance l'harmonie pure et complète de la nudité féminine.

Le Modèle a pris la pose.

Démétrios jette sur la table la motte d'argile humide

qu'il a fait porter là. Il la presse, il l'allonge selon la forme humaine : une sorte de monstre barbare naît de ses doigts ardents : il regarde.

L'immuable cadavre conserve sa position passionnée. Mais un mince filet de sang sort de la narine droite, coule sur la lèvre, et tombe goutte à goutte, sous la bouche entrouverte.

Démétrios continue. La maquette s'anime, se précise, prend vie. Un prodigieux bras gauche s'arrondit au-dessus du corps comme s'il étreignait quelqu'un. Les muscles de la cuisse s'accusent violemment. Les orteils se recroquevillent.

... Quand la nuit monta de la terre et obscurcit la chambre basse, Démétrios avait achevé la statue.

Il fit porter par quatre esclaves l'ébauche dans son atelier. Dès le soir même, à la lueur des lampes, il fit dégrossir un bloc de Paros, et un an après cette journée il travaillait encore au marbre.

IV

LA PITIÉ

« Geôlier, ouvre-nous! Geôlier, ouvre-nous! »

Rhodis et Myrtocleia frappaient à la porte fermée.

La porte s'entrouvrit.

« Qu'est-ce que vous voulez?

— Voir notre amie, dit Myrto. Voir Chrysis, la pauvre Chrysis qui est morte ce matin.

— Ce n'est pas permis, allez-vous-en!

— Oh! laisse-nous, laisse-nous entrer. On ne le saura pas. Nous ne le dirons pas. C'était notre amie, laisse-nous la revoir. Nous sortirons vite. Nous ne ferons pas de bruit.

— Et si je suis pris, mes petites filles? Si je suis puni à cause de vous? Ce n'est pas vous qui paierez l'amende.

— Tu ne seras pas pris. Tu es seul ici. Il n'y a pas d'autres condamnés. Tu as renvoyé les soldats. Nous savons tout cela. Laisse-nous entrer.

— Enfin! Ne restez pas longtemps. Voici la clef. C'est la troisième porte. Prévenez-moi quand vous partirez. Il est tard et je voudrais me coucher. »

Le bon vieux leur remit une clef de fer battu qui pendait à sa ceinture, et les deux petites vierges coururent aussitôt, sur leurs sandales silencieuses, à travers les couloirs obscurs.

Puis le geôlier rentra dans sa loge et ne poussa pas plus avant une surveillance inutile. La peine de l'emprisonnement n'était pas appliquée dans l'Egypte grecque, et la petite maison blanche que le doux vieillard avait mission de garder ne servait qu'à loger les condamnés à mort. Dans l'intervalle des exécutions, elle restait presque abandonnée.

Au moment où la grande clef pénétra dans la serrure, Rhodis arrêta la main de son amie :

« Je ne sais pas si j'oserai la voir, dit-elle. Je l'aimais bien, Myrto... J'ai peur... Entre la première, veux-tu? »

Myrtocleia poussa la porte; mais dès qu'elle eut jeté les yeux dans la chambre, elle cria :

« N'entre pas, Rhodis! Attends-moi ici.

— Oh! qu'y a-t-il! Tu as peur aussi... Qu'y a-t-il sur le lit? Est-ce qu'elle n'est pas morte?

— Si. Attends-moi... Je te dirai... Reste dans le couloir et ne regarde pas. »

Le corps était demeuré dans l'attitude délirante que Démétrios avait composée pour en faire la Statue de la Vie Immortelle. Mais les transports de l'extrême joie touchent aux convulsions de l'extrême douleur, et Myrtocleia se demandait quelles souffrances atroces, quel martyre, quels déchirements d'agonie avaient ainsi bouleversé le cadavre.

Sur la pointe des pieds, elle s'approcha du lit.

Le filet de sang continuait à couler de la narine diaphane. La peau du corps était parfaitement blanche; les bouts pâles des seins étaient rentrés comme des nombrils délicats; pas un reflet rose n'avivait l'éphémère statue couchée, mais quelques taches couleur d'émeraude qui teintaient doucement le ventre lisse signifiaient que des millions de vies nouvelles germaient de la chair à peine refroidie et demandaient à *succéder*.

Myrtocleia prit le bras mort et l'abaissa le long des hanches. Elle voulut aussi allonger la jambe gauche; mais le genou était presque bloqué et elle ne réussit pas à l'étendre complètement.

« Rhodis, dit-elle d'une voix trouble, viens. Tu peux entrer, maintenant. »

L'enfant tremblante pénétra dans la chambre. Ses traits se tirèrent; ses yeux s'ouvrirent...

Dès qu'elles se sentirent deux, elles éclatèrent en sanglots, dans les bras l'une de l'autre, indéfiniment.

« La pauvre Chrysis! la pauvre Chrysis! » répétait l'enfant.

Elles s'embrassaient sur la joue avec une tendresse désespérée où il n'y avait plus rien de sensuel, et le goût des larmes mettait sur leurs lèvres toute l'amertume de leurs petites âmes transies.

Elles pleuraient, elles pleuraient, elles se regardaient avec douleur, et parfois elles parlaient toutes les deux ensemble, d'une voix enrouée, déchirante, où les mots s'achevaient en sanglots.

« Nous l'aimions tant! Ce n'était pas une amie pour nous, pas une amie, c'était comme une mère très jeune, une petite mère entre nous deux... »

Rhodis répéta :

« Comme une petite mère... »

Et Myrto, l'entraînant près de la morte, dit à voix basse :

« Embrasse-la. »

Elles se penchèrent toutes les deux, et posèrent les mains sur le lit, et avec de nouveaux sanglots, touchèrent de leurs lèvres le front glacé.

Et Myrto prit la tête entre ses deux mains qui s'enfonçaient dans la chevelure, et elle lui parla ainsi :

*

« Chrysis, ma Chrysis, toi qui étais la plus belle et la plus adorée des femmes, toi si semblable à la déesse que le peuple t'a prise pour elle, où es-tu maintenant, qu'a-t-on

fait de toi? Tu vivais pour donner la joie bienfaisante. Il
n'y a jamais eu de fruit plus doux que ta bouche, ni de
lumière plus claire que tes yeux; ta peau était une robe
glorieuse que tu ne voulais pas voiler; la volupté y flottait comme une odeur perpétuelle; et quand tu dénouais
ta chevelure, tous les désirs s'en échappaient, et quand tu
refermais tes bras nus, on priait les dieux pour mourir. »

Accroupie sur le sol, Rhodis sanglotait.

*

« Chrysis, ma Chrysis, poursuivit Myrtocleia, hier
encore tu étais vivante, et jeune, espérant de longs jours,
et maintenant voici que tu es morte, et rien au monde ne
peut plus faire que tu nous dises une parole. Tu as fermé
les yeux, nous n'étions pas là. Tu as souffert, et tu n'as
pas su que nous pleurions pour toi derrière les murailles,
tu as cherché du regard quelqu'un en mourant, et tes
yeux n'ont pas rencontré nos yeux chargés de deuil et de
pitié. »

*

La joueuse de flûte pleurait toujours. La chanteuse la
prit par la main.

« Chrysis, ma Chrysis, tu nous avais dit qu'un jour,
grâce à toi, nous nous marierions. Notre union se fait
dans les larmes, et ce sont de tristes fiançailles que celles
de Rhodis et de Myrtocleia. Mais la douleur plus que
l'amour réunit deux mains serrées. Celles-là ne se quit-
teront jamais, qui ont une fois pleuré ensemble. Nous
allons porter en terre ton corps chéri, Chrysidion, et nous
couperons toutes les deux nos chevelures sur la tombe. »

*

Dans une couverture du lit, elle enveloppa le beau
cadavre; puis elle dit à Rhodis :

« Aide-moi. »

Elles la soulevèrent doucement; mais le fardeau était
lourd pour les petites musiciennes, et elles le posèrent sur
le sol une première fois.

« Otons nos sandales, dit Myrto. Marchons pieds nus
dans les couloirs. Le geôlier a dû s'endormir... Si nous ne
le réveillons pas, nous passerons, mais s'il nous voit faire
il nous empêchera... Pour demain, cela n'importe pas :
quand il verra le lit vide, il dira aux soldats de la reine
qu'il a jeté le corps dans la basse-fosse, comme la loi le
veut. Ne craignons rien, Rhodé... Mets tes sandales comme
moi dans ta ceinture. Et viens. Prends le corps sous les
genoux. Laisse passer les pieds en arrière. Marche sans
bruit, lentement, lentement... »

V

LA PIÉTÉ

Après le tournant de la deuxième rue, elles posèrent le corps une seconde fois pour remettre leurs sandales. Les pieds de Rhodis, trop délicats pour marcher nus, s'étaient écorchés et saignaient.

La nuit était pleine de clarté. La ville était pleine de silence. Les ombres couleur de fer se découpaient carrément au milieu des rues, selon le profil des maisons.

Les petites vierges reprirent leur fardeau.

« Où allons-nous, dit l'enfant, où allons-nous la mettre en terre?

— Dans le cimetière d'Hermanubis. Il est toujours désert. Elle sera là en paix.

— Pauvre Chrysis! aurais-je pensé que le jour de sa fin je porterais son corps sans torches et sans char funèbre, secrètement, comme une chose volée? »

Puis toutes deux se mirent à parler avec volubilité comme si elles avaient peur du silence, côte à côte avec le cadavre. La dernière journée de la vie de Chrysis les comblait d'étonnement. D'où tenait-elle le miroir, le peigne, et le collier? Elle n'avait pu prendre elle-même les perles de la déesse : le temple était trop bien gardé pour qu'une courtisane pût y pénétrer. Alors quelqu'un avait agi pour elle? Mais qui? On ne lui connaissait pas d'amant parmi les stolistes commis à l'entretien de la statue divine. Et puis, si quelqu'un avait agi à sa place, pourquoi ne l'avait-elle pas dénoncé? Et de toute façon, pourquoi ces trois crimes? A quoi lui avaient-ils servi, sinon à la livrer au supplice? Une femme ne fait pas de ces folies sans but, à moins qu'elle ne soit amoureuse. Chrysis l'était donc? et de qui?

« Nous ne saurons jamais, conclut la joueuse de flûte. Elle a emporté son secret avec elle, et si même elle a un complice, ce n'est pas lui qui nous renseignera. »

Ici Rhodis, qui chancelait déjà depuis quelques instants, soupira :

« Je ne peux plus, Myrto, je ne peux plus porter. Je tomberais sur les genoux. Je suis brisée de fatigue et de chagrin. »

Myrtocleia la prit par le cou :

« Essaie encore, mon chéri. Il faut la porter. Il s'agit de sa vie souterraine. Si elle n'a pas de sépulture et pas d'obole dans la main, elle restera éternellement errante au bord du fleuve des Enfers, et quand, à notre tour, Rhodis, nous descendrons chez les morts, elle nous reprochera notre impiété, et nous ne saurons que lui répondre. »

Mais l'enfant, dans une faiblesse, fondit en larmes sur son bras.

« Vite, vite, reprit Myrtocleia, voici qu'on vient du bout de la rue. Mets-toi devant le corps avec moi. Cachons-le derrière nos tuniques. Si on le voit, tout sera perdu... »

Elle s'interrompit.

« C'est Timon. Je le reconnais. Timon avec quatre femmes... Ah! Dieux! que va-t-il arriver! Lui qui rit de tout, il nous plaisantera... Mais non, reste ici, Rhodis, je vais lui parler. »

Et, prise d'une idée soudaine, elle courut dans la rue au-devant du petit groupe.

« Timon, dit-elle (et sa voix était pleine de prière), Timon, arrête-toi. Je te supplie de m'entendre. J'ai des paroles graves dans la bouche. Il faut que je les dise à toi seul.

« — Ma pauvre petite, dit le jeune homme, comme tu es émue! Est-ce que tu as perdu le nœud de ton épaule, ou bien est-ce que ta poupée s'est cassé le nez en tombant? Ce serait un événement tout à fait irréparable. »

La jeune fille lui jeta un regard douloureux; mais déjà les quatre femmes, Philotis, Séso de Cnide, Callistion et Tryphèra, s'impatientaient autour d'elle.

« Allons, petite sotte! dit Tryphèra, si tu as épuisé les tétons de ta nourrice, nous n'y pouvons rien, nous n'avons pas de lait. Il fait presque jour, tu devrais être couchée; depuis quand les enfants flânent-ils sous la lune?

— Sa nourrice? dit Philotis. C'est Timon qu'elle veut nous prendre.

— Le fouet! elle mérite le fouet! »

Et Callistion, un bras sous la taille de Myrto, la souleva de terre en levant sa petite tunique bleue. Mais Séso s'interposa :

« Vous êtes folles, s'écria-t-elle. Myrto n'a jamais connu d'homme. Si elle appelle Timon, ce n'est pas pour coucher. Laissez-la tranquille et qu'on en finisse!

— Voyons, dit Timon, que me veux-tu? Viens par ici. Parle-moi à l'oreille. Est-ce que c'est vraiment grave?

— Le corps de Chrysis est là, dans la rue, dit la jeune fille encore tremblante. Nous le portons au cimetière, ma petite amie et moi, mais il est lourd, et nous te demandons si tu veux nous aider... Ce ne sera pas long... Aussitôt après, tu pourras retrouver tes femmes... »

Timon eut un regard excellent :

« Pauvres filles! Et moi qui riais! vous êtes meilleures que nous... Certainement je vous aiderai. Va rejoindre ton amie et attends-moi, je viens. »

Se tournant vers les quatre femmes :

« Allez chez moi, dit-il, par la rue des Potiers. J'y serai dans peu de temps. Ne me suivez pas. »

Rhodis était toujours assise devant la tête du cadavre. Quand elle vit arriver Timon, elle supplia :

« Ne le dis pas! Nous l'avons volée pour sauver son ombre. Garde notre secret, nous t'aimerons bien, Timon.

— Soyez rassurées », dit le jeune homme.

Il prit le corps sous les épaules et Myrto le prit sous les genoux, et ils marchèrent en silence, et Rhodis suivait, d'un petit pas chancelant.

Timon ne parlait point. Pour la seconde fois en deux jours, la passion humaine venait de lui enlever une des passagères de son lit, et il se demandait quelle extravagance emportait ainsi les esprits hors de la route enchantée qui mène au bonheur sans ombre.

« Ataraxie, pensait-il, indifférence, quiétude, ô sérénité voluptueuse! qui des hommes vous appréciera? On s'agite, on lutte, on espère, quand une seule chose est précieuse : savoir tirer de l'instant qui passe toutes les joies qu'il peut donner, et ne quitter son lit que le moins possible. »

*

Ils arrivèrent à la porte de la nécropole ruinée.

« Où la mettrons-nous? dit Myrto.

— Près du dieu.

— Où est la statue? Je ne suis jamais entrée ici. J'avais peur des tombes et des stèles. Je ne connais pas l'Hermanubis.

— Il doit être au centre du petit jardin. Cherchons-le. J'y suis venu autrefois quand j'étais enfant, en poursuivant une gazelle perdue. Prenons par l'allée des sycomores blancs. Nous ne pouvons manquer de le découvrir. »

Ils y parvinrent en effet.

Le petit jour mêlait à la lune ses violettes légères sur les marbres. Une vague et lointaine harmonie flottait dans les branches des cyprès. Le bruissement régulier des palmes, si semblable aux gouttes de la pluie tombante, versait une illusion de fraîcheur.

Timon ouvrit avec effort une pierre rose enfoncée dans

la terre. La sépulture était creusée sous les mains du dieu funéraire, qui faisaient le geste de l'embaumeur. Elle avait dû contenir un cadavre, jadis, mais on ne trouva dans la fosse qu'une poussière brunâtre en monceau.

Le jeune homme y descendit jusqu'à la ceinture et tendit les bras en avant :

« Donne-la-moi, dit-il à Myrto. Je vais la coucher tout au fond et nous refermerons la tombe... »

Mais Rhodis se jeta sur le corps :

« Non! ne l'enterrez pas si vite! je veux la revoir! Une dernière fois! Une dernière fois! Chrysis, ma pauvre Chrysis! Ah! l'horreur... Qu'est-elle devenue!... »

Myrtocleia venait d'écarter la couverture roulée autour de la morte, et le visage était apparu si rapidement altéré que les deux jeunes filles reculèrent. Les joues s'étaient faites carrées, les paupières et les lèvres se gonflaient comme six bourrelets blancs. Déjà il ne restait rien de cette beauté plus qu'humaine. Elles refermèrent le suaire épais; mais Myrto glissa la main sous l'étoffe pour placer dans les doigts de Chrysis l'obole destinée à Charon.

Alors, toutes les deux, secouées par des sanglots interminables, elles remirent aux bras de Timon le corps inerte qui pliait.

Et quand Chrysis fut couchée au fond de la tombe sablonneuse, Timon rouvrit le linceul. Il assura l'obole d'argent dans les phalanges relâchées, il soutint la tête avec une pierre plate; sur le corps il répandit depuis le front jusqu'aux genoux la longue chevelure d'ombre et d'or.

Puis il sortit de la fosse, et les musiciennes à genoux devant l'ouverture béante se coupèrent l'une à l'autre leurs jeunes cheveux pour les nouer en une seule gerbe qu'elles ensevelirent avec la morte.

ΤΟΙΟΝΔΕ ΠΕΡΑΣ ΕΣΧΕ ΤΟ ΣΥΝΤΑΓΜΑ
ΤΩΝ ΠΕΡΙ ΧΡΥΣΙΔΑ ΚΑΙ ΔΗΜΗΤΡΙΟΝ

APPENDICE

Le court fragment qu'on trouvera ici, et qui devait appartenir à un Chapitre second du Livre IV, est extrait du recueil collectif intitulé : *Vers et Prose,* tome V (mars-avril-mai 1906).

L'EDITEUR.

FRAGMENT INÉDIT D'APHRODITE

MYRTO s'éveilla la première, dans la chevelure de Rhodis. Elle se pencha sur le sommeil de la petite fille qui doucement respirait son rêve.

La nuit très noire était venue. On entendait au-dehors le pas tranquille des promeneurs du soir. Il était temps pour la chanteuse de se coiffer et de se peindre. Elle prit toute Rhodis dans ses bras pour l'éveiller avec sa bouche, et les yeux encore chauds s'ouvrirent entre les lèvres.

« Lève-toi », dit-elle à voix basse.

Rhodis, avant de se vêtir, assise à terre, les jambes allongées, sa double flûte en ses mains, le dos courbé, la bouche tendue, joua un air mélancolique.

Devant elle, Myrtocleia, plus active, préparait les fards, faisait chauffer l'eau, dépliait les étoffes blanches, rangeait sur une tablette les longues aiguilles avec les peignes.

Gestes lents! charme des bras qui passent! blanche faiblesse des doigts féminins! Elle touchait les choses à peine; ses phalanges transparentes et pourtant suivies d'ombres caressaient les objets légers. Parfois elle se haussait en crispant les orteils et atteignait d'une main souple le pot de fard où la fiole d'huile sur la margelle de la niche. Parfois, accroupie devant la lampe de terre bleue pour attacher une fleur au nœud d'une tunique, elle faisait les ténèbres derrière elle et recueillait dans son giron tout un foyer de soleil couchant.

Elle était maigre et polie comme le manche d'un miroir sculpté. Des hanches menues, des jambes fines, des genoux durs et délicats, deux petites fleurs noires sur les seins, des cheveux lestes, une tête frêle, dessinaient son corps en mouvement. La lumière et l'ombre se poursuivaient sur le profil changeant de sa nudité, qui semblait, dans la chambre obscure, être l'âme furtive de la Nuit.

TABLE

LIVRE TROISIÈME

LIVRE QUATRIÈME

LIVRE CINQUIÈME

IMPRIMERIE UNION, MULHOUSE
4907 - VI - 9 - 0441 - Dépôt légal n° 4771, 3e trimestre 1965
LE LIVRE DE POCHE — 4, rue de Galliéra, Paris

Littérature, roman, théâtre poésie

Le Livre de Poche
classique relié

Les œuvres des grands auteurs classiques, dans le texte intégral et présentées par les meilleurs écrivains contemporains. Une fabrication particulièrement soignée, papier de qualité, reliure de luxe pleine toile, titres or, fers spéciaux, tranchefile, gardes illustrées, sous rhodoïd.

Balzac.
Les Chouans (D).
Le Colonel Chabert (S).
Le Cousin Pons (D).
La Cousine Bette (D).
La Duchesse de Langeais suivi de *La Fille aux Yeux d'Or* (S).
Le Père Goriot (D).
La Rabouilleuse (D).
Une Ténébreuse Affaire (S).
La Vieille Fille suivi de *Le Cabinet des Antiques* (D).
Eugénie Grandet (S).
Le Lys dans la Vallée (D).

Baudelaire.
Les Fleurs du Mal (S).
Le Spleen de Paris (S).
Les Paradis Artificiels (S).

Choderlos de Laclos.
Les Liaisons dangereuses (D).

Dostoïevski.
L'Eternel Mari (S).
L'Idiot (t. 1), (D).
L'Idiot (t. 2), (D).
Le Joueur (S).
Crime et Châtiment (t. 1), (D).
Crime et Châtiment (t. 2), (D).

Flaubert.
Madame Bovary (D).

Gogol.
Les Ames mortes (D).

Homère.
Odyssée (D).

Hugo (Victor).
Les Misérables (t. 1), (D).
Les Misérables (t. 2), (D).
Les Misérables (t. 3), (D).

La Fayette (Mme de).
La Princesse de Clèves (S).

La Fontaine.
Fables (D).

Lautréamont.
Les Chants de Maldoror (D.)

Machiavel.
Le Prince (S).

Mary.
Tristan (S).

Mérimée.
Colomba et autres Nouvelles (D).

Montaigne
Essais (t. 1), (D).
Essais (t. 2), (D).
Essais (t. 3), (D).

Musset.
Théâtre (t. 1), (D).
Théâtre (t. 2), (D).
Théâtre (t. 3), (D).

Nerval.
Poésies (S).

Nietzsche.
Ainsi parlait Zarathoustra (D).

Ovide.
L'Art d'aimer (S).

Pascal.
Pensées (D).

Poe (Edgar).
Histoires Extraordinaires (D).
Nouvelles Histoires Extraordinaires (D).

Prévost (Abbé).
Manon Lescaut (S).

Rabelais.
Pantagruel (D).

Rimbaud.
Poésies Complètes (S).

Ronsard.
Les Amours (D).

Shakespeare.
Hamlet - Othello - Macbeth (D).

Sophocle.
Tragédies (D).

Stendhal.
La Chartreuse de Parme (D).
Le Rouge et le Noir (D).